國家古籍整理出版專項經費資助項目
四川大學2017年度『圖書館情報與文獻學』科研項目（項目編號：SKTQ201708）

張祥齡集

張祥齡　著
宋桂梅　編

巴蜀書社

圖書在版編目(CIP)數據

張祥齡集/張祥齡著,宋桂梅編．—成都:巴蜀書社,2018.12
(2020.7 重印)
(巴蜀文叢)
ISBN 978-7-5531-0931-2

Ⅰ.①張…　Ⅱ.①宋…　Ⅲ.①張祥齡(1853—1903)—文集
Ⅳ.①C53

中國版本圖書館 CIP 數據核字(2018)第 007111 號

張祥齡集

ZHANGXIANGLING JI

張祥齡　著
宋桂梅　編

策　　劃　王承軍
責任編輯　王承軍　王群栗
出版發行　巴蜀書社(成都市槐樹街 2 號　郵編 610031)
電　　話　總編室:(028)86259397
　　　　　發行科:(028)86259422　86259423
網　　址　www.bsbook.com
排　　版　成都春曉印務有限公司(028—88450462)
印　　刷　北京虎彩文化傳播有限公司
版　　次　2018 年 12 月第 1 版
印　　次　2020 年 7 月第 2 次印刷
成品尺寸　170mm×240mm
印　　張　22.75
字　　數　320 千字
書　　號　ISBN 978-7-5531-0931-2
定　　價　120.00 圓

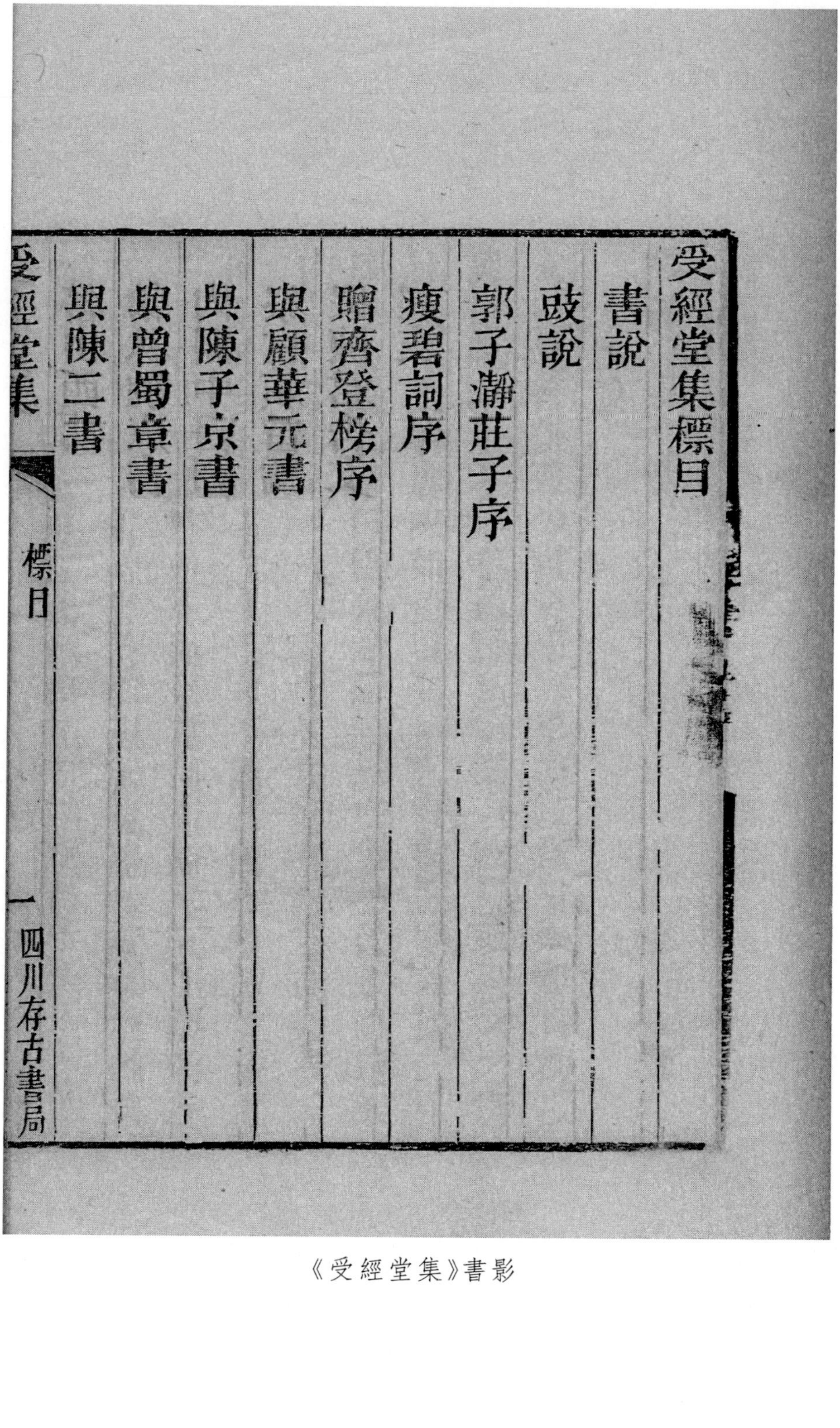
受經堂集標目
書說
跋說
郭子瀞莊子序
瘦碧詞序
贈齊登榜序
與顧華元書
與陳子京書
與曾蜀章書
與陳二書
受經堂集　標目　一　四川存古書局

《受經堂集》書影

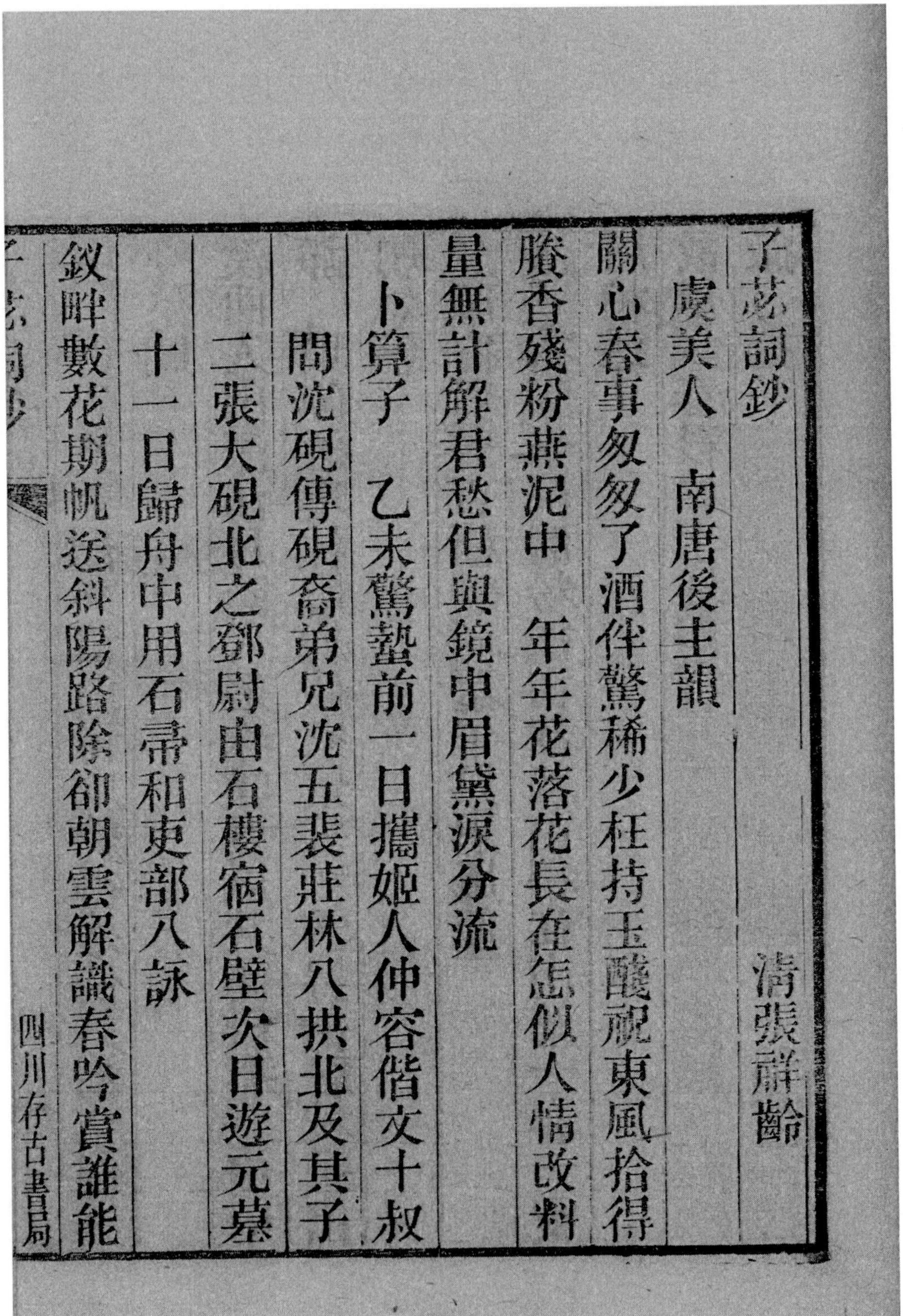
子苾詞鈔　　清張祥齡
虞美人　南唐後主韻
闌心春事匆匆了酒伴驚稀少枉持玉醆祝東風拾得
賸香殘粉燕泥中　年年花落花長在怎似人情改料
量無計解君愁但與鏡中眉黛淚分流
卜算子　乙未驚蟄前一日攜姬人仲容偕文十叔
問沇硯傳硯裔弟兄沇五裴莊林八拱北及其子
二張大硯北之鄧尉由石樓宿石壁次日遊元墓
十一日歸舟中用石帚和吏部八詠
釵畔數花期帆送斜陽路除卻朝雲解識春吟賞誰能
四川存古書局

《子苾詞鈔》書影

前言

一、生平概述

張祥齡（一八五三—一九〇三），字子苾、子馥（亦作子紱、子芾），四川漢州（今廣漢市）人。父張選青，字馥笙，師從蜀中著名學者劉沅，咸豐辛亥（一八五一）舉人，任江津教諭、尊經書院監院。母吴氏，江蘇嘉定知縣吴作霖之妹。妻曾彦，字季碩，曾咏、左錫嘉五女，才學出衆，容貌姝麗。張祥齡年少岐嶷脱拔，顧視逸卓，兼善文辭。光緒元年（一八七五）以高才入選尊經書院，從張之洞、王闓運等治學。與廖平、宋育仁、楊鋭、吴之英等同學，尤與廖平交厚，相互砥礪。以學行優異相繼得兩任四川學政張之洞、譚宗濬賞識，名列『尊經五少年』『尊經十六少年』。光緒十一年拔貢，入四川布政使易佩紳幕，與易順鼎、江瀚等交游，常有詩鐘之會。同年十二月，易佩紳調任江蘇布政使，邀其赴蘇，遂舉家遷蘇。

寓蘇期間，張氏栖身幕府，救厄補困，僅得温飽，喪妻失子，志懷不展。但南北往返，得與詞學名家鄭文焯、王鵬運、况周頤、文廷式、王以慜、陳鋭等相交。且積極參與江南、京師兩地的詞學活動，如在吴中，與鄭文焯、易順鼎、易順豫、蔣文鴻、張上龢等結詞社於壺園，又與鄭文焯、繆荃孫、劉炳照、夏孫桐、費屺懷等結鷗隱詞社於怡園； 至京師，則與况周頤、文廷式、王以慜、成昌等唱和於王鵬運四印齋。

光緒二十年，張祥齡進士及第，選翰林院庶吉士。一年後散館，出任陝西榆林府懷遠縣縣令，後歷任長安、褒城、大荔知縣。在任興利除弊，講求實務；興辦書院，捐廉置書，崇儒重學，獎掖後進。出仕偏遠之地，人情俗務驟減，治學静思時多，遂盡發程朱之書讀之。又箋釋明末瞿式耜《媿林漫録》，並撰《六箴》《黄金篇》訓示生童，誡飭世風。但仕宦秦地，遠離了江南、京師友朋的文酒雅宴，僅與同在此地爲宦的樊增祥、胡延數人有詞學交往，不免有孤寂之感；兼之官場黑暗，宦途艱難，詞作多見其苦悶之情。光緒二十九年三月二十二日卒於大荔縣署，時年五十二歲。

張祥齡詞學交游廣泛，遺留詞作可觀，論詞亦時有新見，是晚清詞壇上一位重要詞人。葉恭綽喻其次南唐北宋詞韻之作爲『詞家之中晚唐詩』。錢仲聯在《近百年詞壇點將録》中封其爲『地煞星鎮三山黄信』，並認爲其『論清真、白石、夢窗、玉田，以爲「三王之道若循環，皆圖自樹之方，非有優劣」。又謂「詞主譎諫，與詩同流」，皆非隅拘之見。』〔一〕

二、詞學交游

（一）與晚清詞壇四大名家的交游

張祥齡是清季詞壇上一位重要的作家，詞學交游廣泛，與清季詞壇四大名家中的鄭文焯、王鵬運、况周頤交好，留有許多唱和之作。

鄭文焯（一八五六—一九一八），字俊臣，號小坡，又號叔問、冷紅詞客、大鶴山人，長期旅食蘇幕。光緒十二年，張祥齡寓居蘇州，與其相識交契，眷屬亦過從甚密。光緒十三年，張祥齡、易順鼎昆仲、蔣文鴻

〔一〕錢仲聯：《近百年詞壇點將録》，見《當代學者自選文庫·錢仲聯卷》，安徽教育出版社，一九九九年，第六九九頁。

諸人在鄭氏所居之壺園結社，聯句和《白石詞》，極盡文酒雅宴之樂。張氏現存詞作中，有多首與鄭文焯相關，從中可以看出二人乃詞學知音和詞學活動密友。

光緒十八年中秋，鄭文焯聽曲睹景有感，遂賦《玲瓏四犯》『竹響露寒』一闋。張祥齡明白好友心中之痛，獨得其中的『新亭之悲』。是年冬，蘇州有壽蘇之會，鄭文焯因念及『眉老下世』和『舊社知交零落』而有《水調歌頭》一詞懷人傷己。張祥齡本是詞社一員，且與『眉老』李鴻裔誼屬同鄉，鄭詞之淒悲，感同身受，遂同韻賡和。在鄭文焯組織的多項詞學活動中，張祥齡也是積極的響應者和支持者。鄭文焯在蘇州組織或實際主其事的壺園詞社和怡園詞社的詞學活動，張祥齡均積極參加。鄭文焯曾爲姜夔詞編年，張祥齡有襄助之力。鄭氏批校陸鍾輝本《白石道人歌曲》，張祥齡爲之作跋。鄭氏批校《姜白石詩詞合集》，張祥齡亦爲之題跋。二人在蘇期間的交往，正如張氏自云：『十年之交，風晨雨夕，無役不從。』〔一〕

光緒二十一年，張祥齡選官陝西懷遠，即將赴任，鄭文焯連賦《踏莎行》四闋贈別，張亦同韻奉答，不舍和惜別之情深重。張氏到懷遠後，亦深切懷念往昔與老友連詞作句之樂，嘗有信致鄭文焯云：『炕有許多佳處，念冬夜若弟促膝連句，有此炕，何樂如之？』並告：『兄和補《小山詞》近二百首，俟春暖再録之。』〔二〕可見，張、鄭二人蘇州分別後，也是詞音不斷，交流不輟。

況周頤（一八五九——一九二六），字夔笙，别號玉梅詞人，晚號蕙風詞隱。清季詞學名家中，張祥齡識交況周頤最早，時在光緒十一年況周頤客蜀之時。但彼時張祥齡尚未開始詞學創作，且不久即離蜀客蘇。

〔一〕 戴正誠《鄭叔問先生年譜》，民國三十年鉛印本，第十四頁。
〔二〕 同上。

二人蜀中往來情形不得而知，僅見況周頤《玉棲述雅》有云：『光緒朝，蜀中詞人張子苪（祥齡）、胡長木（延），蕙風四十年前舊雨也。』從張、況二人連句詞作推測，二人交往比較密切的時期當在光緒十七年至二十一年間。況周頤《香東漫筆》云：『辛卯、壬辰間，余客吳門，與子苪、叔問素心晨夕，冷吟閑醉，不知有人世升沉也。某夕漏未三商，招子苪燕集不至。叔問得《浣溪沙》前四句，余足成之。』〔一〕檢張祥齡《半篋秋詞》中有《浣溪沙・和況夔笙》一闋，当是此時的賡和之作。況周頤《喜遷鶯》詞前小序注云：『壬辰正月二十日，子苪、小坡柳宜橋酒樓聯句，和夢窗韻。』〔二〕《況周頤年譜》又載光緒十八年春，況周頤、張祥齡、鄭文焯、易順鼎諸人同游虎丘，聯句賦《鎖窗寒》等。可以想見，光緒十七、十八年間，況周頤游蘇期間，張祥齡與之有較爲密切的往來和詞學交流。在京師，二人亦有較爲頻繁的詞學往來。張祥齡久困公車，自光緒十二年後，頻年北上應試。而況周頤自光緒十四年入都，官內閣中書，至光緒二十一年六月離京，期間居京日多。張、況二人或集於王鵬運之四印齋，或會於京城勝景陶然亭等處聯句作詞。《子苾詞鈔》中存張、況二人同時參與的聯句詞作有三十五首之多。

王鵬運（一八四八—一九〇四），字幼霞，號半塘老人，晚年自號半僧、鶩翁、半塘僧鶩。張祥齡與王鵬運是以詞論交，但始於何時，則無確考。王鵬運在《和珠玉詞・序》中言及：『龍集執徐之歲，夔笙至自吳中，爲言客吳時與文君叔問、張君子苾和詞連句之樂，且時時敦促續作，懶慢未遑也。』由此可知，最遲在光緒十八年，王鵬運已於況周頤處聞知張祥齡之名。兩年後，張氏北上補考殿試，六月，得況周頤介紹訪王

〔一〕況周頤著，潘琦主編：《況周頤集》第一册，廣西師範大學出版社，二〇一二年，第四〇六頁。
〔二〕況周頤著，秦瑋鴻校注：《況周頤詞集校注》，上海古籍出版社，二〇一三年，第九一頁。

鵬運四印齋，三人盡五日之功，遍和《珠玉詞》。自此至光緒二十一年底張離京赴任前，张、王二人詞學交流比較密集，《子苾詞鈔》中收録張、王二人聯句詞作十七首，二人同時參與的聯句詞作高達六十五首。除此之外，二人賡和之作亦多。光緒二十一年初，張祥齡入京，將甲午秋在揚州聽聞中日戰況事，與鄭文焯聯句所作《鶯啼序》『西風又聞鶴戾』見示王鵬運。王氏感時事而受觸動，遂同韻和之。張因『愛而和之』，王又賡和之。同年四月，文廷式因避禍乞假南歸，歸途作《三姝媚》奉答王鵬運贈別。王同韻和作六首，並將諸詞見示張祥齡等好友，張即依韻奉作《三姝媚·和王幼霞用文道羲韻》。是年秋，張祥齡散館，選官陝西懷遠，王鵬運、文廷式、王夢湘、成昌諸人集於四印齋聯句餞別。張祥齡離京後，二人詞學交往減少。不過，張氏甫一離京，王鵬運即有《燭影摇紅》『絲竹何心』一詞憂念其赴任之途遥遠兼天寒。光緒二十二年重陽日，王鵬運作《八聲甘州》懷念文廷式、張祥齡。

四大家中，張氏唯一没有直接交往者爲朱祖謀。據彊村晚年自述，其早年未涉詞壇，遲至光緒二十二年，方由王鵬運强邀入社，始學倚聲。彼時張祥齡已赴榆林，遠離京師、江南兩大詞學中心。不過，據龍榆生《吴波鷗語·跋》可知，朱氏曾手鈔鄭文焯、張祥齡諸人所和姜夔詞，斯集亦賴其手鈔而得以保存流傳。

（二）與晚清其他詞學名家的交流

揆諸晚清名家詞集，可以考見張祥齡在清末詞學網絡系統中交際廣泛。光緒十二年拔貢後，張氏南北往返，得以獲交各地詞人，諸如易順鼎兄弟、文廷式、王以慜、陳鋭、張上龢等。

張祥齡結識易氏兄弟較早。光緒十一年，張拔貢後，便謁見時爲四川布政使的易佩紳，得其賞識，入藩府爲賓，並隨同移垣蘇州。張氏與易順鼎、易順豫兄弟蜀中相識，往來密切，始則作詩鐘之會，後又共結壺園詞社。張有多首詞作與易氏兄弟相關，如《壽樓春·和易順鼎》《思遠人·次小山，寄仲由》《生查子·

窗風雨否耶？益信夔笙嚮者之言不我欺也。』光緒二十一年初，張祥齡返京，將甲午中秋與鄭文焯聯句的《鶯啼序》出示王鵬運，由此觸動了王氏憂念家國之情，並引發了此後張、王二人於《鶯啼序》的往復賡和。

三、創作歷程

（一）寓居吴中：初學填詞，師法宋人，進求花間

張祥齡在晚清詞壇交游廣泛，但其始學倚聲，却在寓蘇之後。光緒十三年五月，在送别蔣文鴻詞中，曾自述早年接觸詞學的經歷：

祥齡於它學稍知涉獵，惟詞以南皮薄之，湘潭小之，遂決意不爲。丁亥，與次香、實甫、由甫唱酬無虛日。予最駑下，讀詞亦不能句讀，乃試取宋人觀之，辭意皆非平生所有。虛實淺深之難，曾爲叔海論之，非苦功不能深入。予初不識堯章，安知叔夏，良可哂也。……蜀中無詞人，聞胡硯生論，其言甚爲河漢，百倍於《詞源》之説。蓋胡以予粗犷，故作高遠之言以絶予之從學。與湘潭嘗以題目典故不能用於詩者，皆於詞中詠運之，祥齡亦多所惑矣。今又肆力及此，岐途之中，又有岐焉，可傷也已。

光緒元年至光緒十一年，張祥齡肄業尊經書院，與蜀中詞人胡延同學，从張之洞、王闓運治學。因張、王二人治學取向和尊經學風影響，張祥齡未能深究於詞。同學宋育仁亦言：『子馥善談詩，理勝其筆，初未能倚聲也。』易順鼎，少年天才，於詞學深有自得，但在光緒十一二年與張祥齡交往時，只有詩鐘之會，未聞詞作唱和。張氏注力於詞始於光緒十二年寓蘇之後，與鄭文焯、易順鼎、易順豫、蔣次香壺園結社之時。戴正誠《鄭叔問先生年譜》中有記諸人填詞之樂：『時易仲實、易叔由昆季隨其父笏山（佩紳）在蘇州藩司

任所，與先生及張子苾、蔣次香（文鴻）諸公立吴社聯吟，歌絃醉墨，頗極文燕之盛。』至蘇後，張祥齡脱離張、王二師小視詞學觀念的影響，積極融入吴中文化圈，由『決意不爲』轉而『肆力及此』。但同時對王闓運所言『題目典故不能用於詩者，皆於詞中詠運之』的填詞方法與吴中詞風的差異又深感困惑，故而覺得『歧途之中，又有歧焉』。這些均是張氏初涉詞壇時矛盾心理和諸多疑惑的體現。

斯時吴社諸子所作，皆和白石詞，易順鼎《吴波鷗語·序》言及鄭、張、蔣諸人『皆嗜白石』。可以想見，張祥齡填詞入手即是模擬姜夔詞，正如其自述：『乃試取宋人觀之，辭意皆非平生所有。』這種直接師法宋人填詞路徑得益於吴中詞風和其個人交游，其中以與鄭文焯相交最爲關鍵。光緒六年，鄭文焯旅食蘇幕，與吴中詞派後勁推尊白石詞的潘鍾瑞相交，作詞以潘氏爲師，入手即愛白石騷雅。而張祥齡則『初不識堯章』，正是在吴社核心成員鄭文焯的引領下，以姜夔爲師，開始詞學創作的。

此後十年間，張祥齡學詞師法對象由白石、清真、夢窗而至小山，並上溯南唐小令。《半篋秋詞》可視爲此期詞作的結集，宋育仁跋云：

子馥亦數稱清真、白石，所爲詞亦時得其真髓。顧其取徑夢窗，尤以此持論。叔夏目夢窗如七寶樓臺，拆下不成片段，讀夢窗甲乙稿，所疵良然。子馥自爲詞，以夢窗立幹，而兼采南宋酒邊、竹屋、草窗諸家，無夢窗之澀，可謂善取。……子馥今更好小山詞，益取小山及南唐小令，依聲而和之，則所云取徑夢窗者，猶昔未也。

《半篋秋詞》所收次小山韻詞作頗多，可見張祥齡對小山詞的欣賞和鐘愛。光緒二十年，張祥齡入京，至四印齋訪王鵬運時，出示其與鄭文焯聯句所和小山詞，並『往復循誦，音節琅琅，與雨聲相斷續。』王鵬運斯時已是詞壇執牛耳者，張祥齡不避班門弄斧之嫌，在他面前往復誦讀己作，雖屬詞學交流，但亦顯見其在追摹小山花間詞風上的自得之意。《半篋秋詞》所收尚有多首次韻南唐後主、馮延巳、歐陽炯等五代諸家詞者，可見張祥齡的師法對象並不僅限於兩宋詞人，而是博采諸家。

值得一提的是，此十年間，張祥齡與鄭文焯的填詞路徑頗有一致之處。鄭文焯晚年憶其學詞經歷時說：『爲詞實自丙戌歲始，入手即愛白石騷雅。勤學十年，乃悟清真之高妙。進求《花間》，校宋刻，制令曲，往往似張舍人，其哀艷不數小晏風流也。』〔二〕二人於詞均是始尊白石，皆愛小山，追溯五代。

（二）甲午至庚子：風雲際會，詞境漸寬

光緒二十年，張祥齡選翰林院庶吉士，此後兩年間，江南、京師往返頻仍。時外有戰事，内政激蕩，各方士人奔走京師，朝士兼爲詞人者，多藉詞攄懷。此際詞壇，正如龍榆生先生所論：『自甲午以來，外侮頻仍，國幾不國，有心之士，故不能漠然無動於衷，一事一物，引而申之，以寫其幽憂憤悱之情，以結一代詞壇之局。』〔三〕值此風雲際會之時，張祥齡不僅得以與各派詞人切磋詞藝，更與詞壇好友鄭文焯、王鵬運、文廷式、王以慜等以詞爲介，互通聲氣，褒貶朝政。庚子年間，張祥齡度支行在，篙目時艱，關心國運，哀嘆民生，更是將戰事、朝政、民生、一己憂恨融入詞中。斯時，張祥齡個人的填詞視角已由交游紀勝、哀嘆個人際遇拓寬至抑揚時局、關懷國家興亡的層面，詞學創作心態和創作風格爲之一變。

（1）甲午乙未間：《鶯啼序》一闋的往復唱酬和《三姝媚》詞的同聲相應

〔二〕葉恭綽輯録《鄭大鶴先生論詞手簡》，《詞學季刊》第一卷第三號，第一三〇頁。

〔三〕龍榆生《與吴則虞論碧山詞書》，《龍榆生詞學論文集》，上海古籍出版社，二〇〇九年，第四〇九頁。

甲午中日之戰，時人怵於危亡，憤慨朝政，遂藉詞抒發心曲。同年九月，清軍將領左寶貴戰死平壤。張祥齡與鄭文焯在揚州聽聞戰况，聯句賦《鶯啼序》一詞，期待『龍旗東指』，蕩平敵寇，但又『傷心大樹飄零，更戀遺弓，恨題滿紙』，哀嘆朝政日頹，空留遺恨。此詞描摹戰事的激烈，表達了戰勝敵人的渴望以及對現實的無奈，將一己悲恨盡述筆端。第二年，即光緒二十一年四月，張氏入京，將此詞示王鵬運。甲午中日戰事將起之時，王鵬運、文廷式本屬主戰派健將，滿懷期待。而此時，敗局已定，和約已簽，又見此詞，催生『沉鬱悲凉，觸我愁思』之感，遂同韻賡和，以『新詞讀罷，琴筑蒼凉，想瘖歌獨寐。清嘯對，江山形勝，坐念當日，名士新亭，暗傾鉛泪』等句奉答。張氏感傷個人身世飄零，又值此國運日衰之際，因而和作《鶯啼序》『襦紗玉蟾照眼』一闋憂時念生。王鵬運讀出其中的凄然，又同韻和之，以作『同聲之應』。二人往復賡和，表達了對時局的共同心聲，並將個人際遇與戰敗之後的時局相連，故而憂慮遺恨滿紙。

同年四月，文廷式因主戰失利而避禍出都，有《三姝媚》一詞寄贈王鵬運。王不僅連和六闋，且將諸詞見示同仁。諸人均以道義韻報答，張祥齡亦屬其一，並對文氏離京的無奈表達同情：『念風前纖腰，對花慵舞。枉費依依，贏得幾篇詩句。』『悔識纏綿，半生幽恨，泪痕無虞。到而今，憔悴損。』可以想見，王鵬運、文廷式等在甲午中日和戰主張和個人出處上是將張氏引爲同道的。張亦對王、文的方針策略給予了理解同情和相應的聲援，同時，也藉此相似的政治主張而深度參與了這場怵於危亡而引發詞壇新變的詞學活動。

(2)庚子國變：《雙伽陀詞》的詞史意義

光緒二十六年，義和團事起，八國聯軍圍攻京師。兩宫鑾輿播遷，駐蹕西安，各地侍駕之臣雲集。張祥齡亦於是年十二月調任西安府長安知縣，度支行在，得以與友人胡延、易順鼎、樊增祥等相聚。目睹兩宮倉惶西狩，群臣退敵無策，自己『任輕望薄，不能宣力』，〔一〕只能將一腔憂憤盡述於詞。可惜，此間詞作僅存與胡延聯句之《雙伽陀詞》。

《雙伽陀詞》共收詞二十二首，俱是張、胡二人聯句之作，既鋪陳時事，亦隱喻朝政，對庚子戰事和西狩情形俱有描繪，極具詞史價值。如寫戰況：『滿目山川千騎擁，緑楊風颭龍旌。烽烟四塞仗誰平，灞橋東望，老泪任縱横。』『舊將軍，那得廉頗起。問百城於今收未。』哀嘆朝中無人，克敵無日。《壺中天・和玉田夜渡黄河韻》：『誰信穆滿重來，八龍巡幸遠，天涯無迹。鼓角聲聲嘶萬騎，岸挾濤頭矗立。月鎖秦關，雲開漢殿，秋静山逾碧。亂雅驚起，五更啼，樹霜白。』隱喻兩宫西行，有終遷之意，回京無日，群臣和百姓的猶疑，而戰事激烈，歷戰之地，一片凄凉。

又寫隨行王公遭受戰争刺激，長途跋涉後的狼狽和困頓：『聽説王孫相對泣，能葬驪山便足。寶鞅封塵，珊鞭墮月，往日人如玉。』《引駕行・和耆卿韻》是對各地奔赴西安侍駕之臣的狀繪：『長安倦客，抱璞難逢知遇。柴曲尋香，藍田種玉，盡成辜負。』值此家國有難之時，有志之士懷滿腔熱血前來勤王，以期有所爲，却未料『盡成辜負』。此詞既是爲易順鼎輩鳴不平，也是自抒胸臆。

詞集中更有對隨行官吏搜括地方百姓，護駕兵將滋擾地方治安的控訴。《六州歌頭・和張于湖韻》：『夜霜凝，長望鑾輿至，沛恩澤，詢耆舊。殊未料，東來氣，帶兵腥。頓使長安，日落門空閉，豺虎縱横。恨昇平諸將，軍令失嚴明。班馬宵鳴，客心驚。……茶馬使，横搜括，太無情。知否南冠囚客，懸雙泪，望斷龍旌。』將百姓的渴望和現實情形比照，更具諷刺意味。

〔一〕　吴之英《寄張祥齡》，見吴洪武、吴洪澤主編：《吴之英詩文集》，四川大學出版社，二〇〇八年，第七九頁。

集中亦多抑揚時政者，如《滿庭芳·和徐君寶妻韻》：『未見勤王，那聞哀詔，老懷無泪堪流。佞臣誰斬，一笑看吴鈎。昔日太宗宏業，龍旂舉、箇箇貔貅。興王地，而今不意，衰草暮雲愁。三郎沉醉後，劍門西去，尚念韓休。怎奉天小住，還向梁州。鎬洛衣冠何在，榆關路，重到無由。空贏得，玉冠金軛，一鳳落秦樓。』又有句云：『怕聽天寶當年事，問杜甫今朝似否。』暗諷朝廷粉飾西逃之舉。

（三）從褒城到大荔：酷好填詞，可惜花間詞侣少

張祥齡以翰林外任地方知縣，在懷遠任内協同平定匪亂，重實務，興學校，政績顯著。光緒二十六年十二月代任西安府長安知縣，但任職僅一月，即另署褒城縣令。斯時，長安乃是供奉西幸之重地，知縣一職炙手可熱，張氏職務的遷轉頗顯微妙。本來出宦邊塞之地，故人稀少，詞音寥寥，已讓張氏心生『飄零也願江南住』『飄零也是江南好』的感嘆。此時又逢官場腐敗，志懷不展，更增『酷好填詞，可惜花間詞侣少；不能飲酒，偏逢世上酒人多』的苦悶和抑鬱，遂萌生退意。此期詞作多是其個人心境的藝術寫照，對朝政的失望、個人命運的悲慨、厭倦官場、隱逸之思的表達等。

張祥齡到任褒城後，有詞三闋寄同鄉余子厚。余子厚（？——一九二一），四川瀘州人，光緒十四年舉人，光緒二十六年進士。義和團事起時，供職翰林院，未及隨從西行。光緒二十七年，因避拳亂和八國聯軍入侵，携眷由陸路回川，轉道西安，謁見兩宫。在歸蜀過褒城時，張祥齡遣使迎接。從西安到褒城這段不算十分遥遠的路程中，張祥齡連寄三詞，表達盼友速來和大雨阻路時的焦急心情。其一云：『望斷長安，計程應到褒城路。雨聲催暮，雲棧無船渡。鳥道盤空，天也難成步。今如許，更聞人語，漲了溪橋水。』其三則有：『燈花報、征鞍路近。唤煮酒、來朝醉穩。老夫無限前朝恨，要把長安細問。』不僅表達了友人征鞍路近時的快意，也傳遞了盼友相聚的緣由。蓋因余子厚一路從京而至，又經行宫覲見太后、皇

帝，於京中戰事、沿途民生和朝堂變局應有所知，這恰是張祥齡欲了解者。不過最迫切的，或許是探聽自己仕途相關的訊息。但終究『好花一餉仙家住。被鄰鶯争去』。

是年八月，兩宫鑾輿起駕回京，侍駕之臣如好友樊增祥、胡延等均因功叙遷，而張祥齡則由褒城調任大荔知縣。斯時有詞《感皇恩·張子野韻》：『白石山人役鬼工。須知龍在處，有雲從。擬他蹤迹赤松同。都南鄭，燒棧道，助而公。　王氣滿關中。憐渠功未就，已成翁。楚歌下，霸王窮。神仙事，且休問，吊江東。』既哀傷國事，亦感嘆自己歲暮功業無成，不禁有『漁樵事業朝衫誤，早買青山也應許』的歸隱之思。雖對建功立業有了深刻體認：『悔被多情誤。恨英雄到老，風懷難去。擺袖脱烏紗，伴野鷗閑鷺。早識封侯無我分，况富貴、城頭黄土。東顧。逐西施湖上，矮蓬眠雨。』但終不能灑脱離去，亦無法自抒其懷：『花憐白髮人俱老。嘆餘光、樓頭殘照。明知此恨人有，怎奈我當不了。』

此期詞作多哀嘆年華易逝，請纓無路，建功無望，具有明顯的垂暮意識，是其憂患現實的體現。經庚子一役，國運日衰，大厦將傾，張氏以詞人的敏感特性，對個人際遇和國家憂患尤有强烈感受，是以詞多哀婉之音。

四、詞學思想

張祥齡關於詞學的論述集中體現在《半篋秋詞》的『叙論』中，因被唐圭璋先生編入《詞話叢編》而廣被稱引。前賢關於張氏詞學思想的探討已有戴冠青《從『序録』看張祥齡詞論的美學思想》和陳桂清《論晚清蜀中詞人張祥齡的詞學》兩文。

（一）『詞非小道』觀

張祥齡首先明確詩、詞判然有别：『詞，詩家之賊，差以毫釐，失之千里。作詩，則詞意詞字不容出入。』進而提出『非謂詩之道大，詞之道小，體格然也』。詩、詞均爲文體的一種，俱能載道，所呈現出的不同，乃因體格不同所致。此說既反駁了『詞乃小道』的文學觀點，又是對早年肄業尊經書院時，因『詞以南皮薄之，湘潭小之，遂決意不爲』的逆向回應。

（二）嚴守詞律。叙論云：『詞有定律，不能緬越，宋賢莫不確守成法。祥齡不解音律，然於上去字，未嘗不謹。』從《半篋秋詞》的諸多塗抹改定中可以看出，張祥齡此言不虛。不過，晚清詞壇自有一股重視詞律之風，如朱祖謀被稱爲『律博士』，鄭文焯校詞律數種，況周頤也曾說：『夫聲律與體格并重也，余詞僅能平側無誤，或某調某句有一定之四聲，昔人名作皆然，則亦僅守弗失而已。未能一聲一字，剖析無遺，如方千里之和清真也。如是者廿餘年，繼與漚尹以詞相切磨。漚尹守律綦嚴，余亦恍然，嚮者之失，斷斷不敢自放，乃悉根據宋元舊譜，四聲相依，一字不易。』[一]張祥齡身處其間，重韻守律應是時風所染。

（三）詞尚雅正，重氣骨。張祥齡認爲詞之風格『尚密麗者失去雕鑿。竹山之鷺曰瓊絲，鴛曰繡羽。又霞鑠簾珠，雲蒸篆玉，翠簨翔龍，金樅躍鳳之屬，過於澀鍊。若整疋綾羅，剪成寸寸。七寶樓臺，蓋薄之之辭。吳中七子，流弊如此。反是者又復鄙俚，山谷之村野，屯田之脱放，則傷雅矣。』詞人填詞應『自酌其才，與何派相近，一篇之中，又不可雜合，不配色。意鍊則辭警闢，自無淺俗之患。』作詞雖講究煉詞煉句、音律比興等藝術手法，但要與一己之性情和才學相結合，不必刻意『雕鑿』『澀煉』，以免鄙俚、淺俗之患。在詞的意境上，張祥齡推崇有『氣骨』之詞，以爲正雅，他說：『龍川《水調歌頭》云：「堯之都，舜之壤，禹之封。於今應有，一個半個耻和戎。」《念奴嬌》云：「因笑王謝諸人，登高懷遠，也學英雄涕。」世謂此等爲

[一] 況周頤著，孫克强輯考：《蕙風詞話 廣蕙風詞話》，中州古籍出版社，二〇〇三年，第四四三頁。

洗金釵鈿盒之塵，不知洗之者在氣骨，非在選字，周、姜綺語，不患大家。若以叫囂粗犷爲正雅，則未之聞。』戴冠青注意到張祥齡此處所謂的『氣骨』，是指詞人的胸襟和抱負。詞作融入詞人自己的胸襟抱負和真實情感，即使選詞樸素無華，也能寫出雄渾氣魄、博大意境的好詞。〔一〕

張祥齡學詞博采南北宋諸家，對各家詞作揣摩深切，故而重視詞人獨特個性對詞之風格的影響，曾説：『辭章一道，好尚各殊，如講學家各分門户。詞有南北，出主入奴，喜疏快者，麗密以爲病，主氣局者，烹鍊以爲嗤，求悦於人難矣。予言不問人論何如，自叩用工甘苦，深造有得，天下非之而不顧。』此語可見其在詞學創作上對一己之性情才學的堅持。

五、張祥齡的著述

張氏的著述雖不稱富，但亦可觀。惜其不自檢點，佚失頗多，詞作尤甚。廖平撰《清誥封朝議大夫張君曾恭人墓志銘》中云其著述有：『《經支》九卷、《六箴》一卷、《黄金篇》三卷、《媿林漫録箋》、《玉杯精舍答問》、《受經堂文集詩集詞集》六種、公牘、集聯。』現將張祥齡尚存著述簡述如下：

《前後蜀雜事詩》　此詩爲肄業尊經書院時的季課卷，深得時任四川學政譚宗濬的賞識，因刊入《蜀秀集》。此書尚有光緒年間單刻本行世。民國年間，胡淦又將其收入《壁經堂叢書》。

《哀逝詩》　光緒十六年十月，曾彦病逝，張祥齡悲痛異常，遂撰此百篇以言情抒懷。此詩前有曾懿序，後有俞樾題跋。此詩未見單行，附刻於光緒十七年張祥齡受經堂所刻《虔共室遺集》末。

〔一〕　戴冠青：《從『序録』看張祥齡詞論的美學思想》，《泉州師專學報》，一九九六年第一期。

《吴波鷗語》 光緒十三年，張祥齡寓蘇，與鄭文焯、易順鼎、易順豫、蔣文鴻諸人結詞社於壺園，聯句和白石詞，即成此卷。此詞初未刊刻，一九三五年龍榆生據朱祖謀手鈔本校定，刊於次年的《詞學季刊》上。

《和珠玉詞》 光緒二十年，張祥齡入京參加殿試，得況周頤介紹，拜訪王鵬運於四印齋。三人詞趣相投，遂竟五日之功，聯句盡和《珠玉詞》。此詞當年即付棗梨，前有馮煦、王鵬運序。民國十二年，況周頤高足趙尊嶽又將其收刊《惜陰堂叢書》，除馮、王二序外，又增況周頤跋文一篇。

《雙伽陀詞》 光緒二十六年，八國聯軍入犯京師，兩宫鑾輿播遷，駐蹕西安。張祥齡時任陝西榆林府懷遠知縣，並於十二月代任西安府長安知縣，度支行在。尊經書院好友胡延時亦仕宦陝西。二人深憂時局，遂發心聲於詞，而成此篇。光緒二十九年，胡延於金陵糧儲道刻《苾芻館詞集》，列是詞爲第五種。

《半篋秋詞》 末題『癸巳十一月七日鈔畢』，知是張氏光緒十二年至十九年間寓蘇時所作。寓蘇期間，仕進艱辛，喪妻失子，故詞多哀逝。但友朋詩酒流連，姬妾茗琴伴游，亦不乏覽勝之作。這一時期，亦是張氏詞藝臻進、詞學理論成熟時期。該詞前有《叙論》一篇，是爲其詞學觀點的集中論述。是詞未見刻本流傳，僅見民國三年其婿嚴偉據手稿影印本。前有嚴偉序，末有光緒十九年十二月同鄉李超瓊題跋、光緒二十年仲春尊經書院好友宋育仁題跋。

《子苾詞鈔》 亦名《受經堂詞》。張祥齡逝後，尊經書院摯友廖平惜其著述零亂，收其生前散逸之詞，彙成是篇。故該集中既有張氏獨撰之詞，亦有與友人鄭文焯、王鵬運、況周頤、王以慜唱酬之篇。是集於民國六年由成都存古書局刻印。

《受經堂集》 是集亦是好友廖平收集，並於民國七年由成都存古書局刻印。

《媿林漫録箋》　《媿林漫録》是明末瞿式耜輯録的前賢語録，分爲『學問』『居心』『在位』『規家』『酬世』『讀書』『積德』『究竟』『攝生』『依隱』十個篇章。張祥齡官懷遠知縣時，對此書進行箋釋，闡發自己關於修身養性、讀書治學的觀點。是書未見刻本流傳，僅見民國五年《四川教育雜志》第二期上刊發了其箋釋的《學問》篇部分内容。

《六箴》　張祥齡官陝西時，有感於地偏俗陋，欲化風俗，遂撰是篇勸誡。爲文力求通俗淺顯，易於傳誦。是書於光緒二十七年刻於褒城。

《黄金篇》　張祥齡在地方知縣任内崇儒重學，政暇親臨講舍，有感於懷遠地僻學貧，遂爲生童開列書目和規劃課讀日程，列目異常詳盡，於地方教育用心良苦。是書於光緒二十七年刻於褒城。

六、《張祥齡集》的整理

張祥齡學於尊經，師從名儒，於考據之法和經學義理皆有探究。後游歷姑蘇，與詞學名家鄭文焯、王鵬運、况周頤交游甚密。學詞始從白石、清真，續至小山，終溯南唐，於詞學一道深有心得，留下大量詞作，奠定了其在清末詞壇的地位。仕宦秦地，潛心治學，服膺程朱之論，撰有指示生童修身治學門徑的書目和箴言。惜因仕宦不顯，身世漂泊，兼之早卒和著述散佚，雖在清季詞壇占有一席之地，但目前尚未見系統整理其著述者。

一九八六年，唐圭璋先生將張氏《半篋秋詞》的『叙論』收入《詞話叢編》，並易名『詞論』，這篇詞學理論始爲晚清民國詞學研究者所關注，被廣泛徵引。一九八七年，戴安常先生選編《近代蜀四家詞》，以張祥齡與宋育仁、林思進、趙熙並列，選其《受經堂詞》爲其一。一九九四年，李誼先生輯校《歷代蜀詞全輯》，收張祥齡詞作較多，計三百六十四首，但亦非全璧。另如《全清詞鈔》《清詞菁華》《近代詞鈔》等對張氏詞作亦有零星收録。

有鑒於此，此次在前賢整理的基礎上，盡力網羅收集，但亦未臻完備。廖平在墓志銘中提及的《玉杯精舍答問》即未尋得，竟不知尚存否。至公牘、文聯更無從尋覓。期待古籍普查和進一步的搜尋能彌補此遺珠之憾。而諸刻本中頗有魯魚亥豕之處，雖盡力彌縫，疏漏在所難免，尚希方家不吝賜教。

目録

和珠玉詞

前蜀雜事詩[一]

斬蛇當路裕西王，燒棧開山起舞陽。嘉節圖呈呼萬歲，排麟環鳳拜龍光。

《全唐文》馮涓《爲王建草殺陳敬瑄田令孜表》：『開匣出虎，孔宣父不責他人；當路斬蛇，孫叔敖非因利己。』《全唐詩話》：『建妻弟眉州刺史周德權，值梁篡唐，引讖文勸進，曰：「李裕西王逢光昌土德兑興丹。」莫當解，曰：「李裕西王，言唐後王氏興於西方也。西方爲兑，丹朱也，言朱梁不敢抗也。」建大悦，遂即位。』《全唐文·蜀答聘書》：『西蜀開山立國，燒棧爲謀。』《十國宫詞》：『恰遇壽春嘉節裏，仙宗呈進混元圖。』注：『帝以降生日爲壽春節。』《禪月集·大蜀皇帝壽春節進堯銘舜頌》：『六宗是禋，五瑞斯立。排麟環鳳，披香立雪。』

廣顙隆眉骨相奇，義兒百二創王基。老僧話舊興元寺，骰子相重六隻時。

《蜀檮杌》：『建隆眉廣顙，身長七尺』。《十國春秋》論：『唐末中官興兵，常養壯士爲子以自衛，諸將效之。史言高祖假子百二十人皆功臣，雖冒姓連名而不禁婚姻。』《十國春秋拾遺》：『王蜀主爲禁軍都頭，與其儕於僧院擲骰六隻，次第相重，自幺至六，人共駭之。他日霸蜀，因幸興元，訪當時僧院。其僧尚在，問以舊事，此僧具以骰子對。先主大悦，厚賜之。』

[一] 據光緒五年（一八七九）成都試院本《蜀秀集》整理。

龍興宫裏御容懸，虎視龍睛狀偉然。一代功臣齊入畫，壽昌一閣號扶天。

《册府元龜》：『王建隆眉廣顙，龍睛虎視。』《新五代史》：『建爲人隆眉廣顙，狀貌偉然。』又：『五年起壽昌殿於龍興宫，畫建像於壁。又起扶天閣，畫諸功臣像。』

聞道朱三有賀章，八兄皇帝正當陽。那知五鎮飛馳檄，慾挽雕弓射汴梁。

《五代史闕文》：『全昱，梁祖兄。既受禪，宫中開宴，因爲博戲。全昱酒酣忽起，取骰子擊盆迸散，大呼梁祖曰：「朱三，汝碭山一民，因天下饑荒，入黄巢作賊。天子用汝爲四鎮節度使，富貴足矣，何故滅他李家三百年社稷，稱王稱朕？吾不忍見血吾族矣，安用博爲！」梁祖不悦而罷。』《錦里耆舊傳》：朱温賀蜀王建，書『八兄皇帝』。《弘簡録》：天復七年，梁滅唐，遣使來諭，拒而不納，馳檄五鎮，會兵討梁。

枕膝深宵幸石門，烟焚棧道六龍奔。傷心三日靖陵血，衣上先皇有泪痕。

《新五代史》：『僖宗行至當塗驛，李昌符焚棧道，棧道幾斷。建控僖宗馬，冒烟焰中過，宿坂下，僖宗枕建膝寢。既覺，涕泣〔一〕，解御衣賜之。』又：『乾符中，靖陵雨血三日。』《鑒誡録》：『天復初，車駕幸石門，絶糧數日。』《全唐文》韋莊《爲蜀高祖答王宗綰書》曰：『吾蒙上恩有年，衣衫之上，宸翰如新；墨詔之中，泪痕猶在。』

趙家花蕊海棠秋，遠勝徐妃姊妹流。唱到八哥魂斷處，解愁真箇不知愁。

《天中記》：『潘炕與弟峭同爲蜀王建掌機衡。炕嬖於美妾解愁。解愁姓趙氏，母夢吞海棠花蕊

〔一〕『既覺涕泣』，原作『既涕血』，據《新五代史·前蜀世家第三》改。

而生，頗有國色，善爲新聲及工小詩。建至炕第見之，謂曰：「朕宫中無此人。」意欲取之。炕曰：「臣下賤之人，不敢以薦於君。」其實靳之。弟峭曰：「緑珠之禍，可不戒耶？」』《宋詩鈔·小序》：『徐妃亦號花蕊夫人。』《鑒誡録》：　晉暉呼蜀王小字曰『八哥』，狀貌異人，必有非常之舉。

唱徹宫詞酒不停，背君彈泪向君聽。老僧莫問朝中事，赴宴歸來醉未醒。

《五國故事》：『衍宴宣華院，自旦至於繼火。宗壽因以社稷之事言之，涕泪交落。而幸佞臣潘在迎等以爲嘉王酒悲，因爲諧謔笑玩而罷。』《蜀檮杌》：『衍嘗召嘉王宗壽赴宴，命宫人李玉簫歌衍所撰宫詞，送宗壽酒。宗壽懼禍，盡飲之。在迎曰：「嘉王聞玉簫歌即飲，請以玉簫賜之。」衍曰：「王必不納。」』

天武神機列戟矛，崇賢官屬侍從游。雪晴曉騎天花落，手把飛郎射畫球。

《新五代史》：『元膺判六軍，創天武神機營，開永和府，置官屬。』《全唐文》：『置東宫屬，詔：「王者經世馭民，何嘗不講求賢碩以輔元子。故漢開博望，唐重承華，左右正人，自躋於治。其以東宫爲崇賢府。」』《清異録》：『王繼岌奉命伐蜀，王衍苑馬數百皆逸足也，繼岌得二十許匹，格價不可言，曰「天花落」。』《格致鏡原》：『王建軍中隱語，弩曰「百步王」，箭曰「飛郎」。』《舊五代史》：『元膺能射錢中孔，常自抱畫球擲馬上，馳而射之，無不中。』

滿堤珠翠浣花岸，彈打流鶯墮柳絲。識字宫人剛進到，君王命寫醉妝詞。

《幸蜀記》：『衍游浣花，龍舟彩舫，十里綿亘。自浣花潭至萬里橋，游人士女，珠翠夾岸。』《鑒誡録》宋開府判小朝官郭延鈞進識字女子云：『進來便是宫人，狀内猶言女子。應見容止可觀，遂令始制文字。更遣阿母教招，恨不太真相似。且圖親近官家，直向内廷求事。』《詞苑叢談》：『宫妓施胭脂夾臉，名曰「醉妝」，衍作《醉妝詞》。』

御容保福拜莊中，新進糖霜琥珀紅。三十六峰高閣裏，金華何似水晶宫。

《輿地紀勝》：『保福莊在郡城北五里，乃成都保福寺，有蜀王建塑像。』又：『鄒和尚跨一白驢，頗食民蔗，居民苦之，詣和尚請焉。和尚曰：「汝知糖之利而不知糖之爲霜，其利十倍。」遂授以訣。糖霜色如琥珀，遂爲上品。』《容齋五筆》馬咸《望江南》云：『不待千年成琥珀，真教六月凍瓊漿。』《糖霜譜》：『糖霜以紫色爲上，白色爲下，須一年有半乃結。』《輿地紀勝》：『三十六峰在青城山，儲福觀、天峰閣望之，一一可數。前十八謂之陽峰，後十八謂之陰峰。每峰各有一洞口。』又：『金華宫，唐金華、玉真二公主建，前蜀王衍與徐太后同游避暑，宫遺址存焉。水晶宫在導江縣西，僞蜀王衍夏中自青城山至本院憩息，見頗清凉，因謂「水晶宫」。』

枕上鴛鴦醒夢時，怡神亭畔漏初移。釣魚歸去春情倦，閑寫宫中應制詩。

《詞品》：李珣，蜀梓州人，事王衍，名《瓊瑶集》。其妹李昭儀，亦饒詞藻，有『鴛鴦枕上忽然聲』一首，誤入《花蕊夫人集》。《通鑑紀事本末》：『蜀主宴近臣於怡神亭。酒酣，君臣及宫人皆脱冠露髻，喧嘩自恣。』《四川通志》：『昭儀李氏，名舜弦，梓州人，酷有詞藻。後主立爲昭儀，世所稱「李舜弦夫人」也。所著《蜀宫應制詩》《隨駕詩》《釣魚詩》諸篇，多爲文人賞鑒。』

詔賦詞臣百韻箋，花冠紅粉醉金蓮。御厨詔賜紅綾餅，内庫恩頒白打錢。

《蜀志》：王衍有百韻箋，幅長可寫百韻，學士箋短，可書四韻。《青箱雜記》：『衍每宴怡神亭，妓妾皆衣道衣蓮花冠。』《避暑録話》：『唐御膳以紅綾餅爲重。昭宗光化中，放進士榜，會燕曲江，令大官作餅餤賜之，盧廷讓在其間。後入蜀爲學士，既老，頗爲蜀人所易。廷讓詩素平易近俳，乃作詩云：「莫欺零落殘牙齒，曾喫紅綾餅餤來。」王衍聞知，命供膳亦以餅餤爲上品，以紅綾裹之。』《蜀檮杌》：『改厨爲御食厨，又改軍資庫爲國計庫，衙庫爲内藏庫。』

才散雲霞宫女回，甘州一曲滿樓臺。大慈又見金珂入，香擁龍鱗聽講來。

《新五代史》：『衍嘗與太后、太妃游青城山，宫人衣服皆畫雲霞，飄然望之若仙。衍自作《甘州曲》述其仙狀。上下山谷，衍嘗自歌而使人皆和之。』《禪月集·蜀王入大慈寺聽講》詩：『玉節金珂響似雷，水晶宫裏度徘徊。祇緣支遁談經妙，所以許詢都講來。帝釋鏡中遥仰止，魔軍殿裏動崔嵬。千重香擁龍鱗立，三種風生錦繡開。』

花柳尋餘厭酒杯，百花争逐六宫開。街頭步障圍層錦，知是君王蹴鞠來。

《詞苑叢談》：『衍作《醉粧詞》云：「者邊走那邊走，只是尋花柳。那邊走者邊走，莫厭金杯酒。」』《後村詩話》張蠙《宫詞》云：『日透珠簾見冕旒，六宫争逐百花球。回頭不覺君王去，已聽笙歌在遠樓。』《五國故事》：『衍好擊鞠，常引二錦障以翼之，往往至於街市。街市爲步障所蔽，而亦不知，乃齊昏高障之類也。』

衣拂紅霞鳳輦乘，金絲聲揭萬山層。笙簧寶殿排儀仗，三學山頭看聖燈。

《鑒誡録》翊聖太妃《謁丈人觀先帝聖容》，曰：『共謁御容儀，還同在禁闈。笙簧喧寶殿，彩仗耀金徽。清泪沾羅袂，紅霞拂繡衣。九疑山水遠，無路覓湘妃。』又順太后有《題漢州三學山夜看聖燈》詩，又《題青城丈人觀》云：『儀仗影交冢廓外，金絲聲揭翠微巔。』《輿地紀勝》：『神燈在三臺山。王衍時，太妃徐氏登山賦詩云：「聖燈千萬炬，旋向碧空生。細雨濕不見，好風吹更明。」』

城南餓死採桑女，又聽君王要税桑。山上彩樓風雨夜，笙歌誰念飼蠶忙。

《五國故事》：『建聚斂不已。蜀中每春三月爲蠶市，至時貨易畢集，闤闠填委，蜀人稱其繁盛。而建嘗登樓望之，見其貨桑栽者不一，乃顧左右曰：「桑税甚多，儻税之，必獲厚利。」由是言出於外。民懼，盡伐其桑柘焉。』《續世説》：『衍結繒爲山，及宫室樓觀於其上，又别立二彩亭於前，列諸金銀錡釜之屬，取御厨食料烹燀於其間。帝乃憑樓觀之，號曰「當面厨」。爲風雨所敗，則易新者。或樂飲繒山，涉旬不下。』

弓劍傷心懺兔鷹，雲開碧落極初登。詔書先選良家女，再啓攢宫到永陵。

《鑒誡録》：『蜀光天元年，太祖寢疾，經旬，文州進白鷹，茂州貢白兔。群臣議曰：「聖人本命是兔，鷹兔至，甚相刑，貢二禽非以爲瑞。」』退鷹留兔，帝疾乃痊。《全唐文》杜光庭《賀登極後聽政表》有云：『今則雲開碧落，齊瞻北極之尊；霞散滄溟，共奉大明之照。』《蜀檮杌》：『冬十月，詔選良家女二十人備後宫。十一月，葬帝於永陵，廟號高祖。』

兵罷東川奉詔違，泪流杯酒劍空揮。山頭雲頂飛來石，駭退岐兵夜解圍。

《新五代史》：『建攻東川，昭宗詔建罷兵。建不奉詔，攻破梓州。彦暉自殺，彦瑶顧城已危，謂諸將吏曰：「事公當生死以之。」指所佩賓鐵劍曰：「事急而有叛者，當齒此劍。」及城將破，彦瑶與彦暉召集將吏飲酒，遂與之俱死。』《輿地紀勝》：『飛石在三學山下。按舊紀，唐乾寧二年，王建圍東川，鳳翔李繼暉符昭將屯兵三學山，爲東川之援。時霖雨霆掣，有巨石摧毁李所舍之廳，李遂屯白楊林。他日驗石所從來，乃雲頂山東北隅巔崖也。雲頂距三學山四十里，故名曰「飛石」。』

取水郎中盡夜奔，荆南一水陣雲昏。西歸字字何須問，慟哭題詩泠驛門。

《北夢瑣言》：『蜀城析骸之際，馮涓幾至殍殕，因投鬻米家活。有詩云：「取水郎中何日了，破柴員外幾時休。」云云。』《三楚新録》莊宗謂高季興曰：『今負固不服者吴蜀，朕欲先有事於蜀，而蜀地險阻尤難。江南才隔荆南一水，朕欲先之，卿以爲何如？』季興曰：『蜀地富饒，獲之可建大利。江南國貧民狹，願陛下釋吴先蜀。』《通鑑紀事本末》：『蜀主將如秦州，蒲禹卿上表諫，韓昭謂禹卿曰：「汝表俟主上西歸，當使獄吏字字問汝。」』《全唐文》：『禹卿，成都人。從後主入洛陽，後主被誅，題詩驛門逃去，不知所終。』

封章才達謫參軍，題表唐朝補闕墳。誰把朱雲一腔血，天風吹入華山雲。

《唐詩紀事》道古《上蜀王》詩曰：『封章才達冕旒前，黜詔俄離玉座端。』《蜀檮杌》：張道古『少有文辭，慕朱雲梅福之節，上疏言「五危二亂」七事，謫施州户參軍。』《北夢瑣言》：『道古常自筮，遇凶卦，預造一穴，題表云「唐補闕張道古墓」。後果遇害而瘞之。』《鑒誡録》：『昭宗之代，張拾遺道古因貢《五危二亂表》，叙興廢之事，遂黜於蜀，瘞於五墓之地。鄭雲叟在華山聞之，吟詩哭之。』

味江築室避旌旄，花落花開水半篙。稱帝稱王君莫問，閬州西水白雲高。

《輿地紀勝》：『唐球，長安人，乾符中仕唐爲青城令。未幾，王建叛，陷成都，刺史李行簡納款。先生即棄官入山，居於味江。開寶中，大夫宋璫謚爲「貞逸先生」。』《四川通志》：『王隱君抱道不仕，有《落花吟》云：「富貴雨中花，昨開今復落。無人解花意，俱爲貪花錯。」蓋有感於時事，志在遠引，故姓名不傳。』又：『梁既篡唐，高祖欲自立爲帝。陳翔反復以逆順禍福譬之，不聽，遂棄官，隱閬州西水終焉。』

宦寺新頒建節符，天雄進得美人無。牙兵龍虎飛章到，爲獻秦州花木圖。

《通鑑紀事本末》：『初，唐僖、昭之世，宦官雖盛，未有建節者。蜀安重霸勸王承休求秦州節度使，承休言於蜀主曰：「秦州多美婦人，請爲陛下采擇以獻。」蜀王許之，以承休爲天雄節度使，封魯國公，以龍武軍爲承休牙兵。』《舊五代史》：『承休欲求旄鉞，乃以隴西花木入獻。又稱秦州山水之美，人物之盛，請後主臨幸。而韓昭贊成之。』《王氏見聞録》：『承休揀選官軍，號龍武軍。自乞秦州節度使，且云「願與陛下於秦州采掇美麗」，仍請幸天水。少主甚悦，即遣仗節赴鎮，應所選龍武精鋭並充牙隊從行。』

軟綃承泪寄相思，香膩紅紗舞柘枝。寄語多情韋吏部，病愁不似破瓜時。

《麗情集》：『灼灼，錦城官妓也，善舞柘枝，能歌水調。御史裴質與之善。裴召還，灼灼每遣人以軟綃聚紅泪爲寄。』《全五代詩》韋莊《傷灼灼》詩云：『嘗聞灼灼麗於花，雲髻盤時未破瓜。桃臉曼長横緑水，玉肌香膩透紅紗。多情不住神仙界，薄命曾嫌富貴家。流落錦江無處問，斷魂飛作碧天霞。』自注：『灼灼，蜀之麗人也。近聞貧且老，殂落成都市中，因以四韻吊之。』

典章文物繼唐初，九國龍争總不如。李昊王鍇盡才士，絶憐低首寫降書。

《通鑑紀事本末》：『蜀主雖目不知書，好與書生談論，粗曉其理。是時，唐衣冠之族多避難在蜀，蜀主禮而用之，使修舉故事，故其典章文物有唐遺風。』《四川通志》：『王鍇，乾德中爲宰相。每趨朝，於白藤擔子内鈔書，書法絶工。後主降唐表則李昊自爲之，而鍇之書也。』

象情寫物每相宜，本少天才格未奇。五百霞光牋受賜，憐才誰誦落花詩。

《全唐詩録》：『徐獻忠曰：「(張)蠙詩稍遒格調，力去補衲之弊，遂不復用事。然天才本少，英旨未奇，至於寫情乃多肖似。』《五代詩話》：『後主奉太后游大慈寺，見壁間題句云：「牆頭細雨垂纖草，水面回風聚落花。」太后深加欣賞，顧問寺僧，以蠙對。乃賜霞光牋五百幅，令寫所業詩以進。』

潛龍頌豈待錢陳，五代文章染俗塵。誰肯登壇求筆札，不堪長作第三人。

《禪月集·大蜀高祖潛龍日獻詩陳情偈頌》云云。《全唐詩話》：『周寶涖，丹陽州人。有事輒云：「待錢來。」後果以錢鏐代之。故貫休有上錢鏐句云：「今日再三難更識，識詞惟道待錢來。」』《郡閣雅談》：『貫休精於筆札，成汭問其筆札法，休曰：「此事須登壇可授，安可草草而言。」成汭銜之。』《五代史補》：『貫休游荆南時，成汭爲節度使，生日有獻歌頌德者，僅百餘人，貫休在焉。汭不能親覽，命幕吏鄭準定其高下。準害其能，輒以貫休爲第三。貫休怒曰：「藻鑒如此，其能久乎？」遂入蜀。值建稱藩，因獻詩。建大悦，以爲國師，賜號曰「禪月」。』

古木蕭疏竹影凉，銜花一鹿畫屏張。鶴師薛稷龍孫位，不負東坡一炷香。

《畫評》：『黄筌畫古木，信筆塗抹，畫竹如斬釘截鐵。』《宣和畫譜》：『筌，成都人，以工畫早得名，事王衍爲待詔。用意悉取生態，有《鹿銜花圖》。』《畫鑒》：『黄筌集諸家之善，山水師李昇，鶴師薛稷，龍師孫位，至於花竹翎毛超出衆史。筌畫可齊名者，惟江南徐熙。』《東坡集·與錢濟明》云：『家有黄筌畫龍，拔起兩山間，陰威凛然。舊郡時以祈雨有應，今夕具香燈試禱之。濟明雖家居，必不廢閔雨意，可來燔一炷香否？』

壽春閶闔雪中開，天半雲韶送下來。少帝設壇新受録，手持龍杖苑中回。

《禪月集》：休《壽春進祝聖四首》：『時時懸佛日，天俣動雲韶。』又云：『烟霞衣上落，閶闔雪中開。』《清異録》：『杜光庭選户部侍郎，後主立，受道籙於苑中，以光庭爲傳真天師。』《格致鏡原》：『光庭居，恒持騰龍杖一條，紅如腥肉，重若玉石，絶非藤竹所爲，相傳過化人留賜』云。

擢穎明廷未遇時，燒山覓士信難期。得賢門外山棚隕，翻築金臺待大師。

《全唐文》許寂《上蜀主求賢書》云：『今百辟之中有謀可以策國，勇可以蕩寇，或博究治體，或精知化源，未擢穎於明廷，尚含光於庶位者，伏望恢明聖之略，開户牖之圖。』《禪月集・聞知閑赴成都辟請》：『文翁還化蜀，帟幕列鵷鸞。飲水臨人易，燒山覓士難。』《蜀檮杌》：『衍應聖節，列山棚於得賢門。是日暴風吹之，楊玢言曰：「陛下誕聖之日而山棚摧者，非不騫不崩之義，在於得賢門者，示陛下所用不得賢也。」』《鑒誡録》： 禪月大師有上王太祖陳情詩：『一瓶一鉢垂垂老，萬水千山得得來。』太祖曰：『寡人高築金臺以師名士，廣修寶刹用接高僧。千山萬水之言，何以當此？』恩賜甚厚，上人遂居蜀焉。

户部門人妙八分，烟霞氣味愈超群。休公亦復傳衣鉢，三十家書講《説文》。

《野人閑話》：『沙門曇或學李陽冰篆，道士張昭嗣學柳公權書，工部員外郎昭裾仿韓擇木八分，皆杜光庭門人。』《四庫全書提要》：《通鑑》載蜀主以杜光庭爲諫議大夫，而集有《謝户部侍郎表史》，並不言其爲此官。《宣和書譜》：『杜光庭自録所爲詩文，字皆楷書，人争得之。要是得烟霞氣味，不可擬倫羲、獻，而邁往絶人，亦非世俗所能到也。』《五代詩話》歐陽炯贈貫休詩：『休公逸藝無人加，聲譽遍海涯。五七字句一千首，大小篆書三十家。』《四川通志》：『貫休弟子曇或，戒學精嚴，能詩善篆。重集許氏《説文》，行於蜀。貫休詩集皆出曇或所校輯者。』

赤斧王昌市上看，廣廛五月鬻香殘。蜀都上藥非無有，無奈醫官識字難。

《方輿勝覽》： 成都二月鬻花木蠶器，號『蠶市』； 五月鬻香藥，號『藥市』。《升庵全集・藥市賦》：『乃延巫彭，招長桑，飛絳雪，持玄霜。巴戎赤斧，梓谷王昌。』《全唐文・答梁王書》：『上藥非蜀都所紀，名香從外國稱奇。』《北夢瑣言》：『薛廷珪奉梁祖命，册蜀先主爲司徒。薛疾作，先主遣楊僕射療之。薛致書感謝，書末請借肩輿歸京尋醫。先主訝之，曰：「幸有方藥，何不俟愈而行？」堅請，且駐行軒。薛謂客將曰：「夜來聞此醫官殊不識字，可以性命委之乎？」』

家家種橘滿墻籬，風土南鄉唱竹枝。二月酒旗橋畔路，柳條扶病冷烟絲。

《全唐詩》張蠙《送友尉蜀中》：『故友漢中尉，請爲西蜀吟。人家多種橘，風土愛彈琴。』《全五代詩》注『周草窗』曰：『李珣輩俱蜀人，各製《南鄉子》數首，以志風土，竹枝體也。』《冥報録》：『僞蜀時，成都米市橋酒肆有女柳條患病，沉綿經歲，俟死而已。有道士常來貰酒，柳條每加勸奉，乃留丹數粒。柳條服三粒後，充盈如初。』

翠屏金鳳此時情，消息誰傳薄倖名。可惜落花春寂寂，難將羅袖拜卿卿。

《古今詞話》：『韋莊有《荷葉杯詞》云：「絶代佳人難得，傾國，花下見無期。一雙愁黛遠山眉，不忍更思惟。　閑掩翠屏金鳳，殘夢，羅幕畫堂東。碧天無路信難通，惆悵舊房櫳。」詞意凄惋，爲姬作也。』《丹鉛録》莊《應天長詞》云：『想得此時情切，泪沾紅袖黦。』《詞統》：『韋莊舉乾寧進士，後以才名寓蜀。王建割據，遂羈留之。莊有寵姬，資質艶麗，兼善詞翰。建託以教内人爲詞，强奪去。莊作《謁金門》云：「空相憶，無計得傳消息。天上嫦娥人不識，寄書何處覓？　新睡覺來無力，不忍把伊書迹。滿院落花春寂寂，斷腸芳草碧。」情詞悽怨。姬聞，不食死。』《全五代詩》牛嶠《楊柳枝詞》：『解凍風來未上青，解垂羅袖拜卿卿。無端褭娜臨官路，舞送行人過一生。』

春桃曾記狀元無，坦腹蛾眉幕府疏。不負檐前雙戴勝，憐才剛遇薛尚書。

《麗情集》注胡應麟曰：『元人《春桃記》，今不傳，僅《輟耕録》有其目，大概如《琵琶》等劇。』《丹鉛總録》：『女狀元，黄崇嘏也。』傳奇有女狀元，《青桃記》蓋黄事也。《太平廣記》引《玉溪編事》：『王蜀有僞相周庠，在邛南幕中，欲以女妻黄崇嘏。崇嘏袖封狀謝，貢一詩云：「一從拾翠碧江涯，貧守蓬茅但賦詩。自服藍衫居郡掾，永抛鸞鏡畫蛾眉。立身卓爾青松操，挺志鏗然白璧姿。幕府若容爲坦腹，願天速變作男兒。」旋乞歸臨邛，舊隱莫知存亡。』《録異記》：『王蜀刑部侍郎李仁表寓居許州時，薛能尚書爲鎮，先繕所業詩五十篇以爲贄。濡翰成軸，於小亭憑几閲之。未三五首，有戴勝自檐飛入，立於几案之上，馴狎良久。伸頸展翼而舞，向人若將語，久之又轉又舞，如是者三。翌日投詩，大加禮待，以其子妻之。』

寄生枝冷瓦棺秋，凄寂芳魂渭水流。二十五年春夜月，合郎誰識在秦州。

《方輿考要》：『王蜀馬道興遇一黄冠，授以詩云：「女是寄生枝，男是冬青木。冬青駕白鵝，寄生跨黄鹿。若遇寇相侵，穩便抛家族。早早上三清，莫候丹砂熟。」女旦暮諷吟，後仙去。』《學圃藼蘇》：『王蜀秦州節度使王承檢築防蕃城，至上邽山下獲瓦棺。内無尸，惟有一片舌，肉色紅潤，堅如鐵石，刻篆字曰「大隋開皇二年，渭州刺史張崇妻夫人王氏，年二十五嫁於崇，三年即娠，惡其妊娠，遂卒。」銘曰：「車道之北，邽山之陽。深深葬玉，鬱鬱埋香。刻斯貞石，焕乎遺芳。地變陵谷，崄列城隍。乾德丙年，壞者合郎。」是歲僞乾德六年丙子歲。言壞者「合郎」，即王承檢小字。』

九天玄〔一〕女渺簾帷，西市神仙不上飛。那似二郎支枕石，淮南鍊法授通微。

《鑒誡録》：『王蜀有楊勳者，自號「僕射」，能於空中請自然還丹，其丹立降。又能召九天玄女、后土夫人，悉入簾幃，經宿而去。及折其足西市斬之，藥亦無靈，術亦不驗。』《全五代詩》楊勳《畢命

〔一〕玄，原作『元』，徑改。下同。

詞》：『聖主何曾識仲都，可憐社稷在須臾。市西便是神仙窟，何必乘槎泛五湖。』《全唐詩話》：『有胡二郎者，嘗見一道士於成都，醉卧通衢。二郎憐之，每值其醉，輒取石支其首。道士一日醒，見二郎在旁，感之。因勸修道，且歌以諷之。二郎問爲何人，「吾即爾朱先生也。」去不見。二郎後亦仙去。』《集仙傳》：『爾朱字通微。』

井中夢墜水行仙，黎達形求亦枉然。新舊使頭皆不見，秋風鬼泣野狐泉。

《清異録》：『王建僭立，有一僧常持大帚，不論官府、人家、寺觀，即加泛埽，人以埽地和尚目之。建末年，於諸處寫六字云「水行仙怕秦川」。及後王衍秦川之禍，方悟「水行仙」即衍字。』《輿地紀勝》：『僞蜀王衍夢墜大井中，見一夫負之而出，問其姓名，曰「黎達」。既悟，使以形求，果得之。詢之夢合，欲爵以官，則不願仕。遂賜一官田，守本州司馬。達素好衛生之經，置道觀於所居山上，因以爲名。』《北夢瑣言》：『後主歸唐，宦者宋愈昭等叩往洛吉凶於孫雄。雄俯首曰：「諸官識之，此去無災無福，但行及野狐泉，新舊使頭皆不見矣。」逮後主罹秦川之禍，隨閳莊宗亦遇鄴都之變，實其地也。』

六宫紅緑散星辰，王氣青城漸不靈。二十萬軍齊下泪，天回金翠冷紅亭。

《鑒誡録》：『於是亡一君，破一國，殺九子，誅十臣，殄滅萬家，流移百辟。其次六宫嬪御，挫紅緑於征途；十宅公王，碎金珠於逆旅。』《蜀檮杌》：『徐井生二女，皆國色。相者謂曰：「公非久貧，當大富貴。」因使相其女。相者曰：「青城山有王氣，每夜徹天者一紀矣，不十年後，有真人承運，此二子當作妃后，君貴由二女故也。」』《能改齋漫録》：『衍降後，王承旨作詩曰：「蜀朝昏主出降時，銜璧牽羊倒繫旗。二十萬軍齊拱手，更無一個是男兒。」後花蕊夫人記孟昶之亡，作詩：「君王城上豎降旗，妾在深宫那得知？二十萬人齊解甲，更無一個是男兒。」陳無己《詩話》載之，乃知沿襲前作。』《鑒誡録》：

『順聖《題天回驛》云：「周游靈境散幽清，千里江山暫得行。所恨烟光看未足，却驅金翠入龜城。」翊聖繼曰：「翠驛紅亭近玉京，夢魂猶自在青城。北來出看江山境，盡被江山看出行。」』

舊臣詔賦痛降書，文武朝天哭鼎魚。贏得一場新曲子，何時劍閣結茅廬。

《碧溪詩話》：『天成初，明宗召亡蜀舊臣賦詩，惟中丞牛希濟最佳。』《全五代詩》：『希濟奉詔賦蜀王降唐詩。』按：李昊降表云：『釋殘生於撲蛾之燈，全必死於戲魚之鼎。使肌骨重生於聖日，焦枯再沐於天波。』《北夢瑣言》：『蜀王俘繫入秦，至劍閣，見山川之美，賦詩云：「不緣朝北闕，來此結茅廬。」時人嘆之。至咸陽，又作曲子云「盡是一場贏得」，與夫無愁入井者，所較無多也。』

七里亭前拜魏王，賣來阿魏與唐莊。長安三趙村前月，冷照王家十八喪。

《新五代史》：『魏王繼岌、郭崇韜伐蜀，衍上表乞降。魏王至成都，衍君臣面縛輿櫬出降於七里亭。』《青箱雜記》：『衍在蜀，童謡云：「我有二貼藥，其名阿魏，賣與十八子。」其後衍兄宗弼果賣國歸唐，而宗弼乃王建養子，本姓魏氏。』《九國志》：『衍見宗壽泣下，曰：「早從王言，豈至今日。」及衍遇害，奔入熊耳山，依定林寺。明宗即位，詣闕自陳，賜與甚厚。上表請葬衍，許之。初，衍至秦川驛，母妻及子弟遇害十八人，并藁葬道左。至是，宗壽盡易棺斂，縞素徒步，親自營獲，偕葬於三趙村。聞者義之。』《新五代史》：『宗壽得王家十八喪，葬之長安南三趙村。』

後亭春老怨琵琶，夢斷秦川噪暮鴉。帝子不歸陵樹冷，凄凉誰唱滿宫花。

《鑒誡録》：『蜀僧遠公《傷廢國》詩云：「樂極悲來數有涯，歌聲才歇便興嗟。牽羊廢主尋傾國，指鹿奸臣盡喪家。丹禁夜凉宫鎖月，後庭春老謾開花。兩朝帝業都成夢，陵樹蒼蒼噪暮鴉。」』《全唐詩話》：『尹鶚工小詞，有《滿宫花》云：「月沉沉，人悄悄，一柱後庭香裊。風流帝子不歸來，滿地落花慵掃。　離恨多，相見少，何處醉迷三島。漏清宫樹子規啼，愁鎖碧窗春曉。」蓋傷蜀之亡也。」

龍衮分明帝像尊，誰來法駕召唐魂。玄元皇帝青牛去，剩有銅羊一角蹲。

《青箱雜記》：『衍造上清宫成，塑玄元皇帝及唐諸帝像。』《北夢瑣言》：『衍以唐襲宅造上清宫，於老君尊像殿中列唐朝十八帝，乃備法駕謁之。識者以爲拜唐乃歸命先兆也。』《五國故事》：『蜀人以爲朝唐之列聖，蓋歸中原之兆。後主躬自薦享，城中士女游觀闐咽，謂之「召唐魂」。』《新五代史》：『起上清宫，塑王子晉像，尊爲聖祖至道玉宸皇帝。又塑建及衍像，侍立於左右。又於正殿塑玄元皇帝及唐諸帝，備法駕朝之。』按：青羊宫銅羊有『藏梅閣珍玩』五字，乃張文端公故物也，見《船山詩草》。王蜀時，青羊宫皆在宣華苑内。今唐高祖像猶存，老子像側有冕旒者，即衍父子侍立故址耳。後人鮮有知者。

街衢賣曆歲將殘，鵶泊旗杆去不還。車駕尚排回鶻隊，北兵已入鹿頭關。

《北夢瑣言》：『先是，司天監胡秀林道：「曆移，閏正月。」近臣曰：「宜用唐國閏月，改閏十二月。」街衢賣曆者云只有一月也。是冬，蜀果滅。』《蜀檮杌》：衍離成都，有群鵶泊於旗杆，其鳴甚哀。又親禱張惡子廟，抽籤得『逆天者殃』四字。《通鑑紀事本末》：『蜀主至成都，百官及後宫迎於七里亭。蜀主入妃嬪中作回鶻隊入宫。』又：『蜀斷錦江浮梁，無舟楫可渡。紹琛謂李嚴曰：「吾懸軍深入，利在速戰。乘蜀人破膽之時，但得百騎過鹿頭關，彼且迎降不暇。若俟修繕橋梁，必留滯數日，或教王衍堅閉近關，折吾兵勢。倘延旬浹，則勝負未可知。」乃與李嚴乘馬浮渡，遂入鹿頭關。』

滿地楊花暮雨時，無人復唱柳枝詞。秋墳古木宣華苑，夜月樓臺鬼唱詩。

《全唐詩話》：『王衍五年，宴飲無度。衍自唱韓琮柳枝詞，曰：「梁苑隋堤事已空，萬條猶舞舊春風。何須思想千年事，惟見楊花入漢宫。」内侍宋光溥詠胡曾詩：「吴王恃霸棄雄才，貪向姑蘇醉緑醅。不見錢塘江上月，一宵雨夜越兵來。」衍怒而罷宴。』《聞見後録》：『李西美帥成都，士人陳甲館於便齋。月夜有危髻古衣裳婦人數輩，笑語花圃中，有甚麗者誦詩云：「舊時衣服畫雲霞，不到迎仙不是家。今日樓臺渾不識，只餘古木記宣華。小雨廉纖梅子黄，晚雲收盡月侵廊。樹陰把酒不成醉，何處無情枉斷腸。」忽不見。今府第故蜀宫，豈當時宫女猶有鬼耶。』

宫妓飄零香麝殘，月華池上畫裙單。琉璃一段歌聲咽，誰識當年李玉蘭。

《樓村詩》注：『後主宫詞曰：「輝輝赫赫浮五雲，宣華池上月華新。月華如水浸宫殿，有酒不醉真癡人。」嘗宴近臣於宣華苑，命宫人李玉蘭歌此詞，侑嘉王壽酒。音節抑揚，一座傾倒。』《碧鷄漫志》：『李唐伶奴取當時名士詩句入歌曲，蓋常事也。蜀王衍召嘉王飲宣華苑，命宫人李玉蘭歌衍所撰宫詞。五代猶有此風，今亡矣。』《五國故事》：『衍自製《甘州曲》，親與宫人唱之：「畫羅裙，能結束，稱腰身。柳眉桃臉不勝春。薄媚足精神，可惜淪落在風塵。」宫人皆應聲而和。衍本意如神仙而在風塵耳。後衍降中原，宫妓多淪落人間，始驗其語。』《清異録》：『王衍伶官家樂侍宴，小池水澄天見，家樂應制云：「一段聖琉璃」。』

金稜寶椀越青瓷，流落人間已不知。剩有雕花紅漆硯，鳳凰臺字冷金泥。

《全唐文》許寂《謝信物書》云：『右伴金稜椀、越瓷器並諸色藥物等，皆大粱皇帝降使賜貺。』又云：『金稜含寶色之光，秘色抱番瓷之響。』《十國春秋拾遺》：『陳文惠家收蜀王衍時太子陶硯連蓋，蓋上有鳳坐一臺。餘雕雜花草，涅之以金泥紅漆，有字曰「鳳凰臺」。』

烽烟北扼漢州城，笳鼓彌牟列陣營。金雁橋邊嗚咽水，淒凉何處管絃聲。

《錦里耆舊傳》：『龍紀元年五月，三郊軍敗，退歸府城。王司徒據漢州城出軍扼斷北路，又彌牟鎮下先鋒寨，新都縣下中軍寨。』《全五代詩》韋莊《漢州詩》：「比儂初到漢州城，郊色樓臺觸目驚。松桂影中旌旆色，芰荷風裏管絃聲。人心不似經離亂，時運還應却太平。十日醉眠金雁驛，臨岐無限眼波横。」

一曲琵琶兩鬢霜，故唐司馬泪凄凉。小紅同是悲淪落，俛奏彈羊不采桑。

《北夢瑣言》：『唐昭宗劫遷，百官蕩析，名倡伎兒，皆爲强諸侯有之。供奉彈琵琶樂工號關别駕小紅者，小名也。梁太祖求之，既至，謂曰：「爾解彈羊不采桑乎？」，關伶俛而奏之。及出，又爲親近者俾其彈而送酒，由是失意，不久而殂。復有琵琶石潨者號「石司馬」，自言早爲相國令狐公見賞，俾與諸子涣等連水邊作名。亂後入蜀，不隸樂籍，多游諸大官家，皆以賓客待之。一日，會軍校數員飲酒，石潨以胡琴擅場。在坐非别音者，諠譁語笑，殊不傾聽，乃撲槽而詬，曰：「某曾爲中朝宰相供奉，今日與健兒彈而不蒙我聽，何其苦哉！」識者亦嘆訝之。』

靈芳國已入唐宫，鏡影停空剩翠紅。遥想當年王節度，東游拜賜聖情隆。

《格致鏡原》：『後唐龍輝殿，安假山水一，鋪沉香爲山阜，薔薇水、蘇合油爲江池，芩藿、丁香爲林樹，黄紫檀爲屋宇，白檀爲人物。方圍一丈三尺，城門小牌曰「靈芳國」。或云平蜀得之者。』《吹景集》：『余購得一鏡，縱横俱三寸，餘色黑如漆，鈕亦不甚闊，背作忘憂花葉，四旁古錦文，中有銘三十二字。銘曰：「煉形神冶，瑩質良工。如珠出匣，似月停空。當眉寫翠，對臉傅紅。倚窗繡幌，俱含影中。」』《金石萃編》『停空鏡銘跋』，是鏡銘詞具載。《十國春秋·前蜀王承休傳》：『後主東巡以賜承休妻者。』《吹影編》以爲六朝鏡，《丹鉛録》《墨林快事》以爲唐鏡，皆考之未審耳。

宫中鏡背繡銅腥，乾德猶傳昔日名。更辨黄標兩年號，宋錢制重蜀錢輕。

《山堂肆考》：『宋太祖平蜀，蜀宫人入内。宋主見其鏡背有識「乾德四年鑄」者，召竇儀問之，對曰：「蜀王衍嘗有此年號。」太祖大悦曰：「宰相須用讀書人。」』按：《歸田録》『竇儀』作『陶穀』。《考古質疑》：『前王氏有天漢、光天、乾德、咸康。後蜀孟氏亦有廣政，皆以年號鑄錢。或謂藝祖以建隆改乾德，今有乾德錢，安知其爲蜀錢乎？我朝鑄錢體制厚廣，輪廓分明，自後如太平、淳化、至道、景德，以至咸平、祥符、天禧等錢，莫不皆然。彼乾德形式細薄，乃與天漢、光天、咸康、廣政等爾，以此知爲蜀錢也，更俟識者審定之。』

後蜀雜事詩[一]

五臺靈氣毓龍岡，壁上籠綃語吉祥。宫殿王家題孟德，旌幢錦浦合興王。

《幸蜀記》：『孟知祥以咸通十五年甲午歲四月二十一日生，有火光照室，鄰里皆異之。有僧見而訝曰：「此五臺山靈也。」』《舊五代史》：『知祥字保裔，邢州龍岡人。』《王氏見聞録》：『徐延瓊請少主臨幸，少主嘆其基構華麗，侔於宫室，遂戲命筆於柱上，大書一孟字，時俗謂爲不堪故也。明年蜀破，孟知祥入成都，據其第，忽睹楹間有絳紗籠，迫視，乃一孟字。知祥曰：「吾無易此居。」孟之有蜀，蓋先兆也。』《青箱雜記》：『蜀人謂「孟」爲弱。』《蜀檮杌》：『王氏宫殿皆題匠人孟德姓名，及知祥至，人以爲先兆。』《五代詩話》：『知祥入梓州，舉子句龍逢獻和捷詩曰：「莫訝潼江剛入寇，都緣錦浦合興王。」』

供帳宫中酒正酣，衙推女已計封函。詔書倒用模糊印，知己虚勞救劍南。

《新五代史》：『郭崇韜伐蜀，白：「即臣等平蜀，陛下擇帥以守，西川無如孟知祥者。」已而破蜀，莊宗遂以知祥爲成都尹，並劍南西川節度副大使。知祥至京師，莊宗戒有司盛供帳，多出内府珍奇諸物以宴勞之。酒酣，語及平昔，以爲笑樂。』《蜀檮杌》：『莊宗戒知祥殺崇韜。知祥曰：「崇韜國勳舊，必

[一] 據光緒五年（一八七九）成都試院本《蜀秀集》整理。

無二心。俟臣至蜀觀之，如無他志，即遣歸闕。」知祥之石壕，馬彦珪至，言往誅崇韜。知祥自洛至蜀，凡十七日，崇韜已被誅。』《舊五代史》注：『莊宗好俳優，宫中暇日，自負著囊藥篋，令繼岌相隨，以后父劉叟醫卜爲業。后方晝眠，乃造其卧内，自稱劉衙推訪女。后大恚，笞繼岌。』《天中記》：『劉皇后聽讒言，遣教繼岌殺崇韜，人情於是不安。李崧見繼岌，曰：「君何作此危事，不見咫尺，詔殺大臣，是召亂也。」乃召書吏三四人，登樓去梯，以黄紙作詔書，倒用都統印，明旦告諭諸軍，人心乃定。』

華嚴閣下水雲秋，避暑聊爲汗漫游。一笑般家金百兩，兩川從此更無憂。

《五代史補》：『初，知祥將據蜀，上表乞般家屬。時樞密使安重誨拒其請，知祥密以金百兩爲賂，重誨喜而爲敷奏。詔許之。及家屬至，知祥對僚吏笑曰：「樞密只銷此百金，亦不足畏也。」遂守險拒命。』《新五代史》：『知祥聞唐軍止劍州不進，喜曰：「使唐軍急趨東川，則遂州解圍，吾勢沮而兩川摇矣。」』《蜀檮杌》：『六月，住大慈寺避暑，觀明皇、僖宗御容，宴群臣於華嚴閣。』

五鬼紛紛擾蜀宫，玉霄仙子但涵容。玉皇高坐通明殿，詔問鍾馗酒正濃。

《堯山堂外紀》：『毛文錫、韓琮、鹿虔扆、閻選、歐陽炯俱工小詞，供奉後主，時號「五鬼」。』《十國宫詞》注：『廣政三年，帝加尊號，道號「玉霄子」。』《畫品》：『石恪作《玉皇朝會圖》，玉皇南面端扆而坐，衆真仰首承望清光。見之者神爽超然，如在通明殿中也。』《山堂肆考》：『蜀石恪滑稽玩世，嘗作《鬼百戲圖》，鍾馗夫婦對案置酒，供張果殽，及執事左右皆各述其情態。前有大小鬼數十，合樂呈伎倆，曲盡其妙。』

疋絹街頭直一千，年年調度費籌邊。通明院設催科急，又税民間賣麴錢。

《十國紀年・後蜀史》：『廣政二十五年，以屯戍既廣，調度不足，始鑄鐵錢。』《輿地廣記》：『通明院，本唐宣漢縣地，僞蜀置通明以催科税賦，皇朝因之。』《文獻通考》：『川陝承僞制，賣麴價重。』周昂按《十國春秋》：『廣政十一年，命民間納麴錢。麴錢之制行自中國，蜀特仿而行耳。納後聽其釀酒。』

歸俘秦鳳不還書，相薄全忘鼠竊餘。痛恨黄花仇未報，衣裳盡繡破柴都。

《蜀檮杌》：『周世宗歸吾秦鳳之俘，昶遣使致書謝，稱「大蜀皇帝」，世宗不答。昶曰：「朕郊祀天地稱天子時，爾方鼠竊作賊，何得相薄耶？」』《老學庵筆記》：『蜀人爨薪皆短而粗，束縛齊密，狀如大餅。餘不可遽，燒必以斧破之，至有以柴斧爲業者。孟蜀時，周世宗欲取蜀，蜀卒涅面而斧形，號「破柴都」。』按：或云是時我軍皆繡斧形衣，涅面非是。《五代通録》云：『秦州節度使高處儔引兵往拔鳳州，中途聞黄花之敗，奔秦州。趙玭與城中校閉門不納，處儔遂西奔，玭即以城歸周。』

元帥笙歌夜未休，天寒不恤戰兵愁。軍中艷説北師事，傳賜貂裘到利州。

《續資治通鑑》：『王全斌入利州。是月，京師大雪，帝設壇帳於講武殿，衣紫貂裘視事。忽謂左右曰：「我被服如此，體上覺寒，念西征將軍衝犯霜霰，何以堪此？」即解裘帽，遣中黄門馳驛賜全斌。』《東都事略》：『三年正月，克利州。』《續資治通鑑》：『三年正月，命太子元喆爲元帥，帶甲萬餘，旗幟悉用文繡綢，其杠以錦。將發而雨，元喆慮其霑濕，悉令解去。俄而雨止，復飾之，則皆倒懸杠上。元喆又輦其姬妾伶人數十以從，見者莫不竊笑。』

渾厚分書廣政年，變參銅鐵製尤妍。一聞北地降秦鳳，器鬻家家爲鑄錢。

《泉志》：『昶鑄廣政通寶錢，徑九分，重三銖，銅質渾厚，字八分書。』《五代會要》：『僞蜀廣政中始鑄鐵錢，每鐵錢一千兼以銅錢四百。凡銀一兩直錢千七百，絹一疋直錢千二百。』《錢幣譜》：『孟氏增鑄鐵錢，命於外郡邊界參用。逮至末年流入成都，率銅錢十分雜鐵錢一分，大盈庫往往有鐵錢相混莫辨。蓋鑄之精工，光明與銅錢相類也。』《隆平集》：『孟昶聞周世宗下秦鳳，愈不自安，以鐵爲錢，禁民私用而自鬻器以專利，民甚苦之。』

宫中端午慶生辰，廣聖中元迹已陳。佛寺燒香鸞駕過，兩街僧服紫衣新。

《宋詩鈔·花蕊宫詞》：『端午生辰進御床。』《舊五代史》：『唐天祐十六年，歲在己卯十一月十四日，生昶於太原。』《五國故事》：『十一月誕日，僞號「明慶節」，幸佛寺燒香。』《五代詩話》：令狐嶠《遇明慶節散後贈左右兩街命服僧玄》詩曰：『却羨僧門與道門，每年今日紫衣新。可憐州縣祁評事，盡向荷衣老此身。』《録異記》：『蜀乾德元年七月十五日庚辰降誕廣聖節。』

食典大官頒百卷，五雲漿熟貯蟠桃。殿頭索膾厨盤外，更進香温酒骨糟。

《清異録》：『孟蜀《尚食典》一百卷，有賜緋羊。其法：紅麴煮肉，緊卷石鎮，深入酒骨淹透，切如紙薄，乃進。注云「酒骨，糟也」。』《花蕊宫詞》：『厨盤進食簇時新，侍宴無非列近臣。日午殿頭宣索膾，隔花催唤打魚人。酒庫新修近水傍，潑醅初熟五雲漿。殿前供御頻宣索，進入花間一陣香。』《野人閑話》：『劉光祚桃核杯，杯闊尺餘，紋彩焕然，真蟠桃實也。』《十國宫詞注》：『孟昶時，中書舍人劉光祚獻蟠桃核酒杯，云得於華山陳摶。賜帛五十疋。』

雪冷齋筵月一盤，酒香桃核醉霜天。内官臘日排金縷，新進忘憂獨立仙。

《清異録》：『昶月旦必素餐，性喜薯蘗，左右因呼薯蘗爲「月一盤」。』《十國宫詞》注：『昶每臘日，内官各獻羅體圈金花樹子，梁守珍獻忘憂花，縷金於上，曰「獨立仙」。』

奏多内監讀妨誤，朝散中丞出每遲。紅日珠簾香繞殿，聖人端冕好豐儀。

《宋詩鈔·花蕊宫詞》：『列殿香風呼萬歲，中丞新押散朝班。』又：『烟引御爐香繞殿，漏籤初刻上銅壺。聖人正在宫中飲，宣使池頭旋折花。』《七修類稿》：『蜀主孟昶美豐儀，喜獵，善彈弓。』

殿啓重光仗馬排，鮫綃帳曉内門開。春風紫陌和陵路，四角香囊步輦來。

《五國故事》：『昶性畏懦，在位唯每年春一拜知祥陵。每出則乘步輦，垂以重簾，環結香囊於四角，香聞數里。』《弘簡録》：『知祥卒，廟號高祖，陵曰和陵。』《清異録》：『皇明帳不知所自，色淺紅，恐是鮫綃之類。施之大小床皆稱，夜則燦錯如金箔狀。』《花蕊宫詞》：『殿門新立號重光。』又『夾城門與内門通。』

母后軿軒出後宫，聖人侍宴小池東。宫娃競渡凌波殿，新繡衣裳梔子紅。

《蜀檮杌》：『端午，昶侍其母游凌波殿競渡。』《野人閑話》：『紅梔花，蜀主甚愛之。或令圖畫於團扇，或繡入於衣服，或以絹素鵝毛皆仿作首飾，謂之紅梔子花。』

獅子門通啓玉環，銅裝小輦散朝班。紫衣挾彈龍池立，私語宫娃識聖顔。

《花蕊宫詞》：『龍池九曲遠相通，楊柳絲牽兩岸風。』『亦從獅子門前入，旋見亭臺繞岸傍。』『跪到玉階猶帶露，一時宣賜與宫娃。』『認得聖顔遥望見，碧闌干外赭黄袍。』《五國故事》：『昶出外則以輿輦，崇飾奢麗。居常在内，唯銅裝衣漆小輦而已。』《稗史類編》：『蜀王昶好衣紫，挾彈。』

常讓官家第一籌，書樓忽命撤浮游。殿前名馬親王賜，傳説君王不打毬。

《花蕊宫詞》：『小毬場近曲池頭，宣唤勳臣試打毬。先向畫樓排御幄，管絃聲動主浮游。』又：『自教宫娥學打毬，玉鞍初跨柳腰柔。上棚知是官家認，遍遍長赢第一籌。』《五國故事》：『昶後體乖，遂不乘馬。内厩唯飼一打毬馬，而久不按習，亦不堪乘跨。其餘名馬，多屬之親王、近臣耳。』《新五代史》：『昶好打毬走馬。』

床上屏開六扇折，地衣繡毯蹋輕紅。細量選進良家子，位號新頒到後宫。

《全蜀藝文志·花蕊逸詩》：『高亭百尺立春風，引得君王到此中。床上翠屏開六扇，折枝花綻牡丹紅。』又《花蕊宫詞》：『青錦地衣紅繡毯，盡鋪龍腦鬱金香。』《蜀檮杌》：『春，大選良家子以備後宫，限年十五歲以上，二十以下。州縣騷然，於是後宫位十有四品。』《新五代史》：昶好『爲方士房中術，采良家子充新宫。』

紅錦泥窗月滿廊，雪香扇影夜清涼。外間拾得樓頭墮，帶有官家龍腦香。

《格致鏡原》：『孟昶月夜水調龍腦末，塗白扇上以揮風。一夜與花蕊夫人登樓望月，誤墮其扇，爲人所得。外有效者，名「雪香扇」。』《老學庵筆記》：『蜀人有糊窗曰「泥窗」，花蕊夫人宫詞云「紅錦泥窗繞四廊」，非曾游蜀亦所不解。』

百鈕幈中皺浪稟，畫屏七十颺春波。丹霞樓上秋多少，巧總君王乞得多。

《清異録》：『幈宫，孟蜀高祖晚年作。以畫屏七十張，關百鈕而鬥之，用爲寢所。』《蜀檮杌》：『高祖七夕與宫人乞巧於丹霞樓。』

小姨初嫁到仙源，鑾國常懷舊主恩。三百萬錢新受賜，蜀中莊産獻茶園。

《宋史》：毌守素子充恭尚昶女鑾國公主。又守素蜀亡入朝，授工部侍郎，籍其蜀中莊産茶園以獻，賜錢三百萬以充其直。《朝野雜記》：『趙普子承煦初娶仙源郡夫人孟氏，亦後主女也。』

九經刊本告成初，韻會新編史館餘。宰相尤爲風雅主，龍門生性好藏書。

《四川通志》：『孟蜀後主崇尚六經，恐石本流傳不廣，乃易爲木板。宋世稱刻本書始於蜀也。』《十國宫詞》注：『昶嘗敕史館集《古今韻會》五百卷，惜不傳。今所傳邵公武、黄公紹者，乃輯略耳。』

《宋史》：『毋昭裔好藏書。』《愛日齋叢鈔》：『自唐末以來，所在學校廢絶。蜀毋昭裔出私財百萬營學館，且請板刻九經，蜀主從之。』

堯夫快樂是堯時，絶妙花前玉燕詞。自有相公經緯略，民間苦熱那能知。

《岷山異事》：『李堯夫吟詠尚譏刺，謁蜀相李昊，昊戲曰：「何名之背時也？」堯夫厲色對曰：「甘作堯時夫，不樂蜀中相。」因是爲昊所擯。知蜀主國柄瘝紊，吟《苦熱詩》。』《詞海遺珠》：『歐陽公愛王君《玉燕詞》：「烟徑掠花飛遠遠，曉窗驚夢語匆匆。」梅聖俞以爲不若李堯夫「花前語澀春猶冷，江上飛高雨乍晴。」』《宋史》：『自知祥領蜀，凡章奏書檄皆出昊手。至是，集爲百卷，曰《經緯略》，以獻，昶賚以珍器錦彩。』

才調渾如海混茫，羅巾夢得思汪洋。詩家錯認西崑體，穠麗安知學晚唐。

《才調集》韋穀自序云：『暇日因閲李杜集、元白詩，其間大海混茫，風流挺持。今纂諸家詩共一千首，每一百首成卷，分之爲十目，曰《才調集》。』《全五代詩》注：『穀有文藻，夢中得軟羅襯巾，由是才思益進。』《四庫提要》：『穀生於五代文敝之際，故所選取法晚唐，以穠麗宏敞爲宗，救粗疏淺弱之習，未爲無見。至馮舒、馮班，意欲排斥宋詩，遂引其書於崑體，推爲正宗，不知李商隱等。《唐書》但有三十六體之目，所謂西崑體者，實始於宋之楊億等，唐人無此名也。』按：《提要》以穀爲前蜀時人，《十國春秋》歸之後蜀，從之。《直齋書録解題》：『《才調集》十卷，後蜀韋穀集唐人詩。』

天醫玉女致長生，六面銅章篆刻精。長伴吉金無疾鏡，何勞方士覓蓬瀛。

《器物譜》：『廣政十四年冬十月十五日，彭山縣副將頭楊富獲銅印於江岸，印有六面，方各寸許，皆有篆文。兩面共通一竅，竅中三虛一實，其直可貫，其圓可規。六分篆文，均在四旁，各成文章。一面「天國老君生萬民，治中國外國人和璽」，凡十五字，其相對一面云「老君授生輔天下，國安平，受道人長生」，凡十五字。又一面「虛無自然明，日月星辰光」，凡十字。其相對一面云「玄女致和氣，玉女致天醫」，凡十字。又一面「上國仙師、天師、老君道成，明天地政璽」，凡十五字。其相對一面云「上召吾拜無爲大昊，通天下治氣同璽」，凡十五字。』《樵牧閑談》：『孟昶時，張敞得一古鏡，徑尺餘，光照寢室如燭，舉家無疾，號「無疾鏡」。』

芙蓉鏡艷女墻頭，隔岸垂楊接小樓。白日綺羅池上水，亭臺高下總宜秋。

《堯山堂外紀》：『蜀主昶令羅城盡種芙蓉，每至秋時盛開，四十里皆鋪錦繡，高下相照。昶謂左右曰：「自古以蜀爲錦城，今日觀之，真錦城也。」』《太平廣記》：『僞蜀主當僭位，諸勳貴功臣競起甲第。獨僞蜀中令趙廷隱起南宅、北宅，千梁萬栱，奢麗莫與之儔。後枕江瀆池，中有二島嶼，遂甃石循池，四岸皆種垂楊柳，或間雜木芙蓉，每至秋夏花開，看者甚衆。』

冰蠶絲斷散千金，落魄句欄度一生。譜入梨園新曲子，宸襟歡洽不知名。

《全五代詩》注：『徘優有唱《康老子》者，帝顧李昊等問曲所由名。昊不能對，徐光溥曰：「康老老而無子，故製此曲。」張康英曰：「老子即長安富家子，開元中拓落不事生業，好與梨園樂工游。一旦窮瘁而卒，樂工嘆之，因爲此曲。又名曰《得至寶》。」光溥蓋不知而妄對也。』按：《樂府雜録》載：『康老子與國樂狎蕩，偶有一老嫗持舊錦褥貨鬻，乃以半千獲之。尋有波斯見之，驚曰：「何處得此至寶，是冰蠶絲所織，夏月置座間，一室清涼。」即以千金酬之。還與國樂追歡，不經年蕩盡。康卒，樂工製此，亦曰《得寶子》。』

東宫花燭降仙輿，喜得佳兒萬卷餘。乳媪亦尊師傅位，諸王侍立講《尚書》。

《宋詩鈔・花蕊宫詞》：『東宫花燭彩樓新，天上仙橋不鎖春。』《幸蜀記》：『昶第三子玄寶幼而奇異，即齔，誦詩書萬言。』《蜀檮杌》：『諸王宫侍讀劉保義，青州人，治《尚書》《左氏》。性嚴急，日施榎楚於諸王及昶諸子，乳媪密令諭之，保義曰：「膏粱之性，不撻之，則他日爲豚犬耳。」』

習尚唐宫鬧埽妝，朝天髻子繡衣裳。上頭怕入新宫選，草草驚婚辦嫁裝。

《三夢記》：『唐末，宫中髻號「鬧埽妝」，蓋盤鵶墮馬之類。』《粧臺記》：『孟昶時，婦女治髮爲高髻，號「朝天髻」。』《輟耕録》：『今世女子笄，曰「上頭」。』《花蕊宫詞》：『年初十五最風流，新賜雲鬟始上頭。』《五國故事》：『昶嗣位尚年少，乃與其母同宫數年，遂遷新宫而居。以其宫宇稍廣，乃選民間女子有殊色者充之。及有司引至後苑，昶親選佳者，亦賜諸王，餘皆縱去。而民間懼其搜選，皆立求媒伐而嫁之，謂之「驚婚」。』

夜月紅樓艷可憐，詞吟紅豆手纖纖。舍人詩變江南派，諷諫新呈五十篇。

《邊州聞見録》：『蜀多紅樹，堅緻如贏，士人不甚愛惜，每於成都市得之。』『收紅豆，樹底纖纖擡素手。』（歐陽舍人詞）《全唐文》歐陽炯《花間集》：『家家之香徑，春風寧尋越艷。處處之紅樓，夜月自鎖常娥。』《十國春秋拾遺》：『歐陽炯常應命作宫詞，淫靡甚於韓偓。江南李坦時爲近臣，私以艷藻之詞聞於主聽，蓋將亡之兆也。』《宋史》：　歐陽迥『嘗擬白居易諷諫詩五十篇以獻昶，手詔嘉美。』按：《宋史》作『迥』，《長編》作『炯』。

飛鼠神獅傳異事，賞春乞巧洽宸情。前朝畫手雖良手，終遜君王鑒別精。

《洞天清録》：『石恪作飛鼠張之，則鼠不入室。』《四川通志》：『蒲延昌畫獅子圖，獻通奏使王昭遠。昭遠有孌妾患痁，是夕懸於卧内，其疾頓瘳。昭遠召而問其神異，延昌曰：「宋展氏子處於金陵延祚寺佛殿之内，畫此二獅子，患人坐壁下，竟有愈者。梁昭明太子偶患風恙，御醫無减；吴興太守張僧繇模此二獅子，密懸寢齋内，應夕而愈。故曰辟神，有此神驗久矣。」』《歷代名畫録》：『阮惟德入内供奉，畫《貴公子夜宴圖》《宫中賞春圖》《乞巧圖》，皆畫當時宫苑亭臺、花木，精妙特甚。』又：『每年冬末，翰林工畫鬼神者，例進鍾馗。丙辰歲，趙忠義進鍾馗，以第二指挑鬼睛；蒲思訓進鍾馗，以拇指剜鬼睛。蜀主問此畫孰爲優劣，筌以師訓爲優。蜀主曰：「師訓力在拇指，忠義力在二指。二人筆力相敵，難議升降。」並厚賜金帛。』

一幅秋山入汴都，南唐丹粉究嫌粗。變來家學諸黄格，院品新添没骨圖。

《十國春秋拾遺》：『太平興國中，秘閣曝畫，時陶穀爲翰長，因展《秋山圖》一面，令黄居寀品第之。居寀一見動容，曰：「此圖實居寀與父筌奉孟主命同畫，以答江南信幣，絹縫中有寀父子姓名。」視之果驗。』《筆談》：『國初江南布衣徐熙、僞蜀翰林院待詔黄筌皆善畫著名，尤長於畫花竹。蜀平，黄筌并子居寀、居寶、弟惟亮皆隷翰林圖畫院，擅名一時。其後江南平，徐熙至京師，送圖畫院，品其畫格。諸黄畫花，妙在傅色，用筆精細，殆不見墨迹，但以輕色染成，謂之寫生。徐熙以墨筆畫之，殊草草，略施丹粉而已。神氣迥出，别有生動之意。筌惡其軋己，言其粗惡不入格，罷之。熙之子乃效諸黄格，更不用筆墨，直以粉色圖之，謂之「没骨圖」，尤工，與諸黄不相下。筌等不復能瑕疵，遂得齒院品。然其氣韻皆不及熙遠甚。』《畫鑒》：『徐熙畫花，落墨頗重，中略施其粉，生意勃然。黄之子居寀，熙之子崇嗣、崇矩各得家學。』《清河書畫舫》：『黄筌善爲没骨畫，凡花果多不落墨，惟用五彩布成其花，色如初開，極有生意，信妙極也。噫！亦奇矣。』

紅泪金裝冷唾壺，朝天定信此心無。入宫方得張仙祀，枉墮樓頭笑緑珠。

《十國春秋拾遺》：『蜀花蕊夫人有金裝水晶唾壺、百鈿奩。』《蜀中詩話》：『花蕊宫詞之外，尤工樂府。蜀亡入汴，《書葭萌驛壁》云：「初離蜀道心將碎，離恨綿綿，春日如年，馬上時時聞杜鵑。」書未畢，爲軍騎催行。後人續之云：「三千宫女皆花貌，妾最嬋娟。此去朝天，只恐君王寵愛偏。」花蕊見宋祖，猶作「更無一個是男兒」之句，焉有隨昶行而書此敗節語乎？續之者不惟虚空架橋，而詩之鄙亦狗尾續貂矣。』《金臺紀聞》：『後蜀主孟昶《挾彈圖》，花蕊夫人攜入宋宫，念其故主，嘗懸於壁。一日太祖詰之，詭曰：「此蜀中張仙神也，祀之，令人有子。」於是傳之人間，爲祈子之祀。』《七修類稿》：『近世無子者，多祀張仙而不知其故。蜀亡，花蕊夫人入宋宫，自畫昶像以祀，託言張仙。張仙名遠霄，蜀人，游青城山得道，老泉有贊。《譚纂》只知假託，不知真有張仙也。』《弇州勘書圖跋》：『宋初，降王惟孟昶具天人相，見於花蕊夫人所供。其童子爲玄喆，武士爲趙廷隱。』

緑水青山稱意行，主人風月暢幽情。穆王虚設招賢館，愧煞青樓一瑞卿。

《輿地紀勝》：『歐陽彬爲嘉州刺史，彬喜曰：「青山緑水中爲二千石，作詩飲酒，稱風月主人，豈不佳哉！」』《全五代詩》注：『彬家世爲縣吏。楚穆王之有湖南也，以所著詣府求見。掌客吏索賄，彬耻以私進，竟不與。掌客置名紙於地，曰：「安有吏人子欲干謁王侯。」彬深恨之，因落魄湘南。有歌伎瑞卿慕其才，延致於家。後因歌伎所分貲入蜀得志，寓書楚文昭王，叙疇昔入蜀之由，且以宗族爲託。文昭得書大慚，悉除彬親友賦役，凡士進謁，盡加賓禮。』

將相功高禮遇殊，後堂歌舞足歡愉。手編廿卷成書目，載得君家兩表無。

《宋史》：『昶之世，昊位兼將相，秉利權貲貨，歲入鉅萬，奢侈尤甚。後堂妓妾曳羅綺者數百人。』《實賓録》：『蜀李昊四爲降表，蜀人憤之，有潜書其門者「世修降表李家」。』

倉舍英雄掩泪痕，胡床膽落騎追奔。不難同盡高君節，無奈神仙要報恩。

《宋史》：『王昭遠聞劍南破，股栗，發言失次。將戰，昭遠據胡床，皇恐不能起，乃免胄棄甲，走投東川，匿倉舍下，悲嗟流涕，目盡腫。惟誦羅隱詩云：「運去英雄不自由。」俄爲追騎所執。』《幸蜀記》：『王昭遠巡邊至文州，見古冢有屍如生，乃大中文州步軍都虞侯文和之墓，命判官文石作文重葬之。夢文和謂曰：「我已爲太乙真人侍者，子當有刀兵厄，既能葬我，可免禍。」後爲王師所獲，太祖釋之。』《通鑑長編》：『西蜀寧江節度使太原高彦儔與張廷翰戰，力戰不勝，身被十餘槍，左右皆散去。彦儔奔歸府第，整衣冠，望西北再拜，登樓縱火自焚。』

羅城雄麗圍羊馬，西蜀登臨感霸才。憔悴芙蓉秋欲暮，樺皮駝杖散朝回。

《讀史方輿紀要》：『後唐天成二年，孟知祥於羅城外增筑羊馬城，周四十里。』《鶴山題跋》：『張立嘗爲詩曰：「朝廷不用憂巴蜀，稱霸何曾是蜀人。」』《五代詩話》：『廣政末，朝政已亂，張立作詩規諷，詩曰：「去年今日到成都，城上芙蓉錦繡舒。今日重來舊游處，此花憔悴不如初。」』《十國春秋拾遺》：『蜀地無駱駝，人不識之。蜀亡時，權貴人出入宫省者，忽持駱駝杖以爲禮，内外效之。長三尺許，屈一頭，傅以樺皮，識者以爲不祥。明年北軍至，駱駝塞劍棧而來，至是方驗。』

金鎖重門歇綺羅，凄凉一闋洞仙歌。老尼閑説宫中事，故苑月明池上多。

《詞品》：　鹿虔扆《臨江仙》：『金鎖重門荒苑静，綺窗愁對秋空。翠華一去寂無踪，玉樓歌吹，聲斷已隨風。』《漫叟詩話》：　楊元素作《本事曲》，記《洞仙歌》云云，錢塘有一老尼能誦後主詩首章兩句。後人爲足其言以填此詞。《詞選》：　蘇子瞻《洞仙歌》自序云：『僕七歲時見眉州老尼，姓朱，忘其名，年九十餘，自言曾隨其師入蜀主孟昶宫中。一日大熱，王與花蕊夫人夜起，避暑摩訶池上，作一詞，朱能誦之。今四十年，朱已死久矣，人無知此詞者，獨記其首兩句，暇日尋味，豈《洞仙歌令》乎？乃爲足之，云：「冰肌玉骨，自清凉無汗。水殿風來暗香滿。繡簾開、一點明月窺人，人未寢，攲枕釵横鬢亂。　起來携素手，庭户無聲，時見疏星度河漢。試問夜如何？夜已三更，金波澹、玉繩低轉。但屈指西風或時來，又不道流年，暗中偷换。」

誰吊芳魂劍閣東，侍兒靈骨表孤忠。慧妃葬玉知何處，點點珊瑚石上紅。

《香聞遺集》：『蜀宫袁茝，花蕊夫人侍兒也。國亡，夫人入宋，袁不肯從，過劍閣自投巖下死。其墜處，石上點點作珊瑚斑，即靈骨所託也。』《能改齋漫録》：『徐國璋納女於昶，拜貴妃，别號「花蕊夫人」，意花不足擬其色，似花蕊翾輕也。又升號「慧妃」，以號如其性也。陳無已云姓費，誤矣。』

門樓寺古夜啼鴉，並蒂猶存百合花。更覓重臺合歡種，小東門外李張家。

《老學庵筆記》：『蜀孟時，苑中忽生百合花一本數百房，皆並蒂。圖其狀於聖壽寺門樓之東頰壁間，謂之《瑞百合圖》，至今尚存。乃知草木之妖，無世無之。』《牡丹譜》：『廣政五年，牡丹雙開者十，黄者、白者三，紅白相間者四。後主宴苑中，賞之。花至盛矣，有深紅、淺紅、深紫、淺紫、淡黄、鏂黄、潔白、正暈、倒暈、金含稜、銀含稜、旁枝、副搏、合歡，重臺至五十葉，面徑七八寸，有檀心如墨，香聞五十步。蜀平，花散落民間，小東門外有張百花、李百花之號，皆培子分根種以求利，每一本獲數萬錢。』

樓閣荒凉草不春，冷螢廢院委荆榛。苔花繡澀玲瓏石，款勒模糊認顧璘。

《丹淵集》：『聶侯友仲立漢州學，制度宏侈，爲二蜀之冠。當時不知何所得巨石，置講堂之後。質狀怪偉，其勢若飛。昔孟氏僭竊苑囿，所蓄者皆寧武軍節度使顧璘所進。昶既面縛，是物亦散落民間。余在成都，往往見於好事家園館，凡自璘進來者，一一皆具款勒，而其完厚瓌詭，上下可愛，雖牛奇章號爲好事，亦未嘗見此者也。』《石湖集·步宣華舊苑》：『喬木如山廢院西，古溝臨水静鳴池。吏兵悉率更番後，樓閣崔巍欲暝時。有露冷螢猶照草，無風驚雀自還枝。後來更了程書債，目眚昏花燭穗垂。』

五夜元宵艷洛陽，金錢誤説買錢王。露臺歌歇春宵寂，老去觀燈李艷娘。

《鐵圍山叢談》：『上元張燈天下，只三日。都邑舊亦然，後都邑獨五夜。相傳謂吴越王來朝，進錢若干，買此兩夜，因爲故事。非也。蓋乾德間，蜀孟氏初降，正當五年之春正月，太祖以年豐時平，使士民縱樂，詔開封增兩夜，自是始。開寶末，吴越國王始來朝。』《蜀檮杌》：『上元觀燈露臺，李艷娘有姿色，召入宫，賜其家錢千萬。』

夜月樓臺憶舊盟，入宫十日永離情。楚王地下應憐問，晉邸何心射殺卿。

《清異録》：『孟昶與花蕊夫人登樓望月。』《鐵圍山叢談》：『花蕊夫人，蜀王建號「小妃」者也。後隨王衍歸唐，中途遇害。及孟氏再有蜀，至昶，又有一花蕊夫人，作宫詞者是也。隨昶歸中國，至且十日，召花蕊入宫，而昶遂死昌陵。後亦惑之，晉邸數諫不聽。一日獵苑中，花蕊在側，晉邸方調弓矢，引滿擬獸，忽回射花蕊，一箭而死。』《宋史》：『昶降，封秦國公。卒，年四十七歲，追封楚王。』

金鍍銀稜已暗銷，利仁坊第改歸朝。洛陽春日清明節，誰爲荒墳禁采樵。

《錦里耆舊傳》：蜀主朝見，賜金鍍銀稜瓷器四百事。按：賜第在利仁坊，太平興國中改爲尚書都省。《東都事略》：『昶謚「恭孝」。』《蜀檮杌》作『恭惠』，葬洛陽。《蜀檮杌》：『昶命修王建墓，禁采樵。』

已生葛亮出師北，更有譙周奉詔東。祇要二臣爲將帥，何愁安樂不封公。

《續資治通鑑》：『蜀主聞有北師，命王昭遠爲西南行營都統，謂曰：「今日之師，卿所召也，勉爲朕立功。」昭遠頗以方略自任，始發成都，蜀主命宰相李昊等餞之城外。昭遠手執鐵如意，指揮軍事，自方諸葛亮。酒酣攘臂謂昊曰：「吾此行何止克敵，蓋領此二三萬雕面惡少兒取中原如反掌耳。」』按：丹溪生曰：『前有譙周，後有李昊，何吾蜀世修降表之多？』《全唐文》李昊《代後蜀主孟昶降表》：『竊念劉禪有安樂之封，叔寶有長城之號，皆因歸款，竟獲全生。』

月峽天池盡劫灰，斷碑無字繡蒼苔。古松白帝城邊路，曾見降幡北渡來。

《入蜀記》：『白帝廟氣象甚古，松柏皆數百年物。有數碑，皆孟蜀時立。』《輿地紀勝》：『天池院，今爲崇勝。又月峽，今爲安隱，俱蜀廣政二年建。』

絲網塵埃滿閣東，興朝不與漢周同。宰司信習伶人伎，長笛淒涼便殿中。

《曲洧舊聞》：『太祖北征至陳橋，而三軍推戴。時杜太后眷屬以下盡在定力院，有司將收捕，主僧令登閣而固其扃鐍。俄而大搜索，主僧紿曰：「皆散走，不知所之矣。」甲士等升梯且發鑰，見蟲網絲布滿其上，而塵埃凝積若累年不曾開者，乃相告曰：「是安得有人。」遂皆返去。』《續資治通鑑》：『李昊言於蜀主曰：「臣觀宋氏啓運不類漢周。」』《餘冬録》：『歐陽迥仕蜀爲散騎常侍，嶺南平，分司西京，太祖知其善長笛，常召於便殿，令奏曲。御史中丞劉溫叟聞之，叩殿門求見，諫曰：「禁署之職，典司誥命，不可作伶人之事。」上曰：「朕嘗聞孟昶君臣溺於聲樂，迥至宰司，尚習此技，故爲我擒。所以召迥，欲驗言者不誣也。」』

徑闢來蘇揮玉斧，孟巖國破已無家。蕭條禁苑詞臣散，誰向深宮吊藕花。

《讀史方輿紀要》：『宋乾德三年，王全斌伐蜀。發利州，至益光，得降卒牟進，言：「益光江東越大山數重，有狹徑，名來蘇，蜀人於江西置柵守之。對岸有渡路，出劍門南二十里，至青疆店，與官道合。由此進兵，則劍門之險不足恃也。」』按：益光即益昌，今昭化縣。《太平寰宇記》：『藝祖平蜀，以玉斧畫地圖，自大渡爲界，曰：「此外吾不有也。」』《圖經》：『孟處進即昶叔，蜀亡入京，巖即所居也。』按：王象之云唐刺史李九思已有游孟巖詩，則在唐已有孟巖之名，非特起於蜀也。《太平廣記》：『禁苑有蓮花一莖，岐分三朵。蜀王開筵燕，召群臣賞之。詞臣以下皆貢詩，有好事繪以圖，至今傳之。』《詞統》鹿虔扆詞云：『烟月不知人事改，夜闌還照深宫。藕花相向野塘中，暗傷亡國，清露泣香紅。』

一箭曾無東向發，沙彌原本不知兵。祭文淒絶將軍廟，江岸回頭盡哭聲。

《新五代史》：『昶嘆曰：「吾與先君以温衣美食養士四十年，一旦臨敵，不能爲吾東向放一箭。雖欲堅壁，誰與吾守者耶？」乃命李昊草表以降。』《蜀檮杌》：『王昭遠依東郭院僧爲小沙彌。』又：『昶母謂昶曰：「王昭遠素不知兵。」』又：『昶之行，萬民擁道，哭聲動地。昶以袂掩而哭。自二江至眉州，沿途百姓慟絶者數百人，蓋與王衍不同耳。』《聞見前録》：『嘉州之西，有花將軍廟，將軍英武見於杜子美詩。廟史以匣藏唐至德元年十月鄭丞相告。又以本朝乾德三年二月二十六日僞蜀王孟昶以降入朝，舟過廟下，祭文二紙，墨色如新。』

太原征戰故鄉思，嬪御扶來禁輦遲。未必并州歸願切，蓴絲能不憶龍池。

《五國故事》：『昶母嘗在并門，累從征戰，備歷艱難，由是頗務慈儉。』《玉堂清話》：『昶母纔至闕，上以禁輦肩至宫庭，嬪御扶掖，親酌酒飲之，曰：「母但寬衷，勿念鄉土，異日必送母歸蜀。」母奏曰：「妾家本太原，若許妾還并州，死亦心足。」時晉壘未平，太祖聞其言讖，大喜，曰：「俟平劉鈞，立送母歸。」因厚賜之。』《輿地紀勝》：『龍池鄉平羌鎮之後有龍池，昔孟蜀時，池生蓴菜如絲。』

崇光殿上降金鑾，詔定降儀列百官。馬上杜鵑春欲暮，路人腸斷蜀王灘。

《玉海》：『乾德三年正月十三日，王全斌至魏城，孟昶請降。二十五日，詔陶穀酌前代儀制，損益草定受降之禮。五月十八日，昶至。前一日，有司設御座於崇光殿，陳仗衛於庭，如元命之儀。昶及僞官設次於明德門外，設表案橫街之北。是日，大陳諸軍，昶及子弟、僞官等至闕下。昶以待罪奏授閤門吏，吏持表入，昶等俟命。表至，侍臣讀表。閤門吏承旨出，昶等俯伏於地，宣制釋罪，入見於崇光殿。百官起居訖，昶入起居，舞蹈再拜。昶出，百僚稱賀。禮畢，御明德門，觀諸軍退營，宴近臣及昶於大明殿。』《邵氏聞見録》：『昶治蜀有恩，國人送哭之，至犍爲别去，因號曰「蜀王灘」。』

哀逝詩〔一〕

序

曾懿

歲在己丑〔二〕仲冬，得季碩五妹噩耗，哭之慟，目不能啓視者累日。越七日，强起爲位哭之。及期月，得子馥妹婿書，以哭五妹詩百首名《哀逝詩》，以余與妹情最摯，而近年來踪迹又最親，屬志以言。讀未竟，不禁涕泪之潸然也。五妹少余四歲，幼時同卧起。余少嬰病，妹隨寢爇藥，恒深夜不寐。迨長，妹于歸，之江津。歸寧，見疾甚，輒持余泣，不能仰視。斯時余方慮先填溝壑，增吾妹痛，所作《浣花吟集》大半皆憶妹之作，不知妹竟舍我而逝也。丙戌冬，妹自蘇之皖，歡叙匝月，臨歧分手，風雪滿天，余拔玉簪贈之。妹泣，余亦泣，復慰以吴皖咫尺，行當相見，始强爲懽，不意生離竟成死别。悠悠終古，此恨無窮，能不哀哉。五妹幼穎異，性孝婉，博通經史，讀經能通大義，所撰《婦禮通考》，實巨製也。工篆隸，善詩畫。嫁後，子馥方以名下士爲高才生，玉臺詰難，絜閣論文，尤得切磋琢磨之益。厥後子馥貢成均，登賢書，涉江踰海，渡洞庭，觀具區，游吴楚燕趙之間，所至之地，妹皆從，才名震於世，一時耆儒經師交引重焉。乃造物忌才，昊天不

〔一〕 據受經堂刻本整理。

〔二〕 按：『己丑』當爲『庚寅』之誤，曾季碩卒於光緒十六年庚寅十月。

吊，賈生之鵬鳥遽延，西海之飛鸞已集。子馥書云：『匪獨琴瑟之愛，尤深伐木之悲。』豈虚語哉！兹乃退守空幃，賦詩寫怨，無孟光齊眉之樂，有黄門感舊之怙。詩名『哀逝』，哀可知矣。然哀之者，獨子馥哉！以妹之孝，母哀之；以妹之慈，女哀之；以妹之友，昆弟姊妹哀之；以妹之仁，妾婢媪嫗哀之；且以妹之才學噪於一時，綽行超於近代，天下後世讀其遺書，覽其手迹，當亦莫不哀之也。悲夫！光緒十七年元宵後三日姊曾懿泣序。

書張子馥孝廉《哀逝詩》後

俞樾

《哀逝詩》者，張子馥孝廉悼其賢妻曾季碩而作也。詩凡七言絶句一百首，哀怨動人，使人不忍卒讀。余從前悼内子姚夫人有《百哀篇》之作，亦七言絶一百首。每首皆有事實，蓋即以代傳記耳。子馥則一以言情爲主，於朝歔暮唶之餘，發倒心迴腸之語。感存而悼亡乎？懺昔而誓今乎？書不盡言，言不盡意，而其意彌可悲矣。辛卯仲春月曲園居士俞樾書，時年七十有一。

哀逝詩

傷心十九年中事，一寸光陰一寸金。紅燭秦樓才幾日，那知容易到如今。

簾旌半故怯空房，六憶腰圍減沈郎。錦樣詩才花樣貌，催人頭白斷人腸。

呼號尋覓影無存，出望空庭入望門。不食不衣無一事，未知將底報君恩。

隔帳窺聽被數翻，勢難支久已離魂。癡心尚點薔薇露，和泪塗唇齒不温。

一霎靈光滅似灰，生機一息不重回。情絲死去猶難斷，胸袜猶温眼總開。

瞥電驚飛別死生，是醒是夢未分明。肝腸斷絕翻成恨，恨汝春華太薄情。

疑動疑言覆寢衣，陰房肅肅死喪威。他年我亦同君樣，暫別今朝即共歸。

繡榻香衾此夕終，明朝移斂入棺中。依然玉貌花膚樣，便與生人事不同。

昨夜四更雞未唱，正催湯藥進君時。今宵僵卧夷床冷，萬喚千呼總不知。

不惜膏煎忍自焚，春蠶難解亂絲紛。可憐呼救難留命，九死甘心願替君。

紙帛紛陳亂寢堂，神祇相待肅靈床。分明日日同眠食，忽見麻衣奠酒漿。

散漫靈光不自持，無言轉覺更嬌癡。心中多少傷心語，帶入重泉更告誰。

昏燈驚醒泪闌干，永訣今朝欲救難。骨肉須臾留不得，竟將紵絮促封棺。

到此人生百事完，帷堂止哭禁人觀。性情端正憎邪曲，細展衣衾怕未安。

握手床頭不忍分，須臾紙帛案前焚。歲時蘋藻同交獻，今日靈床獨奠君。

含飯陳衣禮有儀，皆君通考所曾知。於今偃息帷屏裏，得失無從訂女師。

彩節斑龍獨往還，怪來情狀不能閑。想貪上界青琳宇，遂爾無情別世間。

泪有乾時海有涯，生人易遣死堪嗟。蓋棺漸覺閑無事，始見空庭日影斜。

欲言欲見竟無由，依舊闌干依舊樓。忽過中庭望天色，白雲不語自悠悠。

轉爲多情竟誤君，垂危悽語豈堪聞。不辭爲我傷心死，泪點何能報一分。

如見如聞夢屢驚，孤衾起坐望天明。秋風一夕潘郎鬢，不待霜來白幾莖。

關河雖阻信能探，今竟無由寄一函。對鏡梳頭人不見，依然日影到窗南。

死後應能勝在生，相思休更再多情。何從覓得鴻都客，爲我傳書一問卿。

別來消息竟如何，冉冉芳魂託女蘿。娣妹頻年凋謝盡，親知還比世間多。
寂寞空堂閉一棺，宵來風雨錦屏寒。銀瓶墜井無消息，啼鳥嗔人鎖玉闌。
江南陌上鞠成塵，三百紅橋盡是春。細柳牙旗明月地，從今一過一傷神。
看花看月尋常事，不意今生不再逢。恨汝無情連夢斷，我從何處覓仙踪。
被人空賺被人欺，枉爲無情損玉肌。只恐玲瓏心不死，春來先發海棠絲。
組帳烟空晝掩扉，風吹緑蠟捲虚幃。昭昭白日長如許，剩我殘生何處依。
銜泥辛苦自年年，絶少分甘只自煎。縱使俸錢盈百萬，涓埃何補在生前。
繞樹覓栖猶未穩，誅茅初定劇離群。早知十日成千古，何忍餐眠暫别君。
昔日京華渡海潮，閨中風雨聽終宵。如今漂泊天涯遠，誰更關心寄柳條。
風光早識劇分離，悔不先留絶命詞。屢次欲言言不得，縱猜一二未全知。
生死俱完此月中，明朝改朔轉飛蓬。從兹積日成終古，流水西歸不再東。
素愛松枝雪下姿，春風偏自戀楊絲。楊枝輕薄松貞節，不到今朝我不知。
刲臂療親獲壽康，今君疾阨竟無方。怎能剥出心頭肉，片片煎爲續命湯。
明月高樓壓樹低，無人庭院夜烏啼。姑蘇城外千條柳，一夕秋風盡向西。
飄蕭寒雨下空庭，殘竹風斜濕泪零。錦帳春宵鴛瓦點，那知今夜這般聽。
人世恩從死後深，枉將珠泪暗銷沉。如何同在生前日，忍翦柔尖一寸心。
直到今朝悟已遲，縱填海水也難追。甘心願作單寒鳥，長守墳前柏樹枝。
終朝僶勉泪沾裳，末俗人情薄似霜。世事競如春草發，漸抛一櫬向空堂。

平生無復再傷心，只說君先寡鵠吟。後日黔婁論謚日，更無人與正絞衾。

願得剖心君不悟，藏茲死後與君談。我身今似枯蓮樣，試問君心到此甘。

使我半生憔悴死，問君何忍即安眠。吳王苑内如花女，竟向空階滅似烟。

生人大患有吾身，半化浮雲半化塵。人自同心予自萎，甘隨枯草不逢春。

往時星月醉還家，窗鏡明燈照鬢花。笑語更深猶不睡，雪甌煎試雨前茶。

到底君魂何處去，昔時言語盡無憑。叩棺千喚無聲息，不意天涯隔一層。

憂傷真可損年華，自此升沉不怨嗟。昔日愛花兼愛月，今朝相遇盡讎家。

亦借豪情闢百憂，自憎女子性多柔。畏予離别愁予病，便是君身短命由。

片言知己黄金重，况以篇章中雀屏。似此文辭君錯愛，如何將死易碑銘。

榱棟頻傾一木扶，半生無計了殘軀。青青松柏猶凋雪，何况生涯託柳蒲。

君身如墨我如磨，磨盡如聞唤奈何。來世願君磨轉我，恩成山嶽淚成河。

松柏遥遥送夕陽，墓田草緑繞横塘。皋橋爲謝春傭主，先爲梁鴻葬孟光。

五言師法有遺規，字字專家謝客兒。命與陳思同不遇，責躬詩後更無詩。

巫峽千山兼萬水，片帆何日入夔門。羸軀生怕飄零死，旅櫬無人與問存。

小小鴛鴦緑水濱，懷珠抱璧兩相親。多情我本天生錯，損汝容華害汝身。

辛勤作繭似春蠶，從此安心七不堪。金印縱教懸肘後，與君同苦不同甘。

帆海尋親入帝京，空來空去竟無名。垂危幸得書中相，痛哭相逢了此生。

采苜頻勞澗水濱，皋禖枉自祀春神。非君生就傷心命，我本人間薄福人。

人生總説天涯遠，雖是天涯有信音。似此千年消息斷，九重泉路永沉沉。
鏡裏燈前覓翠鈿，依稀如影又如烟。夜來風捲虚幃入，是否君來省我眠。
君魂雖已隔山河，擬守形骸百載過。天奪精神予竇質，彼蒼奈我恨如何。
靈是容顔柩是膚，相思借此當君軀。日來泪點盈棺蓋，浸入棺中得見無。
結髮雖云十九年，松楸千古總同眠。算來長短歡愉日，死勝生前不羡仙。
累君落第客京門，悔不偕耕負汝言。一枕春雲和氏泪，朝來含笑隱啼痕。
昏燈寒雨下空堂，獨寢靈帷恨夜長。昔日同衾今異處，風簾殘蠟怯飛霜。
温暖同居錦繡幃，今朝棺斂事全非。行將更送山邱去，日與生人見更稀。
庭樹那知人已去，風光如故景如新。薄情最是樓頭月，依舊無言照别人。
癡情只畏予同死，豈料依然自在身。他日相逢泉路下，無顔枉作負心人。
過來半世皆微賤，此後何論利與名。待得幽宫同閉日，到頭誰死復誰生。
愁思無奈只悲嗟，不恨光陰恨命差。獨立中庭非看月，夜深何事不還家。
昔病頻危復得生，哭言難割是君情。這回想亦應同此，不待君言我已明。
漸數光陰七七過，不知顔色究如何。芝蘭氣息芙蓉體，那慣黄腸一日過。
明月依然入户來，何曾風景换樓臺。我知死後還如此，終古嬋娥不識哀。
骨肉頻年只四人，如今漂泊剩予身。何須久處人間世，走遍天涯孰是親。
荷葉衣裳柳葉裙，望廬無處不思君。宵來苦恨窗前月，不爲人間缺一分。
長眠百事不相關，任置風吹雨打閑。最苦人生惟後死，盡將骨肉送青山。

不寢怕聽更數轉，早眠又苦夜無涯。宵深何事還思哭，忽見燈花上玉釵。
降生本自惹愁煩，盤古應將案早翻。人世傷心惟有死，看來死且勝生存。
不慣孤眠展轉勞，風聲偏惹樹騷騷。夢中猶是年時事，携手階前看碧桃。
婆娑此樹庾郎悲，半死枯桐剩幾枝。有限年華君不待，光陰已近夕陽時。
傷春未已復悲秋，斷送才人一字愁。風景殺人人自殺，冤牢都在柳梢頭。
幼時針綫嫁時衣，整理箱奩泪幾揮。情性温和容貌正，並無一點似分飛。
只藏玉硯雙鸜鵒，不愛金釵對鳳凰。佇苦停辛全爲汝，從今無復製明璫。
明知奉倩本情深，故把哀詞託玉琴。生怕夜長愁不死，偏將一死痛人心。
小院黄梅又夕曛，歸鴉數點落寒雲。尋思閑事花前立，泪滴心頭只恨君。
生成薄命似靈均，讒諂難容楚佞臣。不讀離騷休飲酒，抱君詩卷哭湘濱。
山容帶泪比人愁，霞彩層層似畫樓。高鳥與雲閑又淡，想無恨事到心頭。
稚子燈前言又笑，嬌癡並死不曾知。歡呼日暮庭前望，猶待還家散餅飴。
于卿何事問年涯，豈是閶門萼緑華。有甚恩仇容不得，催人佳婦早還家。
平生心願何曾了，日説酬恩事竟虚。病榻封存青玉枕，衡陽猶有未傳書。
此生事事都慚恨，不敢他生再誤君。若是天憐人意苦，願君爲雨我爲雲。
日落庭陰寸寸生，愁顔久不識陰晴。玉蟾不管人腸斷，偏向空房故意明。
歸鳥還家認樹枝，並肩指話入房遲。槐烟薰竹燒香罷，正是單紗月照時。
春光未老花先落，剩却春風無樹棲。恨殺青青眉葉柳，催回光景拂金隄。

枉說恩情骨肉親，苦將春夢認成真。君身尚忍輕拋棄，何問天涯薄倖人。

明月良宵夜不寒，花間笑語倚闌干。別來第一團圓夜，早掩窗扉不忍看。

如此孤棲寧早死，桃花同隱飯胡麻。若教老去天台見，白髮紅顏歲太差。

東西溝水痛難追，悔向章臺折柳枝。似我無情耽誤汝，何如未嫁未生時。

填海補天猶有術，悠悠此恨竟何深。泉臺重依團圞鏡，一一還君未了心。

吴波鷗語

和石帚詞〔一〕

漢壽　易順鼎　實父
漢壽　易順豫　由父
錦江　蔣文鴻　次湘
漢州　張祥齡　子苾
北海　鄭文焯　叔問

連句和白石詞叙

易順鼎

言詞於北宋必曰清真，於南宋必曰白石。顧清真以深美而好之者多，白石以騷雅而學之者蓋寡。宋時方千里、楊澤民、陳允平輩，皆和清真詞成一集，而《白石道人歌曲》無嗣音，豈非以神品超詣，如孤雲野鶴，往來太空，意絶文外，詮遺象表者歟。余於清真詞嗜之不深，嗜白石過清真遠甚。然生平所作，多出入於東坡、稼軒、玉田、夢窗諸家，於白石潔净精微之詣，未有合也。今年春，與叔問、子苾、叔由舉詞社於吴，

〔一〕　據《詞學季刊》一九三六年第三卷第一號整理。

次湘自金陵至。四子皆嗜白石深於余，探幽洞微，窮極幼眇。藩使署有西樓三楹，城堞缺處，可望靈巖、上方諸山，視城外沙鳥風帆，皆自眉睫間過。叔問所居小園，命之以「壺」，才可數弓，然有石，有池，有橋，有籬，有闌，有梅、竹、桃、柳、棕、櫚、木樨、芙蓉，芳樹雜華，有魚，有鶴。數人者非嘯於樓，即歌於園，蝶晚蟬初，花晚葉初，星晚露初，雲晚月初，賓主雜坐，竹肉相娛。當是時，輒和白石詞以爲樂。或棹烏篷六柱，載酒出金閶門，泛山塘，登虎丘。憑吊既倦，相羊於烟水之間，扣舷而歌，歌已，洗盞更酌。吴中傖兒，浮吹鷁首，盛陳水嬉，日競薰服之樂。以孌童佼女爲采旄桂旗，樗蒲六博，效牧猪奴所爲，聞吾歌者，群相指而笑之。當是時，亦和白石詞以爲樂。不水而鏖，則在暝夜，有月無月，篝火一把，或荒竄草間，或槁立楓下，且行且吹篴，至於市犬競吠，而高吟未罷。當是時，亦和白石詞以爲樂。城西南有石湖，范順陽別業在焉，而白石風流賞心之地也。當夫畫船盡歸，明鏡初拭，漁歌互起，沙鷗不驚，山水空冥，而其人已往。誦其詞，繹其志，攬其迹，思其人。今日悲南渡，安知後日不悲今日邪？於是遥吟俯唱，發思古之幽情，低回留之而不能去，《暗香》《疏影》之曲，凡再和焉。至今墨痕，依依猶在僧壁也。事起四月，訖八月，而和詞竟。其間余有鍾、廬兩阜之游，次湘又聽鼓金陵，故所作皆少。至於刌律尋聲，晨鈔暝寫，則叔問之功爲多。嗟乎！天下雖大，同志良難，文章之事，尤多異軌，或是丹非素，或論甘忌辛，勝己則相傾，歧己則相伐。上下千古，縱横九州，如吾數人之喁于相應，可多得乎？《詩》曰：『風雨如晦，雞鳴不已。』斯固鄙懷殷殷，所願與諸子共勉之者也。叔問者北海鄭文焯，子苪者漢州張祥齡，次湘者成都蔣文鴻，叔由者余弟豫也。光緒十三年丁亥仲秋既望五日，常德易順鼎叙。

小重山令　壺園秋色，雁來紅一種盛麗，主人先有作，更以此調續之

愁倚猩屏醉酒時。紅心銷未盡，染秋漪。（由）小叢幽艷夕陽知。西風緊，簾外燕雙歸。（芾）　身世似花非。從教鵑夢斷，蝶魂依。（由）舞裙零亂暮烟啼。長門冷，和泪點霜枝。（問）

江梅引　記右蘭所見

春山逢著記前時。對花枝，背伊思。（芾）早是夜深，簾底扇輕携。（由）雙燕驀來心眼熟，小徘徊。沉吟去，怕蝶知。（芾）　石闌墜葉倩誰題。冷芳衿，愁暗飛。（由）一眉凉月，可重見、鏡裏清暉。（問）説甚風流，老去杜郎非。（芾）回首香叢偏夢觸，亂紅萋。空零落，舊縷衣。（由）

驀山溪　題木瀆里錢氏廢園

緑陰留客，（湘）苔雨深埋迹。（實）如豆小青梅，（由）傍檐角，斜枝倒植。（湘）春魂隔斷，最恨畫闌横，（實）金井外，有悽雲，（由）守著墻三尺。（湘）　簾衣壞粉，雉堞都難覓。（實）昨夜月明中，問誰倚、山樓玉笛。（由）當時歌舞，屋後翠微知。（湘）雙燕子，不飛回，（實）没個人相憶。（由）

鶯聲繞紅樓　紫微

絳雪團香蝀不飛。（由）壓釵朵、羞對郎時。（芾）個儂織錦瑣窗西。殘縷亂紅吹。（問）　畫省人歸未，驚霞起舞碎宫衣。（由）濃陰粉架怯難支。惹恨是風絲。（芾）

鬲梅溪令　自斟酌橋載月而歸，述舊游賦此

愁波長送鏡中人，碧粼粼。（由）小泛觥船凉坐柳橋陰，墜香和夢尋。（問）　浣風蓮色淡秋雲，漫吹陳。（芾）我亦當年吴舫載輕盈，好懷猶是春。（問）

阮郎歸　次湘重來，是夜同坐壺園池上

凉秋吹燭透玻璃，（芾）西風紅欲啼。（實）影娥波上妒花枝，（問）水香飄鏡眉。（由）　横瘦竹、冷吹詩，（湘）琴絃無語時。（芾）畫闌坐久翠陰移，（實）倦吟人未歸。（問）

前調

秋雲棲樹久低回，（湘）星高凉露垂。（由）絹裙猶記醉時題，（問）故人花外期。（實）　蟾醒後、鶴眠時，（芾）玉燈紅穗歧。（湘）桂叢留坐冷香隨（由），壺天詩夢歸。（問）

好事近　秋海棠

幽露點莖紅，占了半庭秋緑。（芾）誰把斷腸鵑泪，化香魂凄獨。（由）　相思剪剪怯疎霜，和愁浸鈿玉。一縷夢雲深處，算蝶來都熟。（問）

點絳唇 金昌夜出

水沸花騰，香邊不許秋來去。（湘）小蘋根苦，誰唱瀟瀟雨。（問）　閑了蘿邨，却向横塘住。（由）愁如許。山川自古，月照新歌舞。（實）

前調

月底簫聲，鬟香來處花成道。（湘）一雙歸鳥，聽倦江南調。（芾）　翠袖金尊，誤我吟邊老。（問）人還好，網絲携到，誰闞吴王草。（實）

虞美人 廬山雲霧窟茶

雲腴摘遍山如醉。小緑團香細。（問）風從三十六梯吹。天上旗槍都似萬年枝。（實）　夫容漂墮人間惜。歸夢瓶笙側。（芾）仗頭碧玉古時苔。付與瑶京仙子復携來。（由）

前調 五老峰芋魁

山中驟雨鳴溪石。僧倚長鑱立。（實）老仙慵拾紫芝花。種遍罏峰歸路舊曾遮。（由）　窺厓怕有蒼猿摘。亂緑妨苔屐。（問）懶殘休向白雲尋。我已逃名長作餌霞人。（芾）

憶王孫　石湖歸舟作

緑楊影裏一絲秋，（由）閑拾相思載滿舟。（芾）鴛夢横塘那自由。（由）　艷情繆，到了芳時漸漸愁。（芾）

少年游　擬戲平甫

雙鬟勸酒，雙聲讀曲，春夢小樓西。（問）伴汝功夫，避人心眼，深夜未歸時。（芾）　千絲網得，扁舟携去，閑了若耶溪。（由）可可聰姿，依依幽事，遮莫落花知。（由）

鷓鴣天　浴

花氣吹凉月避人。盈盈一水即仙津。（問）衣香散作凌波影，奇絶疎簾夢裏身。（由）　防燕覷，怕鶯嚬。緑房藏得幾多春。依稀釧響釵鬆處，玉立屏山濕懶雲。

前調　吉公初上暮雨

老緑荒池暮雨來。（湘）暗蛩聲歇濕空臺。（芾）瀟瀟怕聽吴娘曲，可可聊傾楚客杯。（問）　招賀老，賦黄梅。横塘烟夢自徘徊。（實）舞衣已化行雲去，隔水西風一夜催。（由）

前調 秋燭

細雨疏簾夜味新。（湘）泪花啼老鏡中人。（問）海棠枝上朦朧景，曾爲紅妝照艷春。（由）螢墮砌，竹敲門。畫屏光冷鬬吟身。（實）西窗流箪瀟湘闊，惜別心情夢不真。（芾）

前調 秋笛

樓倚西風倦酒時。（由）玉龍嗚咽和蟬嘶。（芾）斷腸聲裏梅花落，月過闌干倩影隨。（湘）秋没縫，似天衣。碧雲中有玉關悲。（實）亂山紅葉吹愁起，曲裏征人冷未歸。（問）

前調 秋艫

隔浦蓮衣墜粉時。（湘）數聲殘雁夢先知。（問）劃開水國青萍路，摇過人家白板扉。（實）凉月悄，野雲低。一溪黄葉覓秋詞。（芾）聽風聽水銷魂慣，不送春人鏡裏歸。（由）

前調 秋柝

霜屋宵吟渺舊期。（問）天街聽慣怕尋思。（實）抱關多少無眠客，同數殘更到鳥啼。（湘）悽笛語，攪琴絲。西風長夜總成悲。（芾）銅臺漏斷誰邊夢，寒壓羅衾尚未知。（由）

前調　秋枕

琥珀宵凉鬢影垂。（芾）醉魂和蝶舞傚傚。（湘）墮釵拾得相思影，隔雨紅樓夢見之。（問）　砧斷續，漏凄其。　玉函啼冷燭枝枝。（由）臉痕猶是春時印，飛盡殘霞了不知。（實）

夜行船　題叔問作《石帚載雪圖》

冷淡江春隨夢度。（由）攪蒼雲，亂迷峰數。（問）皓影千林，銀濤一葉，鶴尋我，無尋處。（芾）　見説空山忘歲暮。　步仙風、飄來香語。（由）喚酒邨荒，鳴榔水闊，高寒境，從天付。（問）

杏花天影　泛舟山塘訪荷待月

晚雲凉浴初晴浦，（芾）正羅襪凌波欲渡。（由）此時容輿載扁舟，那去。（芾）翠尊問，道且駐。（由）　横塘路、垂楊倦舞。（芾）怕蟾月相思更苦。（由）野蓮秋早漸紅疏，已暮。（芾）鎮依依，是舊處。（由）

醉吟商小品　聽蛩

又喚起、秋娘泪冷，故衣金縷。（實）豆花紅處，（湘）夜雨吹愁去。（問）夢裏哀音誰訴，（由）空階自語。（芾）

玉梅令 有憶

凉蟬一片。破夢催秋苑。(問)人何在、綠陰池館。(由)看翠荷葉葉,並影向銀塘。凌波已渺,斜陽更遠。(芾)　青尊紫曲,愁邊誰勸。相思老、疲吟尚健。(問)對江峰無數,休更覓孤帆,天盡處、去程應轉。(芾)

踏莎行 賦桂

麝雨秋濃,蟾波天軟。花魂記向瓊樓見。(實)月娥初出露華飛,雲裳盡被風香染。(湘)　粟冷鈿筐,縷飄金線。堂東更比江南遠。(由)虛簾夜靜不留人,中庭凉樹棲鴉管。(芾)

訴衷情 賦雁

落霞浸水暮江紅。嚮過雲東。(芾)帶得秋聲多少,和月壓霜篷。(實)　湖海闊,已藏弓。漫冲冲。(由)半生羈旅,爲寄人書,零亂西風。

浣溪沙 虎丘六詠

霸業銷沉一笛風。(實)秋高塔影雁横空。(芾)客愁吟老月明中。(由)　劍氣久隨神霧化,(問)鐙痕如與鬼燐通。(實)可憐吴月太匆匆。(芾)

劍池

潭黑松龍屈怒枝。(芾)愁波曾見沼吴時。(實)劈空雲影到山遲。(問)　殘霸宫城秋寂寞,(由)斷

魂烟水晚淒其。(芾)池邊虎去幾時歸。(實)

生公講臺

石上癡雲聽欲忺。(芾)不隨秋梵落吴船。(實)疏鐘摇破古苔年。(由)卓錫東林移舊主,(問)聽經西坐醒沉眠。佛花飄去被風牽。(湘)

養鶴磵

雲老山荒亂緑啼。(問)縞衣閑過小橋西。(芾)園松如蓋石撑持。(湘)流水暗通花外徑,故巢曾覓歲寒枝。(由)夢隨仙去不曾歸。

千人石

四望空青入坐時。(問)似聞天女撚花枝。點頭曾溜玉釵兒。(湘)塔頂雲歸平卧見,劍棱風細夜寒吹。(由)暗蛩秋語碧苔知。(芾)

真娘墓

翠草依稀寶帶垂。(湘)春紅埋恨蝶來遲。(問)松枝吹雨返魂歸。(芾)殘泪千年飄冷鴂,芳心一點葬靈犀。(實)唱詩常到曉鐘時。(湘)

霓裳中序第一　霞扶女子以彩絲貫髮,綴以金錢蓮子,寄贈瘦碧生,爲連句賦此解

晴天渺翠極。一縷愁紅緘不得。拈到費他指力。(湘)早眉瘦鏡奩,語淒絃索。(由)梳尖篦隙。感緑雲、辭主如客。(實)相思苦、心心印月,鑄就可憐色。(問)　宵寂。素琴棲壁。自料理、青絲泪織。

(湘)相逢疑是夢迹。墜粉池塘，落英阡陌。(由)半痕花氣息。怕化作、鵑魂怨碧。(實)春歸也、斷紅何處，吹下枕函側。(問)

慶宮春　壺園夜宴

紅月窗痕，緑雲簾影，貯愁比海還闊。(實)著我盟鷗，隔花喚酒，姓名題上竹末。(問)翠風梳篠，似鈿閣，凉簫韻發。(湘)無人知也，悽瘦春魂，怨蟾孤壓。(由)　舊家疏俊依然，笑擁歡圍，夢酬香答。(實)一臺幽碧，盪情似水，歌盡行雲都遏。(問)玉鐙飄燼，合留住、凌波羅襪。(湘)華年縱好，怕負青尊，又過半霎。(由)

齊天樂　苔

蒼雲一片閑門静，吹來夢痕無語。(問)斷礎凝塵，零磚没字，漢苑秦臺何處。(茾)芳魂漫訴、漸染出愁絲，暗催鴛杼。(由)香迹凄迷，古簾緑瘦悄吟緒。(問)　空闌石衣繡雨。玉釵敲冷怨，如聽秋杵。(實)屧徑烟寒，琴鋪露點，寸碧都無年數。(問)荒踪付與，怕津上餘青，思他吴女。(茾)蘸入池波，算萍根未苦。(由)

滿江紅　蘧園逭署席上戲賦

深碧簾櫳，想月下、人倚素瀾。(由)依稀認、舊時詩夢，樓閣仙山。(問)細麝絲囊飄醉帶，輕鸞紈扇轉凉冠。(茾)瀉一襟、芳思淡無痕，雲四環。(由)　林泉勝，朝暮看。舊游地，話城南。感故人喬木，緑滿

荒關。（問）老泪西洲何處灑，任它風雨被愁瞞。（芾）算等閑、容我掃塵來，幽徑閑。（由）

一萼紅　西樓話別

坐簾陰。看江城緑暗，散髮脱華簪。（湘）閑夢携歌，幽香覓句，殘醉和夜沉沉。（問）畫闌外、愁波似海，賺我輩、填泪作冤禽。（實）鷗國秋荒，蝶程春老，幽感同臨。（由）　琴緒酒懷都倦，更吟湘賦楚，獨客酸心。（芾）殘笛高樓，孤帆斷浦，明日何處相尋。（問）且留住、尊前緑鬢，怕重見、塵鏡暗銷金。（由）又是城烏罷啼，渺渺雲深。（芾）

念奴嬌　南蕩觀荷

冷香唤酒，玉溶溶、還似同舟仙侣。（問）十里緑雲迷遠近，不記鷗鄉程數。（芾）素襪塵空，翠環風細，浪捲絲絲雨。（由）招凉吟袖，坐來天上題句。　更駕一葉如飛，滿身花氣，吹笛頻來去。（問）紫曲文鴛應識我，重過沙邊烟浦。（由）暗葦鳴秋，疏楊催晚，荏苒留難住。（芾）新紅休采，怕教歸夢迷路。（問）

前調　龍涎香以博山鑪試之

海天雲氣，隔簾櫳、静夜秋清無暑。（芾）幾曲飛來孤嶠影，舊夢漳宫何許。（由）坐雪窗寒，飄烟悵悄，細領温馨趣。（實）倦薰琴思，一痕暗裏愁苦。（問）　猶記那日偷窺，香篝添罷，驀與韓郎遇。（芾）霧裏仙山樓閣杳，只恐桑田成畝。（由）睡鴨灰紅，探驪路黑，身世銷磨處。（實）篆殘心字，曉衾猶護風雨。（問）

眉嫵 擬戲中遠

怪紅樓歸晚，珠箔飄寒，迷亂雨雲眼。（問）記得凌波步，輕塵起，相驚人影如燕。（由）蝶飛款款。況韓香、花氣偏感。（芇）怕孤負、小扇單衣候，拖涼月都暖。（問）　須信愁來還散。看翠禽枝上，教寫柔翰。（由）容與扁舟載，休重問、桃源深處分纜。暗春半點。對影猜、郎近郎遠。（問）問誰道輕盈，携去也，可曾見。（由）

月下笛 山塘遇雨，載月至彩雲橋，涼夜無人，吹笛來去

涼遍闌河，扁舟乍歇，一番疏雨。（由）清光不語。拖荒寒、向人去。（芇）玉龍呼得銀蟾醒，更吹碎、雲衣萬縷。（由）正浮空捲盡，一輪孤朗，爽步天路。（芇）　曾佇。今何處。待與問朱闌，舊時鸚鵡。（由）西風尚早，柳絲衰已如許。（芇）尊前無限團圞意，可消得、閑愁盡否。（由）倦歸也、過小樓，花氣暗向誰度。（芇）

清波引 蓮蕩歸舟叩舷歌此

載詩遠浦。更菰葉、卷波曼舞。（問）佩環何許。綠螺映愁嫵。（由）怕負了幽約，又是匆匆催去。（芇）月明長送扁舟，漸秋到、斷魂處。（問）　閑情付與。問經歲、芳事幾度。（由）片鴻來否。向烟外無語。（芇）依依夢游地，一別萍踪如雨。（問）想見天際孤雲，冷吟應苦。（由）

法曲獻仙音　飲席有贈

淡黑春衫，淺花雲袖，月下曾逢伊處。（問）醉玉人家，鬬瓊門巷，相邀又覓杯俎。（苻）怪柳絮，和烟遠，吹他夢邊去。（由）　慢驚顧。問何如、那回初見。釵朵畔、空惹蝶兒雙舞。依舊好風懷，奈眉彎、愁已如許。（問）怎到而今，對司空、解誦瘦句。（苻）怕纖魂摇斷，萬一孤燈聽雨。（由）

琵琶仙　登城西酒樓看雲

呼酒登臨，看風卷、海上驚帆千葉。（由）天馬奔帶，銀濤奇峰互空絶。（苻）人未醉、秋心已老，更愁入亂山鶻鳩。（問）眼底東吴，尊前北斗，今古堪説。（由）　正當我、歌罷憑闌，怕高處西風易凉節。（苻）誰散滿天愁影，作飛花殘莢。（問）還道是、芙蓉萬朵，有羽仙、蹋破晴雪。（由）鐵管吹入蒼茫，舊游都别。（苻）

玲瓏四犯　顧氏園感舊

老柳未荒，蒼厓重倚，尋香人在何許。（苻）緑陰吹夢墮，冷入苔雲古。（由）新詞待君再賦。漫招來、舊珠還浦。（苻）幾苑歌塵，數峰詩影，明月自清苦。（問）　曾沾酒臨邛路。記眉山翠遠，依約當户。（由）罷琴孤鳳杳，錦卷空江去。黄金解得長門怨，更誰念、梁園愁旅。（苻）都付與。年年有傷、春俊侶。（問）

側犯　新荷

算春已去。翠陂更倩鴛鴦住。（由）纖雨。乍染上田田稱題句。（芾）涼痕撥一寸，舊是聽秋處。（問）嬌語。怕盼到凌波便愁顧。（由）　雲鬟未撚，衣扇初教舞。（芾）遮淺碧、小湖山，相映勸雕俎。（問）幾許蘋烟，漸迷層數。欲唱圓圓，冷香誰譜。（由）

水龍吟　壺園聽友人吹簫度曲

晚涼瘦鶴聽詩倦，一陣梁塵飛起。（湘）瓊簫尺八，霎時吹滿，吴天秋思。（實）悄倚東闌，雲階月地，夢痕如水。（問）把海西龍氣，江南蟾暈，都呼入、青尊裏。（由）　換羽移宫了未，鎮更番、合離悲喜。（湘）興來不管，滿身風露，醉眠花底。（實）笑問詞仙，幾回歌歎，江山如此。（問）正五湖歸也，餘聲猶帶，怒濤千里。（問）

探春慢　寄憶實父金陵兼簡次湘

葭浦停雲，藕塘斷雨，遥天星景垂野。（芾）笛倦西樓，書還南國，偏道風帆似馬。（問）江上愁多少，算潮水、平分陶寫。（由）有情休向秦淮，月明清夢無話。（芾）　還憶漂零蜀客，知别後湖山，吟袂誰把。（問）紫曲門荒，青溪人遠，賺盡老懷嬌冶。（由）尊酒重携處，定念我、相思吴下。（芾）怕載秋歸，蘆花吹滿涼夜。（問）

八歸　再别次湘

蕉雲卷夢，松烟閣暝，梅雨滴恨未歇。（由）斷魂遶遍江南路，争奈故人心眼，未歸先切。（由）冷壓空簾愁影重，化一寸、落花難撥。（實）算客裏、换盡天涯，誰與怨鳴鴂。（由）　大好江山如此，漂零何意，偏是落花催别。（問）酒浮離怨，笛沉香語，獨向横塘菰葉。（湘）念寒生鄂被，那處凌波覓羅襪。（苇）凄凉境，又銷紅燭，怕憶明朝，片帆虚夜月。（由）

解連環　荷花生日

錦機慵倚。想雲裳一片，乍來情思。（由）算幾生、修到凌波，又烟鬢風鬟，冷香如水。（問）自降瑶池，待重把、玉顔塵洗。（苇）看雙蕖滿放，不羨早春，艷譜同記。（由）　蓮歌暗催晚霽。爲新紅祝遍，花券休棄。（問）似太乙、乘葉翩然，數如夢芳年，那回曾至。（苇）露瀉筩盃，漫醉入、碧圓歌底。（由）鎮長見、藕絲繫影，彩鴛穩睡。（問）

喜遷鶯慢　吴船秋話

斷霞横組。似獨客片颿，漂泊情趣。（湘）柳外移舟，蘋邊唤酒，來醉新凉天宇。（實）幾回玉簫倦倚，更吹起緑香紅舞。（問）漫説與，自俊游零落，歸雲何處。（由）　芳訊，重問取。人在桂叢，花滿西風樹。（湘）釧響通簾，燈痕颭水，冉冉飛星如雨。（實）那堪芰衣還做，衹贈尋秋吟侣。（問）且須住，縱吴江楓冷，蘭橈休去。（苇）

摸魚兒 丁亥秋期

怪情天、幾多秋泪，露華空點梧井。（問）西樓漸有蟲聲到，喚起詩人推枕。（實）誰共省。甚盼得、星期已是經歲整。（由）乘風望冷，向碧落呼蟾，銀灣待鵲，歸路爲予領。（芾）　空闌外，斜月窺愁自炯。吳雲一碧成頃。（問）横塘清淺三篙水，可有閑鷗相請。（實）歡會迥。又争似、明波不動長照影。（由）仙悰莫問。趁帔葛漂凉，絲桐泛夕，彈燭喚雙飲。（湘）

揚州慢 實父將之金陵，集壺園作别

越角呼鷗，吳頭訊雁，滄波目極征程。（實）漸薰風送遠，壓柳色堤青。（芾）想明日江湖别後，酒場文陣，誰鬬奇兵。（問）更梅花零落，何堪横笛江城。（由）　小樓醉語，怕天涯、回憶都驚。（實）把茂苑新詞，香臺舊夢，催付離情。（芾）白卜故人如見，休重賦、菰葉秋聲。（問）但孤帆雲海，愁邊明月還生。（由）

長亭怨慢 西樓感賦

正秋翦、荷衣裝絮。過雨天階，晚凉庭户。（芾）廢緑無情，一痕重寫、夢來處。（問）舊游還遠，遮莫念、江潭樹。（由）摇落又西風，問笛裏、人歸何許。（芾）　向暮。漸滄波落照，送盡去帆無數。（問）鴟夷不反，待誰把、五湖輕付。（由）剩我輩幾葉扁舟，鎮消受、溪山無主。（問）任滿地愁絲，難繫垂楊衰縷。（芾）

淡黄柳

瘦碧盦中，舊供南山小竹，高才數寸，蒼然秀古，寵之以詞，亦猶夢窗賦斗墅五粒小松之例也

幽青一匊，秋倚山南陌。（由）夢游湘江涼露惻。（芇）早是猗猗寸緑，心已凌雲向誰識。（問）　冷香寂。而今秀堪食。記携入、子猷宅，（由）笑林間、小草羞顔色。（芇）見説蒼然，孫枝秀出，依舊琅玕盡碧。（問）

石湖仙

觀綱師園所藏文衡山《泉石高閑圖》因題

蒼烟横浦。問當日停雲，仙館何處。（問）相伴采芝人，步天風、山中隱去。（芇）孤懷自遠，更寫入、墨花亂舞。（由）誰與。向畫間、一笑千古。（芇）　似他晉人逸致，看長松、招來翠句。（芇）勝寄高寒，仿佛山樓聽雨。（由）碧瀉蘿衣，紫蟠藤縷。瀑簾巖柱。（芇）呼共語。清名署上瑶府。（問）

暗香

登楞伽山，夜泛石湖歸

上方黛色。倚暮雲唤我，扁舟横篴。（實）楚客未歸，憔悴梅邊舊曾折。（由）斜照無人畫也，看壞塔、凄涼如筆。（實）怕坐斷、境外春波，烟冷漸移席。（由）　鷗國。畫舫寂。（實）步石磴訪僧，幽緑層積。（湘）素蟾似泣。呼起詞仙説相憶。（實）欲采蘋花寄遠，奈暝合、吴天深碧。（由）又細雨、愁萬點，矮篷載得。（湘）

疏影

湖天碧玉。聽櫓柔似水，不驚鴛宿。（湘）雨葉風蒲，催起秋聲，何人更倚橫竹。（實）沙鷗立盡斜陽遠，但目送、暮帆南北。（由）悵一川、瑟瑟明漪，知道那人情獨。（湘）　今夜冰蟾正滿，多情莫照我，瘦了眉緑。（實）慣是消魂，載酒江南，坐個扁舟如屋。（由）自從唱遠簫聲渺，怕更賦、暗香新曲。（湘）問甚時、重對金波，來熨小紅裙幅。（實）

惜紅衣　莫愁湖荷花

樹影團雲，樓陰壓水，午風無力。（湘）卷上晶簾，凉鷗夢都碧。（實）芳情楚楚，應解念、漂零詞客。愁寂。（湘）單舸鬧紅，有鴛魂棲息。（實）　青錢萬陌。難買嬋媛，秋香久狼藉。（湘）清歌怨滿，水國度雲北。（實）還讓舊時垂柳，記得那人來歷。（湘）對者般花朵，空想莫愁顔色。（實）

角招　泛舟實帶橋

漸秋瘦。消魂是，笛聲繞遍烟柳。（由）黛痕橫遠岫。似擁愁鬟，雲外招手。（問）浮家已久。漫問訊、五湖三畝。（芇）十四橋邊一舸，吟魂不共春歸，更西風搔手。（由）　還有。晚香倚袖。哀絃易澀，山水空明秀。（問）雨停清鏡溜。一片凉波，孤鴻來候。（芇）和鷗也舊。是幾度、垂虹携酒。（由）自恁長歌短奏。怕吟老，冷楓前、黄花後。（問）

徵招　夜雨

沉雲壓夢連江海，西窗暗驚秋士。（問）萬壑古松風，卷洪濤來此。（芇）玉簫聲斷矣。却喚起、老龍奇思。（由）似水簾櫳，浩歌仙侶，未知誰是。（問）　幾日故人歸，江南路，今宵倚篷何味。（芇）客枕舊聽殘，莽關河百二。（由）一番涼乃爾。更燈影、盪人情致。（問）想塘外，粉墜夫容，寄遠情無計。（芇）

秋宵吟

柳烟稀，竹露皎。（由）一葉窺窗紅悄。（問）虛簾静，正獨樹蟾涼，半闌鴉曉。（芇）袖還單，鬢又葆。（由）竟夕相思誰表。（問）蒼茫意、想萬里關山，馬嘶邊草。（芇）　莫怨西風，算客到、江南易老。（由）數聲殘笛，滿眼荒波，夢與亂雲繞。（問）天際來鴻蚤。（芇）雨意才醒，霜信尚杳。（由）且明朝、喚酒樓頭，争把芳事趁醉了。（問）

凄涼犯　江城晚眺

翠陂繡陌。歌塵老、秋心暗度蕭索。（問）片雲自碧，高城暝入，數聲清角。（由）英游不惡。近因甚、詩慵酒薄。（芇）怕愁邊、單衣易冷，野色帶荒漠。（問）　誰念西風裏，喚我登臨，幾番哀樂。（由）夕陽正好，更依依、戀峰遲落。（芇）似爲吟安，但孤塔、遥青倚著。（問）奈天涯、等是倦侶負勝約。（由）

翠樓吟　壺園消夏初集

秀竹支亭，涼蕉補榻，壺中一閑天賜。（問）吟絃風暗度，抵多少、凄涼幽吹。（芾）石闌斜峙。任浣露題紅，呼雲鏤翠。（由）吴箋麗。墨花飛上，晚簾香細。（問）　老子於此婆娑，似步兵狂興，柳州兒戲。（芾）飲冰無熱客，儘塵霧、消除三里。（問）閑門風味，正鶴倦槐薰，魚酣荷氣。（芾）殘尊外，笛聲誰寫，月棱眉霽。（由）

湘月

次湘來吴中，不浹月，將有白門之行。感念昔游，屬引凄異。同人既集西樓，各賦一闋送之，更與次湘作此三解

古簾聽雨，悄西樓人倚，蒼莽烟景。細玉參差，漫唤起、一夜秋風歸興。（問）暗竹敲愁，荒苔印夢，翠上單衣冷。（芾）越來溪水，此時閑了明鏡。（實）　還憶濕步湖雲，題香覓影，看吴船成陣。（湘）墜夢如塵，怕後約、孤負江山清勝。濁酒都闌，零絃自語，客燕催芳信。（問）天涯倦羽，者般幽恨同省。（由）

吴山一角，隔涼雲窺我，尊前眉緑。（實）分影酒燈，離思黯、都倩愁波同浴。記憶前塵，吟絃領客，月下動哀玉。（問）那堪重賦，故人此去成獨。（由）　江上坐雨年年，琵琶彈泪，濕青衫盈掬。（湘）燕倦鶯愁，休更問、舊侣鴛鴦卅六。（芾）鈿閣消春，箏篷殢夜，腸斷吴娘曲。（實）西樓後日，倚聲但和風竹。

雨燈吹夢，想亂山横棹，爲君先緑。（問）醉别紅樓，清泪點、多似鈿筐金粟。（實）舊月花沉，新烟樹瞑，暮鳥悲場屋。春寒漸遠，那回曾倚修竹。（由）　應恨此别江湖，明朝誰共，聽檐端晴瀑。（湘）試問西施，波上艇、載得離愁幾斛。萍泊詞仙，酒邊笛語，悽調催黄鵠。（問）蘇臺莫戀，江山只解埋玉。（實）

小重山令　送陳無錫之縣

無數秋山緑到城。（實）官亭相送處，眼都青。（問）未聞離笛已關情。（芾）蓬萊夢，曾與話瑶京。

（由）仙吏漆園人。（實）忘機應卧治，一編擎。（問）吴波咫尺泝鷗程。（芾）愁邊月，唱斷柳耆卿。

（由）

念奴嬌　荷花池上夜坐聽琴

野蓮弄影，想中洲解佩，淺渚遺褋。（芾）誰倚朱絃彈冷怨，襟上梅花飛雪。（由）香海如塵，眉山無語，舊夢空游轍。（問）異鄉聞樂，更添新思凄切。（芾）　休便卷入西風，紅衣自舞，我亦成愁絶。（由）況是江皋聽雨倦，偷换天涯芳節。（問）暗柳蕭疏，殘螢歷亂，冉冉波明滅。（芾）一尊誰勸，未應今夜無月。

（由）

卜算子　題仲實近游八詠

峨眉看雲

佛頂欲黏天，僧脚疑無路。（實）萬朵夫容放白華，仙女來分與。（湘）　湘雁送歸時，楚鳳狂歌處。

（由）排疊奇峰眼底來，彩筆凌虚賦。（問）

巫峽窺天

雲鎖亂山高，風窄孤帆迴。（芾）天似樓窗水似梯，星斗摇難静。（實）　半壁割空青，一線通奇景。

（問）十二峰頭蜀楚烟，神女蒼鬟影。（湘）

洞庭泛月

冤碧楚人天，萬古如盆覆。（實）醉把銀濤一吸來，月到湖中瘦。（芾）

（湘）不見瀟湘帝子魂，竹泪班痕透。（由）滿載鏡心秋，來聽龍吟就。

燕市散星

十丈軟紅塵，著箇鷗如雪。（由）幾輩通天臺下人，吊古悲劉徹。（實）

（問）只怕高陽舊酒徒，到此成悽絶。（芾）哀筑水蕭蕭，歌斷腸千折。

西冷語烟

蘇小此招魂，月替宫眉樣。（芾）水面孤山冷翠妍，合共梅妻賞。（湘）

（由）記取鷗邊泛宅盟，並枕聽漁唱。（實）垂柳斷橋陰，夢影絲絲想。

松陵題虹

紅煞冷楓人，萬葉如花落。（實）十四橋邊烟水姿，冰玉應輸却。（湘）

（由）翠墨光摇斷石闌，詩就鱸先覺。（芾）西望未成歸，幾度秋風惡。

太湖眺霞

飛唱入霞天，波底魚龍咽。（實）越女新裁綺數重，紅得無分别。（湘）

（由）自問天池濯錦歸，愁共丹仙説。（問）却倚兩山春，醉吸湖光潔。

山塘聽雨

悄夢濕秋痕，雙槳蒓烟細。（由）蠟泪如人墮冷紅，試嚼横陳味。（實）

悽和斷魂啼，扇底花枝醉。

（湘）滴破昊天不解愁，一曲瀟瀟意。（問）

洞仙歌　武夷山茶，以惠山泉品之

詩壥一滌，似嚼梅花雪。（問）滿挹天香泛雲葉。（由）是何年洞裏，閑話山僧，歸去也、帶得團團小月。（芾）　幔亭春瀲灩，第二泉頭，風味平分兩清絶。（問）料有采芝翁，共我吴甌，定長倚、蚪松古鬣。（由）想七絃、流得到人間，笑調水坡仙，舊情都劣。（芾）（武夷山巔隱一泉，分七派，山僧名爲七絃水。見《清異録》。）

驀山溪　秋宵感夢

西風池閣，凄絶烏衣燕。（湘）桂影隔燈寒，上湘簾、驀然乍見。（芾）秋魂如醉，黄葉鎮填門，殘雨外，暗雲邊，夢也無人管。（問）　紅簫夜悄，誰與吹愁斷。（由）月下想瑶軒，悵花冠、春前久散。（湘）故衫針線，猶是小蠻縫，聽玉手，放金刀，想得秋痕亂。（實）

永遇樂　題瘦碧山人行看子

林壑高閑，披圖一笑，須眉如此。（芾）浩浩年涯，烟霞萬古，占盡山中利。（由）樵風引去，苦教猿鶴，錯認老元短李。（問）但詞仙、近來歲月，白雲世外游戲。（芾）　芝崦舊主，夢邊還見，我欲往從無計。（由）古味琴癡，狂名詩瘦，笠影空天地。（問）消摇百代，漂零幾輩，莫問華嵩螻蟻。（芾）算而今、相逢未晚，倚松且醉。（由）

虞美人　壺園夜飲

燭痕顫冷銀屏背，（由）簾聚茶烟翠。（湘）芳蹤故徑翦秋萊，（問）約住半闌蟾月不教回。（芾）　繡鴛識得蒼苔路，（實）舊夢銷香處。（由）醉花客燕欲忘歸，（湘）怕見歌雲催曉醒來非。（問）

永遇樂　中實話廬山之勝

舊識山僧，夢飛不到，林壑佳處。（問）金闕氤氳，玉京汗漫，楚客還歸去。（芾）道人曾撥，齊烟九點，來與匡君同住。（實）想飄然步、虛笑我，一丘坐冷金虎。（由）　松門石鏡，孤笻自倚，誰共斗杓南顧。（問）瀑雨飄虹，池霜落雁，問取蒼厓路。（芾）天風吹下，溪聲未遠，猶帶東林佛鼓。（實）待重尋、留題蘚壁，白雲在否。（由）

水調歌頭　姑蘇臺懷古

去雁入雲盡，歸鳥帶帆回。（芾）秋風亂山落葉，呼酒此重來。（問）一片蒼波無語，染出麗娃顏色，愁眼浪驚猜。（由）誰解鷓鴣恨，喚遍越王臺。（芾）　好江山，天何意，老吾才。（問）婆娑月中起舞，一笑欲騰盃。（由）春去蘿邨已渺，夢醒梧宮仍在，歸不（案：　此二字疑有誤。）問荒苔。（芾）殘務霸自今古，詩境亦奇哉。（問）

漢宮春　答次湘、中實金陵見憶

月亦知與，問扁舟載去，何似吾廬。（由）臨風倚闌一醉，今昔奚殊。（苐）紅凋翠落，甚近來、綺思偏疏。（問）算昨夜、西樓夢遠，吟邊到也還無。（由）　秋期隔江漸近，想琴言酒坐，倦説相如。（苐）飄零客中南雁，眇眇愁予。（問）裙羅遍寫，怕歸心、不爲蒓鱸。（由）須趁此、江山未老，英游漫悔知書。（苐）

前調　虎丘晚眺

單舸浮吴，縱青山載得，愁老江湖。（問）蒼然霸圖尚在，繼者誰乎。（苐）石荒泉冷，算銷沉、劍氣須臾。（由）但壞壁、題名黦緑，夜蘿山鬼猶呼。（問）　登臨氣吞楚越，儘歌殘小海，怨魄難蘇。（苐）淒涼故宫成沼，一笑知歟。（由）塔鈴自語，更水風、催盡笙竽。（問）趁月下、金尊放滿，歸舟怕聽霜烏。（苐）

右《吴波鷗語》一卷，彊邨先生手鈔本，於遺篋中得之，外間似未見刊行，因特録副揭載於此。原鈔草書，間有難辨認處，恨無他本可校，頗引爲憾。至原有密圈，一并過録，聊爲讀者欣賞之助云。乙亥孟冬，寫畢重校於廣州東山寓廬，龍沐勛附記。

和珠玉詞〔一〕

漢州　張祥齡子苾
臨桂　王鵬運幼霞
况周頤夔笙　連句

序

馮　煦

或曰：詞，衰世之作也。令莫盛於唐季，慢莫盛於宋季。衰乎否乎？是説也，蒙嘗疑之。宋之爲慢詞者，美成首出，姜、張詣極。片玉所甄，率在大觀政和間，北宋之季也。白石、玉田，連蹇不耦，《黍離》之歌，《橘頌》之章，比比有之，南宋之季也。慢爲衰世之作，殆有徵邪？小令則不然，温、韋之深隱，南唐二主之淒咽，亦云衰矣。然而太白、樂天，實其初祖，開、天、元、長，世雖多故，衰猶未也。至宋晏元獻、歐陽永叔則承平公輔也，元獻所際，視永叔彌隆。身丁清時，回翔臺省，間有所觸，爲小令以自攄，與吾家陽春翁爲近。上窺二主，其若近若遠，若可知若不可知，幾幾有難爲言者，然所詣則然，非世之衰否有以主張之

〔一〕據民國趙尊嶽《惜陰堂叢書》本整理。

也。半塘老人與子苾、夔笙亦身丁清時，回翔臺省，略同於元獻。夏六月，手《珠玉》一編，字橅句規，五日而卒業。視元獻不失絫黍，黨亦與蒙相符契，蘄以破或衰世之説邪？爰申此誼於簡端，半塘諸子當不河漢也。昔方千里和清真，今半塘諸子和珠玉，一慢一令，嶷然兩大，亦它日詞家掌故邪？甲午七夕金壇馮煦。

序

王鵬運

龍集執徐之歲，夔笙至自吴中，爲言客吴時與文君叔問、張君子苾和詞連句之樂，且時時敦促繼作，懶慢未遑也。今年六月，暑雨方盛，子苾介夔笙訪余四印齋，出視近作，則與叔問連句和小山詞也。子苾往復循誦，音節琅琅，與雨聲相斷續，遂約盡和《珠玉詞》。顧子苾行且有日，乃畢力爲之。閲五日而卒業，得詞一百三十八首。當賡唱疊和，促迫匆遽，握管就短几疾書，汗雨下不止。坐客旁睨且笑，而余三人者不惟忘暑，且若忘飢渴者。然是何也？子苾瀕行，謀釀金付劂。氏詞之工拙不足道，一時文字之樂，則良有足紀者，重累梨棗爲有説矣。刻成，寄子苾吴中，儻爲叔問誦之，其亦回首京華夜窗風雨否耶？益信夔笙嚮者之言不我欺也。光緒甲午荷花生日，半塘老人。

題詞　集珠玉詞句

況周頤

浣溪沙

一曲新詞酒一杯，小屏閑放畫簾垂，勸君莫惜縷金衣。　只有醉吟寬別恨，且留雙泪説相思，舊歡前事人顰眉。

臨江仙

一霎秋風驚畫扇，那堪飛緑紛紛。無情有意且休論。樓高目斷，依約駐行雲。　誰把鈿箏移玉柱，不辭遍唱陽春。等閑離別易銷魂。紅牋小字，留贈意中人。

如夢令

珠泪羅巾難滿。長把枕衾留半。（子苾）待説不思量，往事上心無限。（幼霞）　魂斷。魂斷。簾外落花人遠。（夔笙）

浣溪沙

喚取銀蟾入酒杯。莫將燈火上樓臺。（苾）最難天末故人回。　花影隔簾疏復密，（幼）春光如水去難來。江南舊夢莫低徊。（夔）

前調

羅帳烟輕夢不稠。鏡中雙泪各分流。（苾）青驄畫舸少年游。　楊柳關河勞望眼，（夔）海棠消息憶從頭。屏山録曲不遮愁。（幼）

前調

花氣通簾暗雨過。上階幽草碧于莎。（夔）隔闌燈影入池波。　有月可能來古樹，（苾）無風也自愛新荷。酒邊滋味少年多。（幼）

前調

儘説消愁借酒卮。那知添泪滴羅衣。（苾）閑花開到去年枝。　約略生香新雨過，（幼）依稀情話夜凉時。玉釵聲墮繡簾垂。（夔）

前調

記得江樓送去旌。酒醒人散冷金觥。（幼）流花暗水斷腸聲。　箏柱參差論舊恨，（夔）鞭絲迢遞阻歸程。當時何事不關情。（苾）

清商怨

高樓凉月桂樹滿。向古簾弄晚。（苾）望極關河，量愁寬帶眼。（夔）　眉彎曾看未展。怎怪得、箇人疏遠。（苾）畫燭無言，凝情誰更管。（夔）

訴衷情

斜陽烟柳幾絲青。花氣弄陰晴。（苾）晝長眠起無賴，拋彈打流鶯。（幼）新釀薄，峭寒輕。醉難成。（夔）飄殘絮雪，數盡花風，未了春情。（苾）

前調

酒痕詩袖隔年香。愁夢感東陽。（夔）舊時盟約誰省，花外月昏黃。（幼）情總短，夜偏長。恨茫茫。（苾）玳梁釵重，金縷衣輕，曾費商量。（夔）

前調

羅衣不似去年新。花落有來春。（苾）山塘曾共游冶，璧月一雙人。（夔）悲落溷，喜飄裀。甚寃親。（幼）夕陽無語，憑熐闌干，目斷南雲。（苾）

更漏子

新緑滿窗，枝上子規啼未了。落花飛絮底紛紛，（夔）最撩人。幾時點檢醉吟身，（幼）記得曲闌攜手處，玉釵斜插坐香茵。暗傷春。（苾）

前調

不見遥山，陌上飛塵簾外樹。樹頭依約彩雲飛，（幼）動花枝。流螢點點上簾衣。（苾）悵望星河魂欲斷，舊游回首惜紛披。負芳時。（夔）

望仙門

排簷蒼翠樹陰濃。引微風。（幼）篆烟花氣隔簾櫳。有無中。（夔）音信傳南雁，筝船夢繞垂虹。（苾）謝娘樓畔記初逢。記初逢，拈帶爲君容。（幼）

前調

水晶雙枕覺新凉。好時光。（苾）藍橋何用覓仙漿。醉爲鄉。（幼）離恨傳烏鵲，多應倦織雲裳。（夔）舞衣銷盡舊時香。舊時香，宵短夢難長。（苾）

前調

暮雲天畔蹙魚鱗，月眉新。（幼）小闌烟柳緑含顰。彈花裀。（夔）枝上催殘蕊，東風不惜芳春。（苾）金鈴一霎底酬恩。底酬恩，香夢繞重門。（幼）

清平樂

征鴻南去。莫到銷魂處。（夔）薄命應同花上露。一霎光陰難住。（苾）歸雲底事匆匆，多應怨寫絲桐。（幼）一樣畫堂圓月，問誰獨占東風。（夔）

前調

花香粉細。枕畔雙釵墜。（苾）未把深杯心已醉。况是海棠新睡。（幼）曉來春水吹殘，東風底用相干。（夔）留取燭花休翦，泪痕羅帕生寒。（苾）

前調

迴環喜字。不盡纏綿意。（幼）望裏千山兼萬水。縱有錦書難寄。（苾）玉容天半朱樓，蛾眉妒煞蟾鈎。（夔）料得素馨花底，驚心河漢西流。（幼）

更漏子 又一體

酒腸慳，詩夢淺。香篆裊愁難翦。（夔）疏雨歇，雜花開。箇人來不來。（幼）放歌筵，招舞袖，望斷故園烟柳。（苾）從握手，憶顰眉，此情君定知。（夔）

前調

月移牆，烟約柳。又是上燈時候。（幼）梁落燕，樹無鶯。有人幽恨生。（苾）試嘑妝，扶淺醉，點檢一春情味。（夔）尋舊夢，覓餘香，腰圍裙帶長。（幼）

喜遷鶯

眉妒柳，臉欺蓮。嬌小白家蠻。（夔）問年剛是月初圓。佳夢笑徵蘭。（苾）花窺幕。琴編樂。珍重華年行樂。（幼）菱花鏡裏看添香，錦瑟比人長。（夔）

前調

千里月，幾絲風。銀漢挂庭中。（苾）酒雲高暈燭花紅。珠佩想瓏璁。（幼）輕寒煖。愁春遠。珍重玉容千萬。（夔）歌前不惜縷金衣，蝴蝶上釵飛。（苾）

前調　又一體

繡簾垂，銀燭燼。花夢夜涼醒。（夔）琵琶誰按別離聲。幽怨劇分明。（幼）與雲飛。和月去。記得畫闌逢處。（苾）海棠開後約重來，惆悵到寒梅。（夔）

前調

鬠攏輕，眉畫淡。羅扇撲螢天。（苾）雨餘清潤入琴絃。風裊玉鑪烟。（幼）柳絲長。花影重。月午簾波不動。（夔）釵頭分贈素馨香，夜促怨歌長。（苾）

相思兒令

每到歌前酒後，新恨總難平。（苾）遮莫書囊劍匣，容易負平生。（幼）綺席更喚金觥。正涼宵、烏鵲無聲。（夔）應憐一寸柔腸，怎禁多少傷情。（苾）

秋蕊香

花冷翠禽嚦瘦。雲薄玉笙吹透。（夔）風情約略三春柳，眠起無端時候。（幼）杭州舊泪和新酒，沾衣袖。（苾）馬蹄休向蘭臺走。樓上玉顔非舊。（夔）

前調

昨夜燈花呈瑞。紅藥曉來翻砌。（夔）故園春色憐榕桂，何必璚枝玉蕊。（幼）西山過雨橫飛翠，涼生袂。（苾）儘教花底扶頭醉。月落參横休睡。（夔）

胡擣練

料量新句好酬春，莫負珊瑚筆格。（夔）桃李休教輕折。簾外風初息。（苾）漫言長爪定嘔心，美景良辰須惜。（幼）别有庾郎愁賦，肯付金聲擲。（夔）

撼庭秋

隔簾花霧三里。似暗愁難寄。（夔）堂空如水，星河案户，其人無寐。（幼）寒雲雁唳，新霜蛩語，管伊憔悴。（苾）相思誰見，海棠應更，化爲紅泪。（夔）

滴滴金

香輪九陌無休息。袖招紅，酒浮碧。（夔）莫怪狂奴眼常白。問繁華誰惜。（幼）新鶯舊燕都如客。帶斜陽，遠山色。（夔）簾幙依稀輭塵隔。幾動人思憶。（幼）

望漢月

越網彩絲頻結。罥取澄潭新月。（幼）無情鷗鷺老汀洲，怎詩鬢、不如雪。（夔）好花能幾日，偏又遇、曉風吹折。（苾）花間驀憶舊時節，悔與箇、人輕别。（幼）

少年游

銀河高挂碧梧枝，鴻雁向南飛。（苾）相思萬里，傷心千古，當日繡羅幃。（夔） 新愁舊恨知多少，付與酒盈卮。（幼）月滿簾櫳，露凉庭院，偏是别伊時。（苾）

前調

清歌一曲動梁塵，離夢感參辰。（夔）江關愁賦，天涯望眼，惆悵北山雲。（幼） 詩闌酒戲當時事，怎奈百年春。（苾）寄語花前，春山秋水，妝點要時新。（夔）

前調 又一體

韶光易老，孤芳自惜，蜂蝶儘紛紛。（夔）竹外携尊，鷗邊選句，樂事一番新。（幼） 千紅萬紫，嬌鶯乳燕，送了等閑春。（苾）與誰同占月三分。除問夢中人。（夔）

前調

秋江一碧，美人何許，誰與采芙蓉。（幼）菱歌幾處，汀洲霜晚，凉到藕花風。（苾） 芳心休訴，韶華縱好，有酒不須中。（夔）羨他鷗夢儘從容。消受夕波紅。（幼）

燕歸梁

湖上笙歌月滿堂。鬭金粉隋梁。（苾）　倦極調鶯，狂來擊缶，多事奏笙簧。（幼）曲闌憑處袖痕香。怕闌外、柳絲長。（夔）千燈照夜動花光。留醉客、錦筵張。（苾）

前調

斷虹劃破碧山烟。正高敞朱筵。（幼）茜紗窗外月初弦。横玉笛、勸金船。（夔）　流螢幾點，梧風桂露，秋到晚蟲天。（苾）拌將歌酒送流年，問誰是、飲中仙。（幼）

雨中花

小字牋書半就。寄與殷勤翠袖。（苾）算是關山魂夢隔，一寸心長守。（幼）　媚臉蒨桃心碧藕。記那日、玉闌携手。（夔）早寄語、錦帆歸去，總不在花開後。（苾）

紅窗聽

萬點楊花誰管束。春去也、接天新緑。（夔）落紅珍重還留許，護鴛鴦雙宿。（幼）　甚處銀蟾明滿目。芳堤上、青驄去後，團圓不足。（苾）斫地哀歌，問何人能續。（夔）

前調

寫到鸞榆無一語。枉抱此、苦心誰訴。（苾）好春不是芳菲少，恨無人知處。（夔）　窗外啼鶯休報曙。屏山側、錦衾獨自，渾忘朝暮。（幼）玉驄堤上，問何時歸去。（苾）

迎春樂

花枝那不傳香早。十年心、委芳草。（夔）願鳴雞樹上休啼曉。鳳枕畔、春難覺。（苾）　空悵望、長安古道。虛負却，歲華多少。（幼）瑂鞍玉勒，問訊三河少。（夔）

睿恩新

高花肯弄人間色。香自好、何須先坼。（夔）算憑教、桃李無言，問東風，恁般消息。（幼）　簾外銀蟾脉脉。紅燭暗、泪珠長滴。（苾）儘瓊樓、更隔蓬山，早消受、雲衣冷逼。（夔）

前調

幽花帶露邊庭砌。驚乍見、舊時姝麗。（苾）試新妝、艷奪雲英，寫舊怨、句吟花蕊。（夔）　向晚西風沉醉。誰解得、箇人深意。（幼）記尊前、醉擁紅妝，正對鏡、窺盤鳳髻。（苾）

玉樓人

愁懷不是耽杯酒。最忺是、正風初月後。（幼）枝頭三兩秋花，勸聽歌、休再感舊。（苾）　雙眉也倦逢場鬭。漫酒痕、緑黯還皺。（夔）向時幾許風情，空盈盈、泪滿衫袖。（幼）

憶人人

春雲流影，秋花吐艷，依約紅梅乍綻。（幼）青銅無計惜銷磨，也誤識、人人嬌面。（夔）　星河夜静，梧桐疏雨，幾點流螢亂。（苾）天涯容易又秋風，渾不覺、離愁暗滿。（幼）

前調

明珠競巧，秋蓉比艷，倚扇檀櫻欲綻。（幼）東風畢竟作春寒，莫盡捲、簾櫳三面。（夔）　啼鵑唤遍，海棠枝上，歷歷風光亂。（苾）狂奴休道總無情，看此際、恩情美滿。（幼）

玉樓春

秋光幾日來吴苑。（苾）樓上相思穿柳綫。（苾）將舒桂葉小如眉，未吐芙蓉嬌勝面。（夔）　知音枉託箏中雁。寄恨難憑釵上燕。（幼）閑雲也莫不禁秋，一例人天悲聚散。（夔）

前調

短長亭外天涯路。前日送君從此去。（苾）桃花瘦損幾絲風，柳絮愁沾雙燕雨。（苾）春韶苦向愁中度，容易篆烟銷麝縷。（夔）撩人芳草碧如茵，那更杜鵑啼處處。（幼）

前調

簾鈎鎮日閑金鳳。嬰武綠衣寒𦶇鬆。（夔）柳絲嫋嫋受風多，荷葉田田經雨重。（幼）枉説月明千里共，近日謝郎情不動。（苾）夕陽憑煖玉闌干，爲惜前塵思昨夢。（夔）

前調

簾衣不隔歌雲煖。乍可聞聲賒識面。（幼）欲知尊酒醉醒難，試看林花開落旋。（夔）一鐙疏雨高梧畔。寶扇生凉銀漢晚。（苾）歡期共數月圓時，今夜玉蟾剛吐半。（幼）

前調

夢雲分付重門鎖。鄰院笙歌催人破。（夔）流螢穿露桂珠香，野鵲驚風梧子墮。（苾）舊歡觸忤渾無那。和影花間成兩箇。（幼）總然消息隔銀河，孤負南樓鴻雁過。（夔）

前調

粉香墮枕紅霞印。柳眼望春春有信。（苾）酒懷如結倩誰開，夢影無憑休重問。（幼）年時省識而今恨。底事當歌容易困。（夔）樓前芳草接天青，不似園花隨眼盡。（苾）

前調

高樓月落人歸後。簾影沉沉催曉漏。（幼）殘紅無分上琴絲，慘緑何緣搴舞袖。（夔）玉奴淺笑持杯酒。百歲花前爲君壽。（苾）未須樂事逐時新，但祝兩情長似舊。（幼）

前調

四弦秋色和愁撚。五彩心同紬慢卷。（夔）玉釵香重怯雲鬟，寶釧病餘鬆翠腕。（苾）房櫳静揜愁無限。記門新詞誇白戰。（幼）揭來明月剩情多，慣逐飛花浮酒面。（夔）

前調

江天目送雲飄穩。芳草綿綿波滚滚。（幼）休教霜訊報秋知，且喜星期催巧近。（苾）西風不管傳花信。抵苑樓頭吹别恨。（夔）漫拈愁字作生涯，吾生有盡愁無盡。（幼）

鳳銜杯

汀洲白雁無端起。憑望眼、玉樓人倚。（苾）恨逐晴絲，和夢摇空際。風乍動、簾波翠。（夔）暝雲低、絲雨細。問紅葉、怨題誰寄。（幼）但願君恩長記，笙歌地，不惜花憔悴。（苾）

前調 又一體

花時莫漫惜分飛。算何妨、魂夢相依。（夔）昨夜東風，偏也戀南枝。吹嫩蕊、故紛披。（苾）回羅袖、掩瓊巵。莫匆匆、却負芳時。（幼）腸斷鶯前燕後，足佳期，有分是相思。（夔）

前調

傾城一顧十分春。甚繁花、眼底紛紛。（夔）何用清歌，皓齒啓朱唇。倩飛鳥、蹙紅巾。（幼）斟美酒、憶良辰。問南鴻、應見朝雲。（苾）縱使海棠嬌小，不如人，可奈舊情新。（夔）

踏莎行

竹暗烟浮，林疏月露。流螢占取秋多處。（夔）經時盼斷故人書，聲聲賓雁南飛去。（幼）琥珀雙鍾，沈檀一炷。傷心莫過藍橋路。（苾）回闌舊約記分明，垂楊好繫華年住。（夔）

前調

銀漢秋期，瓊樓夜宴。酒雲紅上人人面。（幼）郎心説似燭花開，儂腸訴與箏弦轉。（夔）酒興横來，吟情不斷。花驄未惜芳堤遠。（苾）當歌休訴别離多，篴聲催按梁州遍。（幼）

前調

夢裏非烟，花邊是路。如何付與春來去。（夔）吴頭楚尾隔千山，相思忍見樓高處。（苾）嫩緑禁寒，殘紅墮霧。書來怕有詞箋附。（幼）神仙年少也多愁，華鬘一别今如雨。（夔）

前調

滿引紅鱗，驕嘶紫燕。看花雙眼明於電。（夔）雛鬟弦索底關人，一聲消得愁無限。（幼）宋玉工愁，班姬善怨。秋風又到南樓雁。（苾）玉輪多事缺還圓，深情悔被年時見。（夔）

前調

柳絮飛殘，流鶯啼遍。春光怕向樓頭見。（幼）東風萬一不關愁，桃花妒煞佳人面。（夔）簾外新蟾，堂前小燕。紅闌一曲千回轉。（苾）無端棖觸十年心，秋千影落閑庭院。（幼）

蝶戀花

明月塵侵携寶扇。畫裏乘鸞，驚換當時面。（幼）舊日謝池秋草遍。堂空幾誤春來燕。（苾）仿佛絲簧調別院。彩袖何人，慣拂歌塵淺。（夔）珍重天涯還念遠，尊前遮莫程千萬。（幼）

前調

露點檐牙蛛網墜。未到星期，已動思秋意。（苾）檻外輕雲低蘸水，遥山欲鬬修蛾翠。（幼）心字暗憐香一穗。問訊鐙花，甚日真成瑞。（夔）有夢但能搴翠袂，須臾抵得春千歲。（苾）

前調

眼底飛花紅作陣。不念芳時，做弄春寒嫩。（夔）點檢新妝消酒困。當頭皓月無纖暈。（幼）萬里關河愁轉瞬。解識相思，何用量分寸。（苾）捲盡珠簾人遠近，可憐嬰武難憑信。（夔）

前調

惻惻金風催玉露。簾外輕陰，風約雲來去。（幼）不解此心蓮子苦。終宵促織啼朱户。（苾）幾許天涯摇落樹。何必江潭，才是傷心路。（夔）魚雁儘教傳尺素，舊游如夢無尋處。（幼）

前調

自在翩翩堂裏燕。幾度秋風，莫定香巢亂。（苾）絶代芳華今幾見。峭寒珍重閑庭院。（夔）漫説蓬山同踏遍。回首華鬘，遽隔人天面。（幼　連句至此，聞許寉巢先生噩耗。）鴻雁不來斜日晚，屏山一角江南遠。（苾）

前調

鴻烈倦尋丹枕秘。愛讀離騷，消盡湘蘭媚。（夔）修短彭殤君莫記。一尊大可忘年歲。（幼）　且聽清歌招舞袂。隨處看花，莫過西州地。（苾）有限年芳隨水逝，舉杯難喚劉伶醉。（夔）

玉堂春

東風送暖。緑到舊時池苑。似雪楊花，輕點朱欄。（幼）逝水年華，錦瑟無人見，怎向尊前對落紅。（苾）夢裏江南何許，笙歌錦繡叢。（夔）燕後花前，説起當初約，又負東皇幾番（去）風。（幼）

前調

翠蓬秋早。目極際天瑤草。怕向藍橋，問訊雲英。（夔）記得當時，醉共花間宿，脉脉深情滿意傾。（幼）囑咐陽關休唱，青驄離別情。（苾）一角樓臺，記否山塘路，仿佛銀河傍檻明。（夔）

前調

露橋花館。樹底鶯嫌春暖。繡罷紅鴛，彩綫添長。（苾）舊夢如雲，只在梨花外，却見輕烟媚緑楊。（夔）桁上羅衣添潤，消殘心字香。（幼）枉費啼鵑，到處催人去，冷澹高樓送夕陽。（苾）

十拍子

詩袖飄零吴郡，鞭絲惆悵春明。（夔）珍重落花千點泪，底似陽關萬遍聲。此情誰重輕。（苾）問訊天涯知己，琴尊幾度將迎。（幼）才調漫憐江令減，薄倖還教杜牧贏。新來太瘦生。（夔）

前調

海燕易隨春老，涼蟾不共人圓。（幼）紅燭有情知別苦，然到中心滴泪難。出門星滿天。（苾）往事非花非霧，柔情如水如烟。（夔）一樣年華如錦瑟，五十誰分一半弦。傷心莫箇傳。（幼）

前調

誰信倦游老矣，滄洲思渺西風。（幼）休怪見花狂欲死，蛺蝶生來愛粉叢。何堪對落紅。（苾）結習破除紈綺，怨歌棖觸絲桐。（夔）昨日故人今日別，目斷平蕪冷日中。雲山恨幾重。（幼）

前調

記得吴儂門巷，垂楊小小笆籬。（夔）長日無人推繡户，竟夕回燈照玉卮。釵梁雙燕垂。（苾）畫檻藏春曲曲，珍叢惹夢菲菲。（幼）尺素難憑蒼雁問，雙翼徒勞彩鳳飛。相思無了時。（夔）

前調

何必鳳修麟脯，花宫曾記餐英。（夔）元是上清珠樹艷，不似倡條冶葉輕。無人知此情。（苾）誰譜霓裳法曲，宫牆腰篴潛聽。（幼）棖觸玉京淪謫感，便抵陽關促別聲。紅牙那肯停。（夔）

漁家傲

畫箭銀壺催暮曉，花前幾見他人老。（苾）莫負江山風月好，彈古調，藚洲一曲容吾傲。（幼）鷗夢涼邊空翠杳，山眉得似徐孃少。（夔）不見鏡中雙臉笑，啼鳥道，休將此恨今生了。（苾）

前調　荷花十二首

照影漣漪嬌欲鬬，越娥媚臉新妝就。（夔）隔浦采菱歌斷後，花如繡，忘機鷗鷺齊回首。（幼）指點宫衣曾別久，箏船熨遍湘裙縐。（苾）把酒酹花花入酒，香染袖，風流何必輸韓壽。（夔）

前調

婀娜風裳低欲卷，盈盈淺笑圓渦綻。（幼）化作鴛鴦仙不羨，絃索畔。琵琶半掩如花面。（苾）十萬紅妝陪綺宴，涼鷗世界寬無限。（夔）莫學彩雲容易散，深深願，凌波顧影長相見。（幼）

前調

寶屧塵香生步步，暖紅消得愁風露。（夔）何必清游陪幕府。饒幽趣，追涼記過廬樓路。（幼）月曉風清生恨處，含情幾見花能語。（苾）解意雙鴛招我去，花裏住，不應一別渾如雨。（夔）

前調

翡翠擎盤承露穩，江涵雁字排成陣。（苾）指點湖邊花路近，君莫問，六朝陳迹餘金粉。（夔）羅袖半沾秋水潤，游塵不涴歌雲嫩。（幼）待折藕絲情易困，休寫恨，芙蓉幾日秋江盡。（苾）

前調

記得青墩牽畫舫，送行特特翻新樣。（幼）風雨未須愁一晌，休悵望，鴛鴦身世無波浪。（夔）朝日避人紈扇障，雲鬟翠帔紛相向。（苾）漸洗鉛華空倚傍，潮欲上，蜻蜓輕逐游絲颺。（幼）

前調

不數春風紅杏鬧，漫誇秋色菱花小。（苾）鑄鏡寶釧遠聞花裏笑，誰比貌，紅顏本似朝雲少。（夔）江心真大好，有情仙眷原難老。（幼）檀板未停杯又到，花解道，看花幾見人人少。（夔）

前調

一葉記曾題冷翠，幾年芳恨縈烟水。（夔）蘋末風來絲雨細，人欲醉，池塘睡鴨呼名起。（幼　己丑六月二十八日，幼霞、夔笙葦灣觀荷本事也。）腸斷柔絲生暗刺，青房半脱風前蕊。（苾）有限舊歡爭忍墜，深淺意，紅牋字字珍珠泪。（夔）

前調

一水盈盈花拍岸，通辭幾費微波便。（夔）花底問郎誰比艷，歌轉慢，長將泪點常遮面。（苾）襛纖未容愁火爇，追凉自把花前盞。（幼）舊夢重尋魂欲斷，殘照晚，紅亭高柳蟬聲亂。（夔）

前調

欲託紅鱗傳尺素，千波過盡無人遇。（苾）鷺冷鷗閑誰與訴，如怨慕，凉蟬説似多風露。（幼）好繫斑騅隄畔樹，明朝怕説花如雨。（夔）夢逐御溝流水去，應早悟，千金莫買朱顏住。（苾）

前調

人影花光嬌一格，畫船只赤聞香息。（夔）花外柳絲曾欲摘，烟裏織，對花可奈魂牽役。（幼）莫遣露珠和粉滴，秋風不損紅兒色。（苾）往事未應愁脉脉，千里隔，花天後日長相憶。（夔）

前調

那不天涯驚沈瘦，紅櫛句苦吟難就。（夔）過眼繁華催箭漏，驚永晝，畫船載酒人非舊。（幼）酒面忍教花底嗅，箏前粉汗紅紗透。（苾）芳意贈君期永久，詩滿袖，清尊更約花前後。（夔）

前調

緑剪新衣誰可綻，蘭橈總繫垂楊畔。（苾）香遠任風吹不散，歌莫亂，壽花肯惜杯千萬。（夔）漫説花期渾有限，斜陽還共閑鷗戀。（幼）玉鏡曉風開面面，休弄翫，伊人遠隔滄江岸。（苾）

瑞鷓鴣　紅梅二首

緑鬟妝鏡記盤雲。曲終人散翠蛾顰。（苾）莫問冰心，鐵骨誰真賞，解惜臙脂定幾人。（夔）酡顏幾拌流霞醉，畫中欲喚真真。（幼）霜前俗笑山桃，一樹珊瑚滿，隔年新。獨占紅芳弟一春。（苾）

前調

淺寒才是早春時。未應鵑血上南枝。（夔）不是化工，有意呈新巧，暖入瓊肌未許知。（幼）　孤山改換繁華景，逋仙夢到還疑。（苾）誰憐真色生香，標格天然好，隔清溪。蜂蝶尋常那解迷。（夔）

殢人嬌

望望紅樓，不斷生香滿路。漫棖觸、傷春情緒。（幼）韶華自好，惜青衫塵污。寒側側、花前玉驄且住。（夔）　一院苔空，半池萍聚。芳期誤、舊時橋柱。（苾）相思畫裏，指雲山多處。輸冷雁、帶得斜陽飛去。（幼）

前調

一寸柔腸，怎受思量萬轉。秋葉下、迴廊繞遍。（苾）雲涯倦羽，嘆不如飛燕。尋舊約、甚日儻如人願。（夔）　紈扇邀螢，寶鈿帖雁。清夜永、涼生香薦。（幼）花間舞蝶，勸休停歌板。魂夢去、萬里關山難限。（苾）

前調

遠渚秋蓉，看取深紅未墜。消受者、暖寒天氣。（夔）金臺寶帶，説花中祥瑞。香艷絶、珠粉更憑裝綴。（幼）　塵污青衫，香銷紅袂。天涯路、雨斜風細。（苾）多情鷗鷺，却相忘年歲。新釀熟、待約霜楓同醉。

（夔）

小桃紅

白雁霜前至，騷客悲秋氣。（苾）新凉時候，圓荷剩葉，黄花漸蕊。（夔）正吟懷摇落，晚晴初午，銀蟾欲墜。（幼）　歌轉朱唇啓，弦按秦箏細。（苾）紅兒窺鏡，緑珠壓篴，人間色藝。（夔）向尊前一笑，萬緣空問，蟠桃熟歲。（幼）

前調

莫惜垂楊老，看取寒梅早。（夔）人生難得，當歌對酒，韶華正好。（幼）自雲英花裏不歸來，似仙山縹緲。（苾）　繡説金鴛巧，語惜黄鸝妙。（夔）往事如烟，柔情似水，怨歌别調。（幼）願良辰美景共相歡，擱閑愁莫道。（苾）

長生樂

暈月羅雲澹不圓。銀漢遠於天。（夔）好花時候，美酒進箏筵。（苾）彈指西風，又是一年，容易秋心何許，但見高梧帶疏烟。（幼）　宵凉似水，漏促如絃。扶頭懶上臣船。（夔）花相似，歲歲又年年。莫尋雲外雞犬，杯酒自稱仙。（苾）

拂霓裳

畫難成。遥山一角暮雲平。（夔）池塘遠，昨宵佳句逐春生。（苾）遠意隨芳草，愁心夢錦屏。（幼）鶯燕好，箅銷魂何必、斷腸聲。（夔）　雲霞洞府，環佩静、望仙瀛。（苾）憶神清，絳桃千樹粲瑶瓊。（幼）青鸞招不得，誰與訴衷情。未星星，插花枝緑鬢、映金觥。（夔）

前調

奈何天。絳河人渺不團圓。（苾）斜陽外，雲山千疊隔秋烟。（幼）倩誰調錦瑟，深意託鵾絃。（夔）木蘭船，向芙蓉、江上去經年。（苾）　飛鴻望斷，送愁易、寄書難。（幼）知甚日，朱櫻紫箅共璚筵。（夔）清尊浮白墮，仙藥駐朱顔。保長懽，再相逢、同在好春前。（苾）

點絳唇

盡捲雲羅，團欒幾費姮娥意。（夔）玉盆宵啓。寸寸蛛絲綴。（苾）　漫惜眠遲，拌遣凉侵袂。（幼）西風起。亂蛩聲裏。一葉飄梧翠。（夔）

浣溪沙

數到星期弟幾秋。莫教情海更添籌。（苾）銀蟾欲下爲誰留。　叩首花前慵乞巧，（幼）埽眉燈畔却工愁。柳邊簾幕暗螢流。（夔）

前調

又是秋生桂樹林。洞庭橘柚欲垂金。（幼）幾灣流水半晴陰。　箏雁斜飛憐素手，（苾）鏡鸞雙照識春心。蓬山未抵此情深。（夔）

前調

法曲當年聽羽衣。桂花深處見常儀。（夔）夜闌何事斂蛾眉。　爲數歸期釵暗卜，（苾）記親舞席袖頻垂。最尋常事耐人思。（幼）

前調

樓閣璁瓏繞瑞烟。夜歸傳唤撤金蓮。（幼）御街驄馬快於船。　壇坫似聞雄日下，（夔）羽書且莫報尊前。海帆秋静鏡中天。（苾）

前調

送盡斜陽樹樹蟬。彩鴛雙宿伴芳蓮。（苾）畫舩紅燭促開筵。　粉靨有情先替月，（夔）鑪香欲斷似非烟。誰言良夜不如年。（幼）

前調

花外歸來月滿身。清霜殘角最銷魂。（夔）澆愁莫惜酒斟頻。　過雁聲中勞望遠，（幼）試燈風裏暗傷春。手攀垂柳寄何人。（苾）

前調

盡捲珠簾待月華。五紋金縷薄於紗。（幼）玉階重發去年花。　錦瑟華年成逝水，（苾）青琴消息隔殘霞。篆烟風定故天斜。（夔）

菩薩蠻

橫塘素韈扶新艷。上湖明鏡呈嬌臉。（夔）寶瑟動華堂，可憐時式妝。（苾）　對花頻酹酒。願與花齊壽。（幼）花好未應誇，試將人比花。（夔）

前調

誰言眼底花長好。西風幾日飄零早。（苾）那及縷金衣，年年如舊時。（幼）　怨歌紅泪滴。調犯伊州側。（夔）寶燕動釵鬟，衆中誰羨仙。（苾）

前調

秋容漫惜儂家淡。經霜幾簇秋芳艷。（幼）濃淡恁般宜，問伊嬙與施。（夔）列坐飛觥盞。笑折花枝算。（苾）釵股挂臣冠，影從屏上看。（幼）

前調

采菱歌斷霞天晚。疏星照水燈千盞。（幼）鷗夢乍涼時，月移紅蓼枝。（夔）銀河相望久。樓閣仍如舊。（苾）緘就錦書兒，恨無南雁飛。（幼）

訴衷情

文鴛卅六隔芙蓉。金綫繡重重。（幼）露涼休墮梧翠，儂處有春風。（夔）弦索畔，酒尊中，別情濃。（苾）書殘錦字，譜就迴文，密意難窮。（幼）

前調

輕雲如鬢月如眉。涼夜坐花宜。（夔）爲誰針線拋却，雙眼泪珠垂。（苾）人散後，酒醒時，意遲遲。（幼）重添麝炷，静撿珠櫳，特地相思。（夔）

前調

晚涼清露裛紅蓮。横塘空水鮮。(夔)遥山澹埽蛾翠,歸鳥入疏烟。(幼)　移畫槳,敞璚筵,木蘭舩。(苾)白公隄畔,西子湖頭,最憶當年。(夔)

前調

彩鸞惆悵夢中人,前度此星辰。(夔)年時花下尊酒,都化楚山雲。(苾)　風裏袖、雨中巾,是前春。(幼)庾郎愁老,浪説年來,思與花新。(夔)

采桑子

深杯莫負花前醉,暗惜年芳。鏡裏人雙。(苾)看取歌塵繞畫梁。　不知消得春多少,(幼)人影花光。蝶戀蜂忙,可奈工愁有别腸。(夔)

前調

梢頭豆蔻經春早,易過芳時。問訊佳期。(苾)門巷斜陽鏁玉蕤。　綺羅未算銷魂地,(夔)唱徹楊枝。歌闋還悲,似水柔情付與誰。(幼)

前調

桃花總隔仙源路，一水溶溶。莫遣游蜂。（夔）句引扁舟入畫中。問君何處藏春好，（幼）幾縷斜風。斷送流紅，逝水還應不向東。（苾）

前調

清尊醉倒金荷底，底用相催。難得春來。（幼）好趁花時笑口開。麈香漫惜青衫黦，（夔）滿座傾杯。鐵笛聲哀，聽到陽關弟幾回。（苾）

前調 石竹

秋花莫羨春花好，各自芳妍。占取琱闌。（夔）老圃金英欲鬬鮮。應偕漢使仙槎返，（幼）笑立池邊。共道嬋娟，自有繁華謝寶鈿。（苾）

前調

相思何必天涯路，簾幕無情。便抵離亭。（夔）醉倒花間不願醒。司勳費盡傷春句，（苾）記不分明。欲說還驚，依約陽關弟四聲。（幼）

前調

舊時簾幕傷心地，記得相思。燕子來時。（幼）開盡緗桃又幾枝。　斑騅猶戀蘼蕪徑，（夔）露冷苔衣。夢斷金微，寄盡征衫不見歸。（苾）

謁金門

梧葉墜。葉上露和秋泪。（夔）解得鵲橋今夕意，階前偏不寐。（苾）　離別年年歲歲，天上人間無異。（幼）弱是菱枝香是桂，暗愁渾似醉。（夔）

清平樂

春波春草。賦別江郎老。（夔）萬斛清愁猶未埽，那管落花多少。（苾）　風前喚取深杯，聲聲鵑鴂休催。（幼）檻外遥山一角，夕陽紅上金臺。（夔）

前調

菱花妝晚。畫閣催開讌。（幼）趙瑟秦箏都聽遍，剩得歌塵一院。（苾）　銀河挽入金卮，雙成侑我清詞。（夔）風景勝如天上，彩鸞不駐奚爲。（幼）

更漏子

月明多，花影滿。分付金尊休淺。（夔）窺笑靨，埽纖眉。夜涼人倦時。（幼）　鳳帷長，鴛枕暖。夜久莫停歌板。（苾）歡意贈，不須辭，贈君無別離。（夔）

前調

水空流，花暗墮。燕子雙雙飛過。（苾）明月上，彩雲開。深深勸玉杯。（幼）　蝶衣輕，鶯語脆。妒煞小紅歌袂。（夔）攀老柳，送行人，橋頭休惜春。（苾）

相思兒令

簾捲落花風急，酒面欲生波。（夔）笑問乳鶯雛燕，不醉欲如何？（幼）　客裏聽慣清歌。算名花、誰占春多。（苾）春蠶餘幾情絲，等閑休化紅蛾。（夔）

喜遷鶯

燈欲燼，漏將窮，幽夢與誰同。（幼）休牽別恨酒尊空，花下幾回逢。（苾）　重簾悄，春多少，明日海棠應老。（夔）百年能醉幾多場，心事付蒼茫。（幼）

玉樓春

醾醾風到春將去，傷春料理閑情緒。（幼）欲知别後夢魂來，試問今朝花發處。（苾）啼鵑若是鴛鴦侣，未必好春留不住。（夔）飛紅贏得污羅衣，醉倒芳裀寧有數。（幼）

前調

停尊待拍休回首，看花不是愁時候。（幼）欲成燈下百篇詩，拌取山中千日酒。（苾）隔花朱户浮金獸，肯爲輪袍低舞袖。（夔）閑愁不上十三絃，醉裏合稱千萬壽。（幼）

臨江仙

自是桃花千歲實，西風不怕飄零。（苾）海山兜率儘關情，雙成何許，望裏彩雲生。（幼）數點凌霄紅未了，璚樓也隔長亭。（夔）來朝鞭影去春城，故園桃李，鸞鏡曉妝明。

蝶戀花

簾外櫻桃花滿樹。遲日房櫳，費盡鴛鴦縷。（夔）塵暗箏衣閑雁柱，怨春不管春來去。（幼）舊日才華傳柳絮。怎到而今，盡付殘風雨。（苾）萬種相思誰可語，傷心莫到春多處。（夔）

前調

堤上黄蜂兼紫燕。掠柳穿花，歷歷春光亂。（苾）畢竟好春誰得見。棠梨開落深深院。（幼）　九陌麴塵飛欲遍。有限芳菲，悔識春風面。（夔）倚遍危闌紅日晚，天涯未比屏山遠。（苾）

長生樂

閶闔千門鶯語遍，芳事滿蓬瀛。（幼）九重仙樂，正銀蟾空明。（苾）過雨天街塵静，花漏聲聲。（夔）恒春稱壽，願藉南山獻瑶觥。（幼）　方壺擁翠，紫陌吹笙。日下光騰五色雲。（苾）香吏人共説班清。彩豪深浣薇露，頌金籙長生。（夔）

山亭柳　贈歌者

筝語調秦，飛燕掌中身。宫袖窄、舞韡新。（夔）不借尋常絃管，清謳自解穿雲。何况玉山筵上，勸酒殷勤。（幼）　吟湘賦楚情無限，天涯容易感騷魂。清狂興、屬才人。（苾）爲惜櫻桃聲慣，還憐荳蔻芳春。贏得尊前好句，替寫羅巾。（夔）

拂霓裳

數芳辰。數芳辰説二分春。扶淺醉，嬌鶯乳燕總相親。（夔）忘憂聊頌酒，習静擬垂綸。拜新恩。正龍池、柳色緑連雲。（幼）　韶華暢好，須共祝，壽如椿。風月裏，揮豪珠玉更何人。（苾）何愁紅燭短，莫

惜篆香焚。樂誰真，漫華堂歌舞、鬬清新。（夔）

跋

況周頤

在昔光緒中葉，鯫生薄游春明，與漢州張子苾庶常、同邑王半塘給諫，相約聯句，盡和《珠玉詞》，僅五夕而脱稿。無求工競勝之見存，而神來之筆，輒復奇雋。往往相視而笑，得意自鳴，宜若爲樂可以終古。蓋後此之不堪回首，誠非當日意料所及也。人事變遷垂三十稔，子苾、半塘墓木已拱，海濱聱叟，塊然寡儔，大雅不作，吾衰何望？武進趙叔雍精孯聲律家言，出其近著《和小山詞》，屬爲審定。拙撰《詞話》有云：『填詞要天資、要學力。平日之閱歷，目前之境界，亦與有關係。』詞學如叔雍，庶幾天人具足，而其閱歷與境界，以謂今之晏小山可也。全和小山，爲《珠玉》續。吾儕昔者志焉未逮，不圖後來之秀，有此沆瀣之合。張、王有靈，在海山兜率間，或者素雲黄鶴，翩然而來下，當亦引爲同調也。《和珠玉詞》曩開雕於廠肆，印行僅數十本。敝簏所有，乃比歲得自坊間者，以示叔雍，爲之循環雒誦，愛不忍釋。輒任覆鍥，俾廣其傳，意甚盛也。昔晏小山自名其詞曰『補亡』，其託旨若有甚不得已者。夫今日而言風雅，所謂絶續存亡之會，非歟？叔雍和小山之作，即亦亟宜付梓，纚屬以行。爲提倡風雅計，勿庸謙遜未遑也。癸亥五月既望，臨桂況周頤跋於天春樓。

雙伽陀詞[一]

成都　胡延長木
漢州　張祥齡子苾

蝶戀花　和六一韻

誰遣畫梁雙乳燕，翦翦西飛，浪逐風花亂。柳外樓高人不見，斜陽鋪滿蒼苔院。（延）　滿地泪痕花落遍，流水宫溝，寂寞芙蓉面。收拾殘春春已晚，闌干更比長安遠。（齡）

臨江仙　和六一韻

柳外笙歌花下酒，去年多少春聲。如今滿地夕陽明，吟鞭墮處，胡馬踢塵生。（延）　滿目山川千騎擁，緑楊風颭龍旌。烽烟四塞仗誰平，灞橋東望，老泪任縱横。（齡）

〔一〕據光緒二十九年（一九〇三）金陵糧儲道廨刻《苾芻館詞集》本整理。

念奴嬌 和山谷韻

斷河飲馬，望蕭關，愁斂狨裝蛾緑。聽説王孫相對泣，能葬驪山便足。寶靺封塵，珊鞭墮月，往日人如玉。朱門何處，更誰同醉醽醁。（延） 窗外一樹涼蟬，西風乍到，説故家喬木。萬事無如杯酒好，除却君懷誰屬。垂老年華，半殘山水，忍聽陽關曲。采薇歌罷，倚闌憑吊孤竹。（齡）

八聲甘州 和樂章韻

看絲絲細雨送斜陽，晚來忽成秋。甚天邊鸞鳳，也隨涼雁，飛度南樓。莫問嬌黄穉柳，俊侣一時休。空有銅仙泪，知向誰流。（延） 試上高樓長望，瀉相思滿地，似水難收。感天涯芳草，無地可句留。報佳音、誤他靈鵲，欲寄書、難覓上天舟。畫簷外，掛銀蟾處，脉脉凝眸。（齡）

念奴嬌 再和山谷韻

灞陵古道，度危橋，愁沁涼波平緑。三十五陘都過了，算把雲山看足。鳳泣秦樓，螢窺漢殿，冷貼天邊玉。層城回首，那時曾瀉芳醁。（延） 猶是年少青衫，雕鞍扶醉，歌詠鶯林木。我欲乘潮東入海，抛却雲英無屬。滿地干戈，一天星月，吹破龍吟曲。甚時招隱，渭川餐盡千竹。（齡）

減蘭 和淮海韻

紅橋春漲，碧波柔瀉，離憂雨纔收。欲采蘋花，人在木蘭舟。燕子不來來又去。多少恨，水東流。

（延） 落紅何事爲春留。夢悠悠，泪難休。猶剩一彎新月，到西樓。惹起傷心春不管，平白地、種千愁。（齡）

泛清波摘遍 和小山韻

銅街貯月，繡户圈花，真箇帝城春夜好。亂絲叢笛，催得鰲山試燈早。紅塵道。飛鳶斷後，細馬馱來，輕放鳳韡歸去了。拍遍闌干，立盡東風泪多少。（延） 別魂渺。虛捲滿簾落花，剗盡一池芳草。鴛枕香銷畫樓，夢長難曉。信音杳。庭院静鎖不歸，釵鈿甚時重到。换取深杯濁酒，醉時捽倒。（齡）

卜算子 和東坡韻

寶瑟倚寒簧，夜久璇宫静。彈向遥天恨轉深，一桁繩河影。（延） 天上別離情，那遣人間省。衹有嫦娥不戀家，落月關山冷。（齡）

玲瓏四犯 和白石韻

萬馬蹋霜，雙貂垂月，閑愁零亂如許。舊京天樣遠，一霎成今古。三都有誰再賦。莫輕誇、雁橋犀浦。百二秦關，幾重燕塞，嘗盡別離苦。（延） 長安道，傷心路。嘆秋邊客雁，難寄門户。漢家陵闕在，有夢無由去。人生總戀家山好，又誰願、飄零羈旅。應共與。江湖約、烟波儔侣。（齡）

金盞子　和梅溪韻

畫鷁乘秋，看幾番催趲，怕招風色。慣撲御街塵，鷗波外，還認柳疏燈密。怎把皇都鶯花，向空山尋覓。誰更念，一路怯霜愁露，最難將息。（延）　銀杯酒浮白。絃聲住，青衫泪痕濕。秋高數聲落雁，寒雲外，新霜草色凋碧。已是醉倒山公，欲狂歌無力。傷心處，更闌愁夢醒，深燈挂壁。（齡）

憶舊游　和片玉韻

記幽房淡月，網户深深，來共凉宵。數隔牆風柝，把秋心互證，兩鬢刁蕭。雀爐半冷香篆，帷静一燈摇。漸説到家山，猜鴻詫燕，特地魂消。（延）　迢迢。隔秦蜀，喜作客長安，時得連鑣。況伯鸞隣近，瓶空無酒，休厭頻招。露珠暗點紅燭，星色冷銀橋。莫漫訪仙源，狂花落盡溪上桃。（齡）

八歸　和梅溪韻

皋橋倦旅，并門羈客，千里各懷幽獨。相逢一笑新豐市，還把墜歡拾起，好夢重續。畫裏溪山歸未得，任悵望、桃花連屋。翦蜜炬，深夜聯吟，慷慨噴龍竹。（延）　原想歡歌盡醉，偏離亂，有泪涔涔雙目。一庭秋色，半牕燈影，兩鬢刁蕭摧緑。況關河阻隔，又是西風動林木。投鞭去，買舟東下，又爲多情，遲回羈驥足。（齡）

西河　和王子文韻

宗社事，跳梁戲弄如此。蓬萊移不到南山，此心不已。雄師百萬擁貔貅，輕輕似折蕭葦。瞻王氣，今已矣。清流都付淮水。與君日日醉床頭，不須灑泪。蓬蒿權當久埋魂，何游不快吾意。（延）　可憐盡在醉夢裏。縱橫誰似槜里。絳蠟書成難寄。舊將軍，那得廉頗起。問百城於今收未。（齡）

壺中天　和玉田夜渡黄河韻

誰拋一綫，把中原界破，横分南北。流到龍門流更濁，不道崑崙曾歷。萬古牢愁，堆填不滿，腸曲何由直。斷槎凝望，茂陵何處歸客。（延）　誰信穆滿重來，八龍巡幸遠，天涯無迹。鼓角聲聲嘶萬騎，岸挾濤頭矗立。月鎖秦關，雲開漢殿，秋静山逾碧。亂雅驚起，五更啼，樹霜白。（齡）

引駕行　和耆卿韻

門黏蟲網。尋常巷陌愔愔暮。記來時、畫橋外，千枝宫荷風舉。愁睹。認翠翣雲軿，隨烟逐雨過南浦。瑶京不見，見浮雲，擁秋樹。若許。（延）　長安倦客，抱璞難逢知遇。柴曲尋香，藍田種玉，盡成辜負。西顧。橋通萬里，曉來歸夢渺何處。算祇有、烟波一舸，逐鴟夷去。（齡）

六州歌頭　和張于湖韻

高城四望，秋色接關平。孤雁過，邊笳起，盡悲聲。夜霜凝，長望鑾輿至，沛恩澤，詢耆舊。殊未料，東來氣，帶兵腥。頓使長安，日落門空閉，豺虎縱横。恨昇平諸將，軍令失嚴明。班馬宵鳴，客心驚。（齡）歎江南北，折楊柳，空摇落，庾蘭成。霜後草，風中絮，任飄零。夢瑶京。傳語張都護，款關好，莫論兵。茶馬使，横搜括，太無情。知否南冠囚客，懸雙泪、望斷龍旌。勸諸君戮力，釃酒恨填膺，大厦將傾。（延）

滿庭芳　和徐君實妻韻

未見勤王，那聞哀詔，老懷無泪堪流。佞臣誰斬，一笑看吴鈎。昔日太宗宏業，龍旂舉、箇箇貔貅。興王地，而今不意，衰草暮雲愁。（齡）　三郎沉醉後，劍門西去，尚念韓休。怎奉天小住，還向梁州。鎬洛衣冠何在，榆關路，重到無由。空贏得，玉冠金軛，一鳳落秦樓。（延）

月下笛　和玉田韻

賃廡梁鴻，平日也在，五雲深處。青旂貰酒，還夢梨花水邊路。飄零景味何曾慣，又況要愁風怯雨。喜驚魂乍定，更闌翦燭，閉門深語。（延）　無緒逢秋暮。正驚散朝班，亂零鵷鷺。無家倦旅。賊中來自辛苦。怕聽天寶當年事，問杜甫今朝似否。便永夜長吟，一任殘星挂樹。（齡）

菩薩蠻　和稼軒韻

紇干山下東流水，盈盈都做相思泪。回首望長安，暮雲千萬山。（延）　簫聲留不住，夢逐楊花去。鄉思渺愁予，休歌雙鷓鴣。（齡）

梅花引　和万俟疋言

笛聲酸，淚難乾，古驛無人門不關。曉車單，曉車單，回首玉京衹愁來日難。（延）　驚看仙掌秋飛雪，行宫閑挂秦時月。夢痕寬，夢痕寬，人在月邊夜深憑畫欄。（齡）

霓裳序中第一　和夢窗韻

南山雲幾疊，日暮長安堆落葉。秋冷愁腸百結，又畫轂碾霜，洞簫吹月。宵寒似雪。嘆沈郎、青字盈篋。重臺迴，碧天如夢，恨與漢皇説。（延）　凄絶。角聲悲咽。柳陰外、殘星明滅。當時南浦賦别，早被冷香篝，囊抛瓊玦。唾壺敲易缺，算抵得、陽關幾闋。東籬畔，幽花無語，冷抱粉黄蝶。（齡）

解躞蹀　用美成韻

又是龍山吹帽，冷逐霜花舞。籬畔無數，黄英笑羈旅。衹我不語垂鞭，暗思往事傷心，比花還苦。（延）　理幽緒。應問南山曾否，陶潛舊時遇。紫萸堪摘，重陽少風雨。縱有歸雁多情，可憐難寫成書，暮江空去。（齡）

半篋秋詞〔一〕

序

嚴偉

《半篋秋詞》者，外舅張子馥先生感逝之作也。方先生居蜀時，與外姑曾季碩夫人同執贄湘潭王湘綺門下。曾夫人有《桐鳳樓詩》刊，湘綺老人爲之序。洎曾歿，先生適客蘇臺，愴懷故劍，情見乎詞，故是篇多感逝之作。偉於勝朝壬寅之歲始入先生甥館，時先生年已五十，猶好倚聲之學。集諸甥袁勵衡、王祖培於大荔衙齋，作《覓春詞》十餘闋。癸卯之春，命偉書春貼，曰：『酷好填詞，可惜花間詞侣少；不能飲酒，偏逢世上酒人多。』不一月，而先生遘疾遽歿於秦。光陰電瞥，年華駒逝，蓋至今歲，匆匆十寒暑矣。偉於前年返江東，既訪先生軼事於惠山之麓，復謁曾夫人墓於胥門之外。念欲稍存先生詞翰於天壤，莫如是編。爰付貞珉，摹印千本，原册則俟諸名山之藏。先生政事行誼多過人，詳偉所述行狀，故不書。時甲寅上巳，儀徵嚴偉。

叙録

辭章一道，好尚各殊，如講學家各分門户。詞有南北，出主入奴。喜疏快者，麗密以爲病；主氣局者，

〔一〕 據民國三年（一九一四）嚴偉影印本整理。

烹鍊以爲嗤；求悦於人難矣。予言不問人論何如，自叩用工甘苦，深造有得，天下非之而不顧。況知者愈少，傳也必遠，焜燿一時希貴哉。

周清真，詩家之李東川也。姜堯章，杜少陵也。吴夢窗，李玉谿也。張玉田，白香山也。詩至唐末，風氣盡矣，詞家起而争之，如文至齊梁，風氣盡矣，古文家起而争之。争之者何也？非謂文至六朝，詩至五代，無文與詩也。豪傑於兹，踵而爲之，不過仍六朝、五代，故變其體格，獨絶千古，此文人狡獪也。詞至白石，疏宕極矣。夢窗輩起，以密麗争之。至夢窗而密麗又盡矣，白雲以疏宕争之。三王之道若循環，皆圖自樹之方，非有優劣。況人之才質限於天，能疏宕者不能密麗，能密麗者不能疏宕。片玉善言羈旅，白雲善言隱逸，終身由之而不知其道者，天也。

辛、劉之雄放，意在變風氣，亦其才衹如此。東坡不耐此苦，隨意爲之，其所自立者多，故不拘拘於詞中求生活。若夢窗舍詞外，莫可豎立，故殫心血爲之，是丹非朱，眼光未大。

詞，詩家之賊，差以毫釐，失之千里。作詩，則詞意詞字不容出入。片玉人稱善融唐詩，稼軒或用楚辭，此亦偶然，長處固不在是。如謂詩佳，何不誦唐詩。非謂詩之道大，詞之道小，體格然也。

文章風氣，如四序遷移，莫知爲而爲，故謂之運。左春右秋，冰蟲之見，生今反古，是冬箑夏爐。烏乎！能安序順天，愚者一得。昌黎起八代之衰，亦運使然。南唐二主、馮延巳之屬，固爲詞家宗主，然是勾萌，枝葉未備。小山、耆卿而春矣，清真、白石而夏矣，夢窗、碧山已秋矣。至白雲，萬寶告成，無可推徙，元故以曲繼之。此天運之終也。

文體一變，鼻祖者不過一二人。充其變之所造，窮其變之所極，又不過數人。《兩都》之後，有《兩京》《三都》。詞著者六七十家，其卓然成立，不過數人，豈易事哉。

詞主譎諫，與詩同流。稼軒《摸魚兒》，酒邊《阮郎歸》，鹿虔扆之『金鎖重門』，謝克家之『依依宮柳』之屬，所謂國風好色而不淫，小雅怨悱而不亂，此固有之。但不必如張皋文膠柱鼓瑟耳。龍川《水調歌頭》云：『堯之都，舜之壤，禹之封。於今應有，一個半個耻和戎。』《念奴嬌》云：『因笑王謝諸人，登高懷遠，也學英雄涕。』世謂此等爲洗金釵鈿盒之塵，不知洗之者在氣骨，非在選字，周、姜綺語，不患大家。若以叫囂粗犷爲正雅，則未之聞。

尚密麗者失於雕鑿。竹山之鷺曰瓊絲，鴛曰繡羽。又『霞鑠簾珠』『雲蒸篆玉』『翠簨翔龍』『金樅躍鳳』之屬，過於澀鍊。若整疋綾羅，剪成寸寸。七寶樓臺，蓋薄之之辭。吳中七子，流弊如此。反是者又復鄙俚，山谷之村野，屯田之脱放，則傷雅矣。作者自酌其才，與何派相近，一篇之中，又不可雜合，不配色。意鍊則辭警闢，自無淺俗之患。若夫興往情來，召吕命律，吐納山川，牢籠百代，又非餖飣所知矣。

詞有定律，不能緬越，宋賢莫不確守成法。祥齡不解音律，然於上去字，未嘗不謹。

摸魚兒　次叔問

餞春歸、婕魂先醉，眉梢偏恨花醒。天涯何處今歸去，寥落不嫌荒迥。銀燭耿。剩半幅、簾旌隔斷圓蟾影。纖霜鬢警。况羅帳香銷，玉釵粉墮，笛語也凄哽。　尊前境，誰解金貂换飲，殊鄉堪笑萍梗。吳宮試問尋巢燕，曾見泛波烟艇。問記省。踏繡地、花前玉立香肩併。鷗閒夢冷。正水暝燈昏，做愁將晚，更續斷腸景。〔一〕

〔一〕　此首詞後，尚有墨筆注：『看半斷、踏繡地，三字逗，作五字誤。鬢夢去聲定格。記此備自改訂，非示人也。』

三株媚　丙　次王夢湘和叔問詞韻

香綿吹滿地。罷銀箏高樓，杜鵑催泪。舊日嬌驄，過緑楊門巷，唤誰重繫。中酒情懷，禁幾許、楚腰纖細。片片哀雲，横竹何人，莫天吹起。　燕子紅襟能記。認闌干憑處，舊留香氣。細嚼寒梅，似那回樓畔，别時滋味。不恨愁多，恨只恨、鉛華銷易。寄語長門休賦，天涯倦矣。〔一〕

夜游宫　丁　坐冷香簃，次夢窗

泥落梁空燕杳，泪雨滴、梨雲夢覺。猶記紅窗鏡妝曉，唤吴篷，奈愁多，載不了。　草緑池塘早，比謝客、詩情還少。鎮日相思向誰道，看春來，又春歸，人暗老。〔二〕

小重山　丙　次白石道人，寄季碩

深樹無鶯葉老時。柳絲飛嫩緑、織簾漪。楚騷心事問蘭知。香巢冷、雙燕背人〔三〕歸。　歡事夢枕非〔四〕。誰憐花落盡、蜨無依。五更殘月亂鴉啼。平生恨、都在小桃枝。

〔一〕此首詞末句原爲『文君怨矣』，後用墨筆改爲『天涯倦矣』，并注怨（倦）字去聲。
〔二〕此首詞後尚有墨筆注：『原作「幾人老」刻誤，詞律謂當人幾老，從之。燕、夢、鏡、奈、向、又，去聲。』
〔三〕此處原作『黄昏後，猶望帶香』，後用墨筆改爲『香巢冷、雙燕背人』。
〔四〕此處原作『邊』，後用墨筆改爲『非』。

珍珠簾　甲

與叔問踏月，過吴趨坊，聞樓上按歌，徘徊良久，與夢窗過貴人家，隔牆聞簫鼓事相類。用其韻，付雙六玉簫度之

緑雲簾裏嬌鶯裊。紅牆隔，脉脉涼蟾知道。銀浪静無聲，恨絳河人杳。怪得劉郎吟秀句，似夢裏、元都曾到。清峭。訪幽坊名姓，定是蘇小。　誰念已鋭吴蠶，愁邊偏惹，柔絲千繞。舞燕柳鶯穿，醉蝶花狂抱。一顆明珠無價比，料擲盡、黄金難笑。音杳。怕踏月重來，青蛾暗老。

江梅引　乙

次白石寄冷香簃主

花前相見幾何時，對花枝，動人思。不意那回，花下是分携。今日花開人不見，繞闌下，低聲問喚，總不知。　陳箋蠹管舊時題。下珠簾，憎燕飛。斜陽縱好，戀衰柳，已是殘暉。夢總無憑，何況夢全非。軟玉年華閒裏過，悔當初。憑闌久，露點衣。

驀溪山　甲

次堯章

皋橋羈客。零落雙釵屐。何處有靈山，問石上仙株誰植。秋風一夕，白髮數莖生，去無迹，似并刀剪斷情千尺。　天涯易見，眼底無從覓。湘竹裂哀雲，泪吹滿、梅花舊笛。此生誤了，休更卜來生，但無從，今但無言，暗裏沉沉憶。

鶯聲繞紅樓　丙

次堯章

不見珠簾燕子飛，等閑裏，拋却芳時。好風本在柳條西，何事又東吹。　沉水爐烟斷，空箱剩有舊

薰衣。纖纖已瘦沈腰肢，重添鬢絲絲。

沁園春　乙　易仲實以湘社集寄示，紫翱喜之，次其韻呈李君，並柬篤庵

銅爵荒凉，一世之雄，今安在哉。笑八千子弟，天亡項藉，三千徒衆，命短顔回。虎阜殘山，鴟夷剩水，草緑姑蘇舊日臺。人間世，只泰山作枕，東海爲杯。　野鷗與客偕來，問杜甫蓬門幾次開。嘆鸞坡選俊，名心久死，雁門罷戍，戰骨猶堆。我早頽然，君真健者，三友寒松竹併梅。高歌罷，望白雲高處，一鶚徘徊。

一落索　次訟齋韻和片玉寄冷香

窗外數峰清苦，盼雲歸去。曉來出岫本無心，便化作、人間雨。　桃葉桃根雙樹，總輸樊素。夜凉獨自倚闌干，者便是、天涯處。

前調　篤庵和前韻，次答之

鶗鴂千山催苦，竟將春去。泪花飛上海棠枝，掛縷縷、絲絲雨。　摇落庾郎枯樹，塵凋紈素。玉階怕見月團圞，願别照、人圓處。

前調　徐鑄庵丈見此詞再索次韻

伴我影兒能苦，不隨人去。一生兩事最銷磨，鏡裏月、燈前雨。　望盡幾層雲樹，亂烟堆素。武陵

只隔一重花，但路遠、無尋處。

前調　再呈訟齋

燕子定知人苦，未秋先去。翠藤幽鎖一壺雲，緊閑着、風和雨。　孤雀欲棲無樹，月波流素。白雲淡處是銀河，想定有、仙居處。

前調　寄冷香

人世早知離苦，鄉關應去。怪來羅帕不曾晴，泪暗滴、紛如雨。　雁斷楚天雲樹〔二〕，怎酬帛素。夢中蝶路不教迷，總會有、相逢處。

前調　本事賦示孟昭

何必人間纏苦，任他去。可憐羅綺滿東園，斷送盡〔三〕、殘風雨。　月滿玉階瓊樹，倍添幽素。鳳箋終日寫相思，欲付與、知何處。

〔二〕　此處原作「雨」，後用墨筆改爲「樹」。
〔三〕　此處原作「去」，後用墨筆改爲「盡」。

訴衷情近　乙　次訟齋寄蜀章

數〔一〕番病損，換了春山鏡裏。蛛絲弱掛疏星，螢燭凉吹薄露。因甚夜池孤倚，脉脉銀蟾，怯向空房去。愁來處。不計關河里數。繡簾朱閣，付與他人住。高樓暮。對花對酒，沉思前往事，是誰躭。短鬢凋玄素。〔二〕

相見懽　丁　矩齋新得麗娃，次韵調之

眼波密約尊前，靨窠圓。錦幄背燈調笑壓香肩。鶯且住，蝶還去，掌中仙。撩亂鬢雲扶起覓釵鈿。

浪淘沙慢　乙　次片玉

感旅思，飄零似度，紫塞霜磧。泪滿吴波漲緑。愁堆楚岫擁碧。更一夕、星華黏鬢白。算只有、明月情多。過小梅依舊照吹笛，釵朵弄顔色。　脉脉。此情此意難釋。嘆苔繡〔三〕院荒無人管，身世如行客。問佩環何處，追歡無迹。寸腸九轉。情萬千、海水難量寬窄。思寄遠賓鴻音斷。蓬山近、片雲又隔。昔游

〔一〕此處原作『幾』，後用墨筆改爲『數』。
〔二〕此首詞末有墨筆注：『幾（數）番對花二句去平去上，里數不可用平仄。』
〔三〕此處原作『庭院苔』，後用墨筆改『苔繡院。』

地、鶯聲換繡陌。未幾日、到了而今，嘆怨極，箏絃已斷難終拍。〔一〕

點絳唇　次片玉

蛩院螢階，舊時都是尋詩地。柳杜條誰寄，江燕空歸里。　休矣今生，未卜來生意。分携際，粉霑羅袂，千點靈均泪。〔二〕

霜葉飛　乙　次片玉

濕螢黏露。簾衣潤，雲鳩啼遍烟表。薄寒生翠點蟬紗，香護鸚籠悄。更幾度、鵶昏燕曉。蓮房低墜宮衣小。喚夢裏姮娥，闌干舊處，桂華新照。　城闕萬户星河，乘槎客去，佩玉仙姝誰到。暗燈蟲網掛釵梁，正滿懷悽抱。嘆寶匣〔三〕、哀絃閉〔四〕了。瑤台難譜清平調。漫登臨、銀屏上，萬疊雲山，比愁還少。〔五〕

〔一〕此首詞末有墨筆注：『此調爲清真又一體，按平仄譜之不知當否。』

〔二〕此首詞末有墨筆注：『舊字去，柳、粉亦應去，上亦可，作平則誤。』

〔三〕此處原作『玉碎』，後用墨筆改爲『寶匣』。

〔四〕此處原作『斷』，後用墨筆改爲『閉』。

〔五〕此首詞末有墨筆注：『起七字，原第四草字非韻，草絶句本誤。佩玉二字，周度日、方未落、吳斷闋、日落闋三字，皆以入作平，玉作迂音便協。華字周方皆作去，兹從夢窗，燕斷閉去聲。』

蘇幕遮　丙　次片玉戲篤庵

錦屏寬，羅帳小。新得嬌〔一〕娃，一顆明珠少。弓履輕柔菱樣峭。正熟朱櫻，鶯嘴留心早。　鏡鸞嬌，釵鳳裊。笑問桃夭，甚日春風到。香護雲簾籤漏杳。睡穩雙鴛，那覺屏山曉。

少年游　丙　次片玉

釵横壓枕散春絲，眉睫弄柔姿。枉費鶯啼，好玉驄〔二〕休惱，花好故開遲。　腰肢似翦初裁就，珠露爛霞枝。爲問前時，隔簾初見，心事可曾知。

南鄉子

蛛網黯鍼樓，塵蠹紈縑淡未收。枉設蕉花人不飲，輕颼，绛蠟初燃泪自流。　水逝也，往事上心頭，獨有光陰去便休。只隔天涯雲一片，開眸，錯把懽期做了愁。

殘雨酒微醒，暗數雲軿别後程。自此唐宫無七夕，閑聽，敗井闌邊有哭聲。　仙迹總難憑，立盡銀籤枉費。冷淡星河今夜會，秋亭，落盡幽花懶送迎。

愁似絮輕飄，破砌寒蛩共闃寥。不管銀濤幽咽水，良宵，甚處朱樓案曲高。　虚瘦沈郎腰，泪墨重

〔一〕此處原作『名』，後用墨筆改爲『嬌』。
〔二〕此處原文『玉驄』字旁墨筆書『酒邊』。

題費彩毫。欲覓麻姑音信查，來朝，獨去潯陽候早潮。

虞美人 丁 次片玉

雲階月地尋思徧，不見桃花面。何須明月叩窗門，願換滿庭風雨掩燈昏。　　鴛衾凉夜思裝絮，獨自空幃語。去如流水斷如雲，不念襤衫衰帽立花人。

點絳脣 次清真

城堞籠烟，淡霞拖水帆輕舉。幾灣菱浦，便出横塘路。　　月護花香，不便風吹去。人驚顧，練空飛素，那識仙游處。

虞美人

分明枕上關山路，一霎無尋處。檯林凉月滿前溪，露點雲鬟相賞四更時。　　林塘空憶家山好，續醉沙頭倒。春蠶因甚吐絲忙，怕睹妝臺詩卷斷無腸。

更漏子

問名鶯，相識遍，樓在小橋西院。花對笑，槳斜飛，好風船載歸。　　曲中心，絃上意，相對問春何事。銀燭短，玉釵凉，相思愁路長。

鳳窠柔，鵶髻小，輕似燕身飛到。朝舞倦，曉妝晴，拂床琴有聲。　　漢宮稀，秦殿少，除却玉奴誰好。

驚去早，怨來遲，六街人静時。

玉箏停，銀漢遠，窗眼茜紗休捲。須續醉，莫辭慵，滿懷花氣濃。酒杯深，羅袖重，拼把泪珠抛送。雙鳳沓，兩蛾愁，夢魂長繞樓。

鬲溪梅令　丙　次白石，寄季碩

問花曾見摘花人，泪粼粼。幾日西園深閉换清陰。夢中無路尋。　半簾殘絮一絲雲，向誰陳。最憶瑶階逢處、月盈盈。此生辜負春。

浣溪沙　丁　和况夔笙

香織簾衣寸寸斜，玉簫吹徹那人家，未春怕見隔牆花。　故國已看成去水，暮山猶自戀殘霞，拼將煩惱做生涯。

青玉案　丙　次吕老韻，偕仲容放舟作

勸君莫惜金，花前醉，銷萬事。伊還是。帶眼頻移，腰漸細。閑情閑事，古來多少，都付東流水。擣愁萬斛匀眉際，休更灑，憑高泪。昨夜西風成愁計。青陰片片，忍將吹盡，何况春前蕊。

浣溪沙　丙　石帚韻

樓外分携未幾時，玉階兩見小梅枝，何曾閑過一些兒。　燭短偏逢凉露剪，花殘還被惡風吹，此情〔一〕未到不曾知。

浣溪沙　丁

絳蠟成灰泪不垂，光陰偏是世間遲，西樓月墜有人歸。　枉負多情成病繭，愛思閑事損靈犀，拼將憔悴度芳時。

江城子　丙　次東坡，壬辰十月初三

隔花燈颭影微茫，思難量，怎能忘。庭院繁華，都换了荒凉。未到中年誰願肯，將緑鬢、變新霜。　到今應悔戀殊鄉。望晴窗，舊時妝。紈臺蠹飄零，依黯不成行。華屋山丘無限恨，空灑泪，眺連岡。

湘春夜月　丙　次瘦碧韻

數荒更，那堪殘酒燈昏。又是葉落江楓，霜信到吴門。只爲少年羈旅，把舊愁新恨，誤了光陰。自彩鸞去後，吟箋賦筆，都换啼痕。　文君久别，相如卧病，心比孤雲。柳葉樓頭，猶剩有、舊時雛燕，重認紅

〔一〕此處原作『景』，後用墨筆改爲『情』。

襟。禽填恨海，縱海枯、難補辛勤。怕此後，飄零更甚，花殘月缺，還念而今。

沁園春　用劉潛夫韵呈篤庵，壬辰十一月廿六作，將至惠山，馳寄之

爾汝英雄，君隱屠刀，我居釣臺。嘆伍員憤懑，乘鮮破國，屈原忠諫，呼鴆爲媒。項羽重瞳，高皇隆準，羹笑而翁分一杯。披衣起，嘆地無異竇，世乏奇才。　爲君失箸聞雷，如意事、人生能幾回。慨凡金鑄劍，吴王痛哭，盤車駕駿，燕市誰來。釃酒臨江，賦詩横槊，曹阿瞞、今安在哉。衝風雪，且登臨嘯傲，莫慢興哀。

瑞鶴仙　甲　壬辰十二月五日，携仲容惠山，次陸子逸韻

翠波釵溜枕，浴罷時，衣裳重對鏡整。弓灣印苔冷，正泉温，暖玉雪疏吹粉。樓高日永，望蕪城、烟沉萬井。與山花早約，重來客裏，莫教吹盡。　尋省鷗邊幽夢，蝶外香魂，那回情景。紅牆隔迥，仙路遠，更難準。試吹簫，低唱清詞數曲，縱到黄昏莫問。問何時醉擁，螺髻緑窗睡穩。

念奴嬌　甲　用東坡韻，題裴伯謙藏韓幹十六馬圖

目無凡馬，乍開卷驚見，唐家神物。萬里長風提劍匣，呼起龍吟古壁。伯樂無存，燕昭已去，血汗毛炁雪。傷心先帝，苦求開國英傑。　因甚韜晦千年，何人能畫，骨毫端風發。杜甫東坡靈氣盡，名字人間磨滅。拂絹生芒，寒沙滚滚，懔然毛髮。投鞭長嘆，一窗横插梅月。

蝶戀花

甲　仲容年十二，隨姊孟昭媵予，女君授以藝文。壬辰十二月五日，憑惠山雲起樓，誦白石詞數闋，有出塵之慨。嗟其弱質，而好棲遁，用永叔韻，付以永之

雙六年華才幾許。隨我烟波，看盡山無數。幾度吴篷携手處。銀屏夢熟梁溪路。　玉指憑闌懷日暮。倚袖叮嚀，約買青山住。葉底翠禽能解語。雙雙飛入花叢去。

花犯

甲　清真韻，與仲容，兼寄孟昭

倦相如，年來作客，聽歌總無味。玉釵蟬綴。還算是文君，偏自姝麗。寶蟾照雪銀箏倚，燈花頻送〔一〕喜。囑鳳帳，獸香休爇，春多辭翠被。　閑抛剪刀怨東風，朝來對玉鏡，花憔人悴。蝴蝶舞，珠簾掩，香綿飄墜。佳期誤，恨成小別，空曠望、疏烟殘照裏。嘆負了、小園池上，梅枝横卧水。

解連環

乙　用玉田韵，留别壯陶閣。戊子二月，與叔由别，亦用此韻兼寄之

恨逢君晚。嘆聽歌幾度，又驚離散。亂暝色、樹影沉沉，望人阻謝橋，隔籬燈遠。見又無言，只剪燭、催千行泪點。正烟波旅宿，空江舞蝶，暗窺窗眼。　光陰水流苒苒。算追歡俊侣，總成哀怨。念此夜、明是燈前，問潮尾飄紅，甚時流轉。莫弄梅花，怕笛裏、渭城重見。把相思、分付蕉心，雪中替捲。

〔一〕此處原作『争報』，後用墨筆改爲『頻送』。

清平樂　乙　阻冰惠山，十五日乃與仲容返棹，辰從金匱，曉到閶門，用後主韻賦之

温柔鴛夢匆匆了，總恨歡時少。計程遠近但聽風，一霎畫橈、衝過萬烟中。　花前幾度叮嚀在，怎奈歸期改。做成江水也應愁，昨夜送君東去、又西流。

闗河令　甲　用清真韻寄季碩

梅枝封雪更夕照，萬般清冷。没了銀蟾，庭空無鶴影。　千門深巷晝静，起一簇、炊烟孤映。夢早催醒，重聽霜柝永。

清平樂　乙　用後主韻寄碩甫

小梅開半，片玉春敲斷。萬斛客愁和雪亂，泪盡海枯難滿。　箇人消息無憑，枕邊尋夢初成。離緒幾人能剪，縱教剪令重生。

卜算子　丙　阻雪梁溪寄孟昭

買卜問歸人，總説期難定。殘月無憀到瑣窗，畫出相思影。　春信阻梅梢，欲寄憑誰省。雪鎖溪橋斷艣聲，落照千家冷。

踏莎行　丙　阻雪二泉，用淮海韻寄孟昭

桃葉牽衣，桃根載渡。吴船兩槳分携處。玉釵歸夢卜燈花，幾回望斷高樓暮。月照流黄，人工織素。尺書縱短情無數。安排鳳枕待歸家，不須夢入梁溪去。

定風波　丙　用兖公韻贈錫山船娃

水閣珠燈隔茜紗，捲簾人面爛朝霞。後約叮嚀情不盡，難忍，拼將寂寞度年華。幾曲秦筝歌與亂，腸斷，怎言人好不如花。試把歸期燈下問，無信，怕人曲罷説還家。

臨江仙　乙　用淮海韻，雲起樓偕魏頌作

前度湖西折楊柳，何堪此地重經。二泉依舊在山清。人聞夸並玉，天上妒雙星。此日江頭誰送客，琵琶傳語清泠。聲聲都是斷腸情。王孫歸不得，芳草接天青。

金鳳鈎　用補之韻，贈素濤　甲

冰翦羽，雪深處。倚翠袖，記曾聽雨。夢寬春窄，惹人離恨，花落啼鵑〔一〕聲住。前游曾認清明路。鳳襪小，亂紅隨步。五更相送，任人沾露，無語挑燈歸去。

〔一〕　此四字原作『誰勸流鶯』，後用墨筆改爲『花落啼鵑』。

蝶戀花　甲　用延巳韻。丁亥春仲偕季碩送客梁溪，今六年矣

畫舸排停隄上樹。楊葉眉嬌，密護春千縷。獨抱秦箏移雁柱。眼波暗逐黄衫去。　水面紅鱗吹柳絮。龍吻濺濺，玉碎飛香雨。隔坐避人絃解語。關心只有春知處。

弄月溪唇時未久。不見人來，只見花依舊。小病懨懨非中酒。玉顔甚比梅花瘦。　前度歌橈曾繫柳。因甚湖邊，心事新來有。日暮捲簾招翠袖。憑闌立盡黄昏後。

那日扁舟曾共去。惆悵而今，空對荒江暮。有夢不尋隄畔路。傷心忍見花開樹。　獨自沉吟還獨語。如此相思，消息人知否。一别渾如風裏絮。屏山即是天涯處。

霜葉飛　甲　用清真韻題虔共室，憶梁溪舊游

梁溪路。掛瞑色，雪暗山無樹。荒城緊送斜陽遮，斷寒鴉歸處。秋娘巷陌，携手送，呼燈向烟浦。任雙鴛、踏破冰尖，五更船尾催去。　匆匆自理香衾，尋歡夢、前宵檻邊重聚。我本多情，年來消磨，怕殘歌剩舞。從今對、薰籠玉枕，總含悲向夜語。更誰知、柳外霜娥，也成淒獨無侣。

踏莎行　乙　元夕次毛東堂韻

翠袖招春，錦衣行書，銷魂總在人稀後。春心急欲到眉梢，玉綿偏裹將蘇柳。　鴉髻偏梳，鳳頭新繡，家家綺閣閒金斗。昨宵沉醉未醒來，殷勤又勸屠蘇酒。

玉梅令 乙

壬辰十二月十九日，紫翺招聚定慧寺蘇文忠祠爲公壽。美李君勤而多暇，用堯章壽石湖韻，歌以賽神

仙霞片片，擁翠長洲苑。開尊覓、傍家池館。任蜀山萬點。蜀水更千重，靈旗一霎，那知近遠。公真達者，長生休勸。嘉賓喜，主人更健。把具區換酒，北斗作金卮，狂酹水，付江流轉。

月下笛 甲

用片玉韻，和汨薦季碩

雪弄山容，湖光飛翠，蕩摇空碧。離懷阻抑。隔浦何人横笛。倚危樓，低問歸鴻，可曾伴侣逢舊識。嘆塵箋蠹管，飄零都盡，恨填膺臆。因思往事，記小角紅闌，玉葱曾拍。長楸走馬，那念青衫羈客。把從前、粉痕酒痕，暗和蜜炬成泪滴。枉啼鵑，唤遍春歸，萬里無信息。

調笑令 乙

次毛東堂韻

冰斷。冷妃瑟。月到窗櫳如舊日。剛逢酒醒愁來逼，垂簾長背燈兒立。莫放翠蛾輕入。

水調歌頭 乙

壽蘇次日，瘦碧用東坡韻見示，和之

天上問明月，一笑幾春秋。休提元祐間事，仙去不知愁。老子數行清泪，留得千年佳話，荔橘祀眉州。何以奉卮酒，烟水弄蘋洲。賢使君，招野客，解貂裘。古今作者，公後曾有幾人留。何昔日之芳草，今直爲此蕭艾，吾欲反離憂。醉倒要離冢，莫上讀書樓。

少年游　甲　次少游韻，贈田郎官太湖

山中虎迹，湖邊驢背，牛鼎猶能扛舉。重瞳本不是英雄，枉負了鴻門亞父。　兵書一卷，弓衣三尺，分付潮頭風雨。凌烟姓字聽銷磨，把事業换與漁樵挽與。

蝶戀花　甲　次延巳韻

泪裹被頭窗不曙。已盡蠶絲，寸寸抽春緒。咫尺遂迷三里霧。彩鴛已斷無書去。　針上猶存金綫縷。深閉房櫳，再見真無路。仔細思量花下語。等閑做了銷磨處。

雨點瀟瀟和泪墜。不肯饒人，假我些時睡。已到殘陽猶未起。光陰不惜如流水。　攬夜燈前鴛絡緯。忒小杯兒，那解愁腸閉。雨打風吹平白地。教人怎替花憔悴。

絃索正高成別宴。泪粉飄零，有日還能見。只要桃花逢一面。蓬山不恨千重遠。　枉説從前恩與怨。剩了殘香，添印還辭懶。試問愁期何日滿。西風片片吹衣斷。

采桑子　甲

未春先問花消息，不見鴻飛，試倚苔枝，貼體輕寒繡襪知。　簾鈎一面金環閉，望斷人歸，休計愁期，過盡韶光莫了時。

暗塵羅額抛鴛枕，泪裹紅綿，心事眉邊，無限關山鎮日懸。　百年容易尊中過，怕到春天，流水樓前，應見芳汀去日船。

繡圈脂滑葱尖冷，又見春歸，雪霽烟扉，暖了南枝冷北枝。閑來數遍堤邊柳，有泪誰知，休惜風吹，蜀魂千山不住啼。

闌邊一等春風到，先笑桃開，鳳蠟心厭，那有工夫再畫眉。樺烟分處箏船過，歌扇低徊，相見初回，正捲風簾看落梅。

梅枝自是貪梅子，莫罵東風，斟酌橋東，剩有殘陽一霎紅。長留半枕棲雲鬢，覓夢都慵，到了晨鐘，不見荊臺鳳枕中。

從今莫上歌樓去，妃瑟丁丁，誤了今生，費盡思量畫不成。柳縚間結千條恨，搭上銀屏，不似人情，猶勸流鶯三兩聲。

紅紗燈影還依舊，燕落空樓〔一〕，墨泪難收，半斷簾旌半斷鈎。黃昏更灑無憀雨，做盡閑愁，蠟泪空流，誰寄詩牌到象州。

和雲和雨三竿竹，風色悽悽，鄂被孤棲，霜落空江無雁啼。粉檀玉筋縈千縷，欲醒還迷，燈穗垂垂，鳳帳烟飄落未知。

一重繭紙情難裹，禁得千重，暗雨朦朧，池面纖鱗戲落紅。方亭久杳雙鴛迹，辜了春風，月掛孤桐，失却芳期夜半鐘。

釵頭彩燕籠雙鬢，自惜年芳，特地荒涼，斷盡蘇州旅客腸。不因紈扇驚人句，本自無雙，没處商量，獨向沙頭醉夕陽。

〔一〕『樓』上原衍『床』字。

清平樂　甲　次小山韻

留春且住，莫向天涯去。舊日南湖堤上路，都是玉驄嘶處。西園緑漲梅青，黄鶯獨自關情。錦雁久無消息，空持書信無憑。

君恩已盡，枉説潮頭信。輕送年華凋緑鬢，不願司勳夢醒。斜陽泪滿高樓，誰家曲弄伊州。一自燕兒無主，夜闌閑了簾鈎。

平蕪望處，不見征橈去。柳眼花鬚寒食路，引起韋郎離緒。自從陌上花開，香車幾度曾來。休問如今心事，小園開過紅梅。

緑蛾輕皺，總在黄昏後。拾得落花盈翠袖，記取他年人舊。東風不放梢頭，柳綿細裏春愁。燈火千家舞席，管絃十里歌樓。

滿池謝草，悔不飄零早。紫陌花鈿猶未埽，幾日燕慵鶯老。錦壺畫箭宵長，殷勤玉手擎觴。不是忙修花譜，等閑睡過斜陽。

玲瓏心事，都似冰敲碎。玉筋千條思往事，不是流波能寄。古簾横卧秋桐，荒階暗雨朦朧。試劈桃穠無力，心兒原在仁中。

箇人那去，不惜輕如絮。委曲雲鬟愁裏住，今日自尋安處。銷磨漏盡燈昏，古苔深鎖千門。夜夜虛他半被，恐妨月夜歸魂。

關山夢醒，枕上風濤定。香印成灰燈滅影。細聽南譙更静。那回水驛初征，千帆難記鷗程。不自素絃彈折，從今休聽筝聲。

春光又到梅邊，桃符彩勝年年。那知啼鵑喚遍，不見春旗轉。細檢匣中花幾片，代寫風人哀怨。畫樓人苦，江頭猶望歸船。

鷓鴣天 甲 次小山。壬辰除日

玉手纖承琥珀鐘。幽窗蠟炬更嬌紅。柳移彩舫深深路，花引朱絃款款風。　愁裏見，病中逢。香腮還與舊時同。韶華正是春時候，斷送歌殘酒罷中。

欲下高樓月已殘。殷勤款語倚闌干。如何別候梅初吐，開過荼醾尚未還。　雖易懶，總長間。幾回花下惜紅顏。金籠薰罷餘香散，依舊雲綃夜夜寒。

失却清明陌上游。野花無奈送行舟。滿湖萍葉隨郎櫂，半架藤花傍妾樓。　情萬種，泪雙流。兩蛾禁得幾多愁。春來已覺腸堪斷，况復班姬易感秋。

消受蘭情怎忍歸。衫兒鎮日泪淋漓。唐宮縱有三千寵，那抵當年舞[一]一回。　嬌弄帶，別牽衣。分携長記謝橋西。湘妃另有無窮恨，浪蕊浮花那得知。

花下偷吹碧玉簫。問名應合字嬌嬈。老夫無故多煩惱，借汝歌喉次第消。　花寂寂，漏迢迢。銷磨帶眼沈郎腰。分明記得當時路，醉誤清溪第幾橋。

薄暮輕寒酒力微。孤花殘露蟪蛄啼。雕籠莫向鸚哥説，教得歌成耴次飛。　辜密約，誤良時。牽牛開過不曾歸。桑田幾次栽黄竹，流水何曾有了期。

[一]『舞』上原衍『筵』字。

寒食依依細雨飛。七年不聽蜀鵑啼。粘花繫月因何事，誤了生平却恨誰。朝露薄，夕陽微。河橋側帽柳吹衣。相思自理懨懨病，携得藤籠采藥歸。

千朵嬌扶豆蔻春。真珠采得贈何人。可憐一枕蕉花雨，化作千絲柳葉雲。剛半睡，帶微醺。歌橈酒點石榴裙。衆中一等誇年少，眼角橫波總屬君。

東風第一枝　乙　次玉屏　葉恭　□樊榭韻

燕□金盤，雞絲繡户，曲闌風颭燈影。獸香飄麝簾深，鳳蠟溜珠漏永。鄰娃俊侶，費一夕、商量不定游興。笑舊家、桃葉桃根，艷質問誰能並。　懷杏朵、舊盟誤證。憑柳眼、探春未乍省。弄箏銀甲猶寒，埽雪畫簷未净。雲鬟甚處，枉負了、龍梳鸞鏡。倩翠袖爲换深杯，醉裏倍饒佳景。〔一〕

東風第一枝　乙　再用前韻寄玉屏主人

菜甲春蘇，松腰雪嫩，隔城帆送山影。燕憐珠閣歌長，柳愛畫橋晝永。銀花鐵鎖，準一月、游酣燈興。算踏青、伴侶都非，鬥草更無人並。　好夢斷、袖邊錯證。間醉醒、帳中漫省。遠尋芳緒難憑，欲埽舊愁未净。穠妝桃李，怎得似、池梅窺鏡。問甚時、料理歸艎，再賞故園風景。

〔一〕　此詞末有墨筆注：『颭、溜、漏、費、問、杏、舊、誤、探、乍、晝、未、倩、倍十四字，均作去聲，梅溪三首，竹屋二首，鋭巖一首，皆同。』

渡江雲 甲 用玉田韻寄龔靄仁

瓊消梅浪發，懷人正在，江國試燈初。少年拈彩筆，誤了青衫，悔不弄春鋤。江山自主，又何須、强占明湖。憑寄問、仙源門巷，添種幾桃株。　嗟余。偏巾破帽，久客殊鄉，笑留連甚處。枉負却、鶯催春老，雁吊秋孤。海潮不阻雙魚信，佘故人、懶報閒書。人自遠，相思酌酒能無。

瑞鶴仙 甲 次片玉

漏微陽半郭。收夕暝，做弄輕寒漠漠。燈前怨花落，忍和烟，和雨拋殘籬角。春嬌柳弱，似向人、尋問舊約。嘆陰晴未準，芳侶踏青，漫費斟酌。　幾度桃花不見，一面簾垂，暗塵生閣。銀蟾覷幙，嫦娥悔，誤靈藥。自分携，好夢難逢單枕，晨鐘偏送夢惡。莫金尊謝却，還算〔一〕醉鄉最樂。〔二〕

繞佛閣 甲 次片玉

試燈夜近。梅弄小萼，香散吴館。寒沁花短。鳳釵時引，蘭薰度羅幔。素期漸滿。珠泪夢冷，樓外人遠。芳意悽婉。繡鞍酒醒，垂鞭繞隄岸。　畫閣憶如昨，乍剪愁絲勞理線。猶念去年，桃花逢半面。奈

〔一〕此字原作『最』，後用墨筆改爲『算』。
〔二〕此詞末有墨筆注：『問、舊、覷、送、夢、醉、最七字去聲。柳字可去可上。却字非韻，偶用之。』

白露光陰，流似催箭。水楊羞見。嘆伴侶殊鄉，霜鬢蓬亂。寫鑾箋，既封重展。〔一〕

壽樓春　乙　次梅溪寄冷香

尋房櫳芬芳。正晴烘寶鏡，春弄瓊窗。已是蔫紅病葉，怎禁驕陽。空把泪，搜枯腸。悔那時、楊花輕狂。嘆剩粉啼珠，殘釵斷碧，虚自設梳妝。　歡期短，愁程長。但輕凋緑鬢，偷换紅腔。枉説江淹恨老，奉倩神傷。嗟客舍，悲殊鄉。算佳期、難遇韋〔二〕郎。怕啼鴂清明，堤邊柳黄飛絮香。〔三〕

浣花溪　乙　次少谷，寄胥門舟中

坐對閑花晚日趖，百年無計奈愁何。錯將心事蹙雙蛾。　報答好春惟有泪，抛殘良夜厭聞歌。芭蕉微雨兩三窠。

南鄉子　乙　次歐陽炯

嫩柳摇烟。繡簾又到好春天。翠刷蛾彎蟬鬢緑，如新浴。鎮日相看猶未足。

〔一〕此詞末有墨筆注：「四聲均依舊譜，古今傳句多滑溜調，如杏花疏影、人比黄花之屬，澀體無稱誦者，知音誠難也。」

〔二〕此字原作「盧」，後墨筆改爲「韋」。

〔三〕此詞末有墨筆注：「詞律「今無腸」，六十一家作「今無裳」，題尋春服感賦以「裳」字爲長。」

喚酒蘭橈。青墩十里曲通橋。樓上弄箏雙髻女，頻顧。願築香巢和燕住。

法駕導引　甲

陳與義和赤誠韓夫人作，非人世語，廣爲三闋，寄仙府

扇翦輕綃。踏青芳侶早相邀。采得真珠和露滴，陳瑶席。正是三朝無事日。

柳葉樓中。玉闌三面繞簾紅。歌力漸微人醉後，燈如豆。箇裏光陰冰過手。

巷陌人家。高鬟圍插小絨花。那日樓前乘馬去，過前浦。泪粉隨鞭低自語。

熨貼波平。斜飛畫槳六窗明。江上誰家雙燕尾，沉水。啄破流紅翻又起。

藍橋路，藍橋路，貝闕玉晨君。玉鼎才添檀一炷，琪花萬樹已生雲。光景四時新。

雲芝扇，雲芝扇，池上玉蓮揺。香露花飛珠萬顆，並無一點着冰綃。銀漢路何迢。

桃花樹，桃花樹，開落幾春秋。不識靈旗何處去，至今遼海勝仙舟。古洞絳雲流。

好事近　甲

知稼翁以讒罷歸，賦此調，有故園桃李爲誰開誰落，蓋指家中二侍兒也。予客江南，逍遥雲水，無翁泉幕之苦。和其韻，命仲姬度之

梅柳隔年歸，不用魚牋重約。袖底自携仙種，任人間花落。　桃根桃葉一雙人，纖手引春酌。付與玉簫金管，莫一朝閑却。

抛球樂　乙　次馮延巳

元夕無燈夜易闌，千街寂歷獨盤桓。柳依邃館清清地，花向朱門故故寒。不用聽歌去，自有雲英解弄懽。

彩燕釵頭做嫩晴，膩鬟蘭麝帶香輕。風光勒住花心放，春事偷從鶯嘴聽。自不思鄉里，杜宇聲聲枉費情。小景盤梅列繡庭，春分花事早關情。杏梢嬌臉初勻就，楊葉香眉欲剪成。一餉尋芳緒，歌囀鶯兒學尚生。花掩西蘭曲曲紅，畫屏金額隱簾櫳。秋千柱掛千絲雨，勝子幡招半翦風。没處尋春在，偷入緗桃細核中。整頓吟箋燭未殘，酥花芋葉倦盤桓。總留佳句春來賦，偏到芳辰興已闌。檢點羅衣薄，過了燈期晚更寒。自鎖雙眉蹙遠山，何曾花鳥解相干。非關薄倖緣先短，不爲清歌酒易寒。且莫思閒事，枉爲傷春損玉顔。

思遠人　次小山，寄仲由

貪愛殊方無意去，杜宇枉催客。藍橋夢斷，朱門春鎖，相見甚時得。　泪珠日費花前滴。粉壁剩詩墨。嘆手種碧桃，爲伊憔悴，消損舊顔色。〔一〕

玉樓春　甲

殘衾酒醒高樓暮，冷淡斜陽閒閉户。只饒苦味似桃仁，無復穠情裁柳絮。　從來宿粉棲香處，烟冷風悽無夢去。分明人自不歸來，怎怪藍橋堤上路。

花開次第〔二〕香成陣，陌上尋芳期又近。難邀鴛夢枕中逢，試返鵑魂香裏問。　才多薄命今方信，寄語江郎休賦。不辭玉盞十分斟，昨天花開今日盡。

〔一〕　此詞末注：「枉、夢、剩、舊四字去。」

〔二〕　「次第」原作「陌上」，後用墨筆改。

繁華已倦尋幽静，静裏啼鵑偏攪聽。陰晴天氣釀成愁，薄劣春酲還易醒。塵殘蠹管間妝鏡，缺月窺簾驚半影。商量百計奈伊何，倚遍危欄心莫定。

萍漪小鳥窺池鏡，碧玉當窗問刷鬢。春鴻那解寄人書，靈鵲空言傳好信。抛問彩局新年盡，又向百花生日問。每思秀句賦春華，到了拈毫還寫恨。

千方無遣相思計，接遍天涯芳草地。憑君解説不心甘，坐對殘英無限意。風光歷歷思前事，怎勸花前休捨醉。任他紅藥弄嬌嬈，供得一春多少醉。

故衣已破誰能綻，繡被餘薰香漸散。拼填恨海作冤禽，不寄尺書勞錦雁。醉扶紅袖辭金醆，消受温存今怎慣。節名因甚取春分，春到分時誰不恨。

步虚詞　甲　次季碩韻〔一〕

沙草依依淺渚，水楊曲曲高樓。月圓人共愛中秋，辜了中春時候。愁裏已憐杜牧，夢邊又見蘭枝。鳳衾竟夕苦相思，推與明朝無計。

臨江仙　五十八字　乙　次小山。季碩喜誦粤歌『但見風吹花落地，不見風吹花上枝』之句。每憶及此，重爲悽惻，仿其意賦之

東閣燈寒香冷，西園酒散人稀。爲言何遜漫裁詩。上元今已過，休負采蘭時。錦軸泪書空勞寄，

〔一〕此詞末注：『前二平一仄，後又换韻，此夢窗體。』

繡衾幽夢誰知。杜鵑何用勸人歸。水難回別浦，花不上枯枝。　舞困柳眉嬌影，數尺珍叢春夢，一場彩局芳情。相思和雁〔一〕計行程。料量雲外路，牢落水邊亭。　歌殘鶯舌新聲。香牋小字舊芳名。風烟沉古渡，鐘鼓掩重城。　小閣拋間夜剪，夾竟夜金缸獨照，終朝玉筋雙垂。梨雲一枕懶梳時。酴醾連院落，蝴蝶上階飛。　羅裁罷春衣。些兒間候便尋思。無風花自舞，斜日燕空歸。

生查子　次小山，寄仲由海上示仲藍

紅樓夾道旁，認熟黃衫馬。翠幄各留人，間却千燈夜。　寶髻擁花梁，偷試花開謝。明月有誰看，背落寒潮下。

繡幕慣温存，乍別荒江浦。明日海濤頭，新月知人苦。　攜手倚梯闌，欲下還留語。心事萬千重，説得三分否。

拋却自家心，占了他人住。江岸寂無人，燈火摇烟浦。　枕泪濕雲鬟，醞造絲絲雨。耳畔尚嬌啼，乍換殊方語。

蝶戀花　乙　次小山

寶炬燒殘三五盡。紫蝶黃蜂，陌上花飛陣。薄醉香醪隨意困，柳眠似解人眠恨。　斷雨殘雲休更

〔一〕此字原作『斗』，後用墨筆改爲『雁』。

問。燕子殷勤，繡閣傳芳信。綠子釵梁斜半寸，紅泥小院衣香近。草眼衡皋青易遍。狂醉沙頭，坐續芳茵宴。縠浪筝船開六扇，春衣瑟瑟裁新練。整日簾櫳間一面。憑暖闌干，泪粉誰人見。香印懶添烟自轉，成灰難解相思怨。

又 甲 非一時作，原集彙歸一調，故致重沓

柳熱拋綿花事晚。春透眉尖，偏弄蛾彎淺。數尺屏山天樣遠，珠簾嬌月團團滿。一炷沈檀風翦斷。暗卜燈釵，怪得花開短。剩枕間衾詩夢亂，池塘秀句秋雲换。

酒戲詩鬮猶半記。倦睫慵鶯，忘却春歸易。隔院梨花和雨睡，酴醿更結空亭翠。學繡鴛鴦教寫字。舊日鶯花，解得當時意。細算多情真失計，天涯灑遍傷心泪。

節物驚心人又去。一半春休，都在鶯啼處。暫住春旗春已許，褪紅斷送無情雨。柳足三眠垂縷縷。水驛烟村，更惹愁千緒。商略歸期靈鵲誤，玉綿遮斷長亭路。

又 甲

一簇人烟花幾樹。翠渚紅灣，宛似仙源路。錦字迴紋勞玉杼，織成欲寄知何處。孔雀尾飄金綫縷。賦買千金，難寫長門苦。已蜕吴蠶重理緒，韶華一去如朝露。

又 甲

曲屋矮窗曾小住。燈炷親移，稀罕平生遇。紅索秋千庭院暮，鮫綃暗寄無人去。冷落青溪橋畔

路。雨怯雲嬌，瘦約纖腰素。若過前時桃葉渡，爲予尋覓銷魂處。

又　甲

一段紅闌西去路。獨自行來，不見當時遇。夢裏相逢仍舊處，泪珠閣定方驚誤。　勻掠心慵衣更素。欲畫雲英，模樣渾無據。墨泪拋殘如墜緒，枉將雄筆題楹柱。

減字木蘭花　甲　次小山

高樓罷送，燈火分明人做夢。不見伊家，但剩釵頭贈別花。　明知易〔一〕過，到了歌前誰看破。姓字俱忘，長記門前對夕陽。

菩薩蠻　乙　次小山

春光斷送黃鶯語，天斜飛絮風頭舞。記得小橋西，錦韉銜粉泥。　愁多人易老，幾見花長好。莫浣別時衣，可憐紅泪稀。

珠喉休唱長干曲，楊花飛盡萍花緑。玉手弄湘絃，暗將芳信傳。　聲聲歌轉慢，幾次調斜雁。人去落燈時，畫樓簾箔垂。

乘鸞歌扇生綃白，張燈翠幄花留客。疑是夢中逢，細看窠錦中。　尺鱗休寄信，聽説歸期近。額髮

〔一〕『明知易』三字原作『韶光電』，後用墨筆改。

未分時，弄嬌頭慣低。

阮郎歸　甲　次小山

柳眉彎鬥兩頭纖，慵梳却粉匳。春愁春病一時兼，香殘不耐添。　情歷歷，夢厭厭，斜陽界畫簾。昨宵圓缺卜銀蟾，擡頭鵲噪檐。

又　題人書札　甲

自知恩愛不如初，多情總説如。欲邀憐寵訴音書，翻抬情義疏。　金斗重，玉屏孤，眉攢待熨舒。寫恩寫怨總成虛，何如一字無。

又　甲

暗將殘鬢换吴霜，春饒柳正長。一番風色送斜陽，人兒在甚鄉〔一〕。　蘭幕翠，杏衫黄，多情老更狂。斟來白醴玉舟凉，高歌灌熱腸。

浣溪沙　次小山　乙

記得園花次第開，玉奴着意小盆梅，闌邊撲蝶憶前回。　漫把牢愁消酒恨，枉將清淚費詩才。半衾

〔一〕『鄉』字原作『處』，後用墨筆改。

長待夢魂來。

又 甲

芳草萋萋緑到城，自携雙槳渡頭迎，翠烟紅袖倚樓明。戲拍香篝教笛譜，橫欹錦被數花名。如雲如夢此時情。

又 丙

未解眉峰學遠山，嬌籠小袖怯春寒，燒燈打馬那能閒。方向曲闌尋蜨去，又從芳徑采花還。對人無奈聽歌殘。

又 乙

褪盡繁紅緑掩門，帕羅香歇舊啼痕，錦囊緘字寄天孫。試鬥詩牌争勝負，静修酒德度朝昏。夜來風雨泣花魂。

又 丙

被裹狂醒夢不醒，午雞猶當昨宵聽，丁香間結雨中青。南月約花來曲屋，東風催柳上離亭。舞衣歌扇没心情。

又 丙

楚柳吴梅一雨收，褪紅剗地更誰留，瑶窗漲緑似窮秋。　不見舞花争狹徑，乍聞賓雁過殘樓。翠箋題句寫新愁。

牆角孤花影自危，早風偏向别枝吹，午晴蝴蝶做團飛。　鵲語誤占辜好事，蛛絲閑掛惱心期。鎖鸞深院落燈時。

六代江山彩筆收，酒名狂欲動千秋，壯游心事付閑鷗。　暮雨孤斟澆古泪，夕陽殘霸〔二〕起雄愁。滿天芳草接高樓。

浪淘沙

翠陌款餘紅。掃盡珍叢。江山風月往時同。惟有香銷人不見，燕子樓空。　羅幙隔千重，夢也慳逢。愁腸迷著酒杯中。深鎖朱〔三〕門消息斷，蓊蓊斜風。

訴衷情 丙　次小山

鳳牋清泪減深紅，情與寫時同。落花庭院無主，惱恨雨和風。　人隱約，酒朦朧。别情濃。燕兒池

〔二〕此字原作『罷』，後用墨筆改爲『霸』。
〔三〕此字原作『千』，後用墨筆改爲『朱』。

畔，蜨子闌邊，不見驚鴻。

春紅無奈鬢邊秋，香絮笑盈頭。非關病酒無力，有淚不堪流。　山疊疊，路悠悠。做成愁。半簾落日，一院黃昏，莫憑危樓。

又　丙

掠波江燕剪湘裙。花氣隔簾薰。玉階滿地梅粉，收暝一庭昏。　人獨影，淚雙痕。杳芳魂。一爐沈水，數尺屏山，夢斷巫雲。

點絳脣　乙　次小山，代人幽怨

難保君恩，對花枝笑人新舊。自來腰瘦，怎怪纖纖柳。　金屋裝成，付與他人守。從今後，按歌行酒，別換春衫袖。

催折無端，鏡中誰念紅顔老。美人芳草，怎敵凡花好。　地角天涯，總是情難了。屏山渺，此情知少，獨守燈兒小。

少年游　次小山　丙

青開柳眼，春分已過，容易又清明。杜鵑啼罷，海棠開了，芳侶没心情。　蘭成老去，歸期久誤，不似雁南征。金釵分斷枉叮嚀，風笛繞離亭。

又 丙

尋消問息，天涯雁斷，雙泪水迴流。蛛絲枉巧，鵲橋空駕，河漢冷新秋。香銷翠被，深深院落，斜日上簾鈎。晚來無復倚高樓，風烟火〔一〕滿城愁。

虞美人 次小山，武邱歌舫 丙

紅牙彩扇山塘路。鶯燕分門户。烟拖潮尾逐嬋娟。一片斜陽芳樹，送歸船。調筝理曲生來慣。銀燭梳妝晚。可憐嬌俊攏頭時。贏得泪珠多少，費人思。

又 丙

韶華一段如流水。婀娜隨風倚。常將靈鵲卜歸期。偏是子規啼遍，不曾歸。前宵鏡約叮嚀在。怎奈人情改。自今無復理朱絃。空把舊時雙泪，落君前。

虞美人 甲 次小山，題虔共宧

夢中忘却江無路。枕上從容去。緑窗鸞鏡理蛾眉。依舊玉闌携手，似平時。韶年只道花長好。不識飄零早。忍看紅泪滿簾飛。還算剩香殘粉，燕含歸。

〔一〕 疑『火』字衍。

虞美人 甲

篋中詩句箋頭字。都是傷心事。早知秋菊是離時。因甚石榴開後，尚歸遲。　古簾明月長依舊。百歲誰能有。夜深千轉繞迴闌。長恨眼前羅帳，是蓬山。

紅采桑子 甲

梅枝不解人憔悴，浪蕊偏濃。細雨迷濛。魂斷關山萬里同。　無心弄影溪橋去，忽見春風。寵綠嬌紅。都入江郎恨眼中。

又 甲

年年鄧尉花開日，伴侶登臨。醉帽香襟。軟踏紅綃一尺深。　自從不見雲英面，直到而今。搗碎芳心。怕聽寒閨月下砧。

又 丙

荆臺重見驚鴻影，夢枕依稀。寂寞葑溪。絮老花殘各自飛。　一壕水漲春城脚，夕照微微。孤負芳時。猶有殘香在舊衣。

踏莎行 甲 次小山

雨點澆愁，烟絲做暝。尋巢燕語商量定。峭寒勒住柳搖金，秋千間搭春陰静。　身世枯棋，年華半鏡。蠻箋莫寄雙魚信。凍醪一盞酹淵明，仙源幾見桃花醒。

采桑子

如今心事秋雲懶，冷淡歌前。未醉先眠，一任梅窗月自圓。　篋中拾得齊紈句，小字雲箋。雁斷箏絃，無限傷心，没箇圓傳。

留春令 甲 次小山

一番春信，柳苗弄玉，摇烟水。數繞花枝問流鶯，想曾見、當時事。　猛拍闌干誰再倚。悔輕離鄉里。紅燭休然到天明，省幾點、傷心泪。

清商怨 甲 次小山〔一〕

愁深無奈醉淺。負鳳衾春暖。費盡思量，妝臺人自遠。　楊絲休付燕剪。怕剪斷、玉郎歸晚。十幅蠻箋，書來猶恨短。

〔一〕『次小山』後有墨筆書：『醉淺燕剪費（自）遠恨短皆去，上片玉同。』

步虛詞 甲

泥落梁空燕杳，歌殘苑冷鶯稀。休將清泪洗花枝。着意間眠淺醉。　鳳枕誰憐夢斷，鴛樓不見人歸。從前春水泛杯時。再會蘭亭有幾。

愁倚闌令 甲　次小山，薦冷香簃

花邊柳，柳邊鶯。水樓明。多少暗愁都付與，短長亭。　料理歸計難成。紅綃一曲、買歌綾。一炷龍涎和泪點，寄多情。

燕歸來 次小山　丙

雙槳雨，一絲風。羅帕剩啼紅。一溪烟水暖溶溶。花釀燕泥中。　思前事。香銷字。模樣圖中誰似。夢中滋味淡還濃。依舊畫樓東。

滿庭芳 九十五字，次小山

楊葉香眉，桃花粉面，畫樓羅綺千重。誰言春短，春易一年逢。長記懷人妙句，今須信、渭北江東。分携後，尺書縱有，無奈缺賓鴻。　江郎多少恨，光陰夢黍，身世枯桐。嘆吹盡，梅枝一笛江風。試問陽關幾疊，千千遍、不盡歌中。傷心見，珍叢影底，雙燕啄殘紅。

泛清波摘遍　甲　次小山

柳惹愁烟，花啼恨雨，誰道一年春最好。玉蘭依舊，一樹雕瓊弄姿早。吹笙道。尊邊粉黛，歌裏樓臺，曾誤少年今倦了。曲屋香銷，密炬無情暗流少。　暮雲渺。清泪暗抛畹蘭，秀句孏懶吟池草。細語丁寧負他，枕邊啼曉。佩環杳。孤鳳自恨永離，雙鴛怕難重到。寫恨紅牋幾次，錯書顛倒。〔一〕

碧牡丹　甲　次小山

舞蝶隨歌扇。香絮籠釵燕。静對屏山，不用登高臨遠。幾日郊原，芳草濃青遍。閒鎖謝娘深院。　恨無限。病起斜日晚。年華綠鶯偷换。一寸春心，更被燭花燒短。泪結紅冰，難了平生願。高樓誰弄箏雁。

御街行　七十六字　甲　次小山　二月十七，偕仲容之惠山，至是四游矣

晴雲釀就枝頭絮，鷗認前游路。傍花梳掠閑船窗，宛似綠簾深户。彩鳶風裏，人家寒食，隴上新移樹。　餘紅戀水重來去，梅粉搓成語雨。一年花好正清明，怎奈好春難駐。欲知鴛被，歡情多少，眉萼生嗔處。

〔一〕此首詞末墨筆注：『弄、暗、恨、錯去聲，語、寫上聲。』

又　乙　贈雙六

聰明眼角眉尖露。睡足房櫳暮。碧桃紅杏是凡花，怎比自栽珠樹。年華二六，争憐争寵，更勝紅兒處。

低窗曲屋曾雙住。長記城西路。不知吴蜀隔千山，笑問幾時歸去。相如已老，多情空説，悔把芳卿誤。

六幺令　乙

夕陽紅翠，山腹飛丹閣。柳邊玉鬟低唱，鶯語誰偷學。静遶朱闌四面，太息無人覺。錦幃周匝。圍花倚玉，翠管尊前幾回捻掐。　長恨佳期未準，偏是空書答。私怨幽約難成，不畫芳盟押。回憶春燈似夢，一寸流波霎。屐須重蠟。千山踏遍，休遣閑愁上眉角。

又　甲　次小山，泊望亭

夾衣裁就，春好人將息。長堤幾行新柳，還似去年碧。紅燭船窗妝罷，藨粉匀圓的。月拖帆席。扣舷歌嘯，我是乘風舊仙客。　前度江邊一樹，玉朵香初坼。此日樓外千條，素手枝重摘。自古陽關幾曲，不厭千回笛。暮江空寂。燈疏市遠，獨倚蘭橈暗中憶。

武陵春　甲　原本連用二舟字。二月二十一，携雙六弄棹梁溪，游女如雲，雙六避舟中，予獨啜茗山下，用漱玉韻賦之

船密無風花氣熱，狂蝶上釵頭。春事看看一半休。省泪爲誰流。　龍吻霏香垂玉澗，一柳一停舟。

不是朝雲共彩舟。怎奈得、萬千愁。

驀山溪　甲　次片玉，問二泉

雲根石脉，梳透瓊瑶路。自載木蘭船，問歌橈、誰憐舊處。虹橋一過，便不是梁溪，臨流語。少凝佇，休竟無情去。　仙源别後，幾度吹紅雨。笑鹵簿迎神，送一陣、村簫社鼓。松崗華表，曾是舊游人。杯不舉。泪如注。獨理愁千緒。

水調歌頭　甲　次稼軒，贈篤庵

武庫排文戰，杯酒餞君行。我是蜀中狂客，鐘鼓發雄聲。收取龍鸞杞梓，好扶麟鳳臺閣，金殿領群英。惟有梁溪水，堪濯使君纓。　萬卷書，三尺劍，千古名。大兒何重小兒輕。試看銜枚萬馬，快賞衝霄一鶚，彩筆賦豪情。留取青山在，爾我白頭盟。

青玉案　乙　次方回

平生夢斷揚州路。載明月，醒時去。撰得新詞惟自度。落花庭院，夕陽門户。魂斷無銷處。　玉闌幾曲高樓暮。剩有才人舊題句。獨有紅兒心暗許。滿階芳草，半簾香絮。空鎖黄昏雨。

千秋歲　甲　丁亥偕季碩游惠山，今六年矣。春仲重來，用涪翁哭少游韻哭之。予與季碩文字之交更勝於黄、

陸〔一〕也

恨彌天外。白日驚風退。金釵斷，瑶環碎。荷摇雨含泪，柳𦆽銷魂帶。青草遍，荒園蝴蝶飛成對。
約待瑶台會。珠玉黄沙葢。簾影底，無人在。彩雲樓閣换，冷霧山川改。年未老，桃花幾見塵揚海。

青玉案　甲　次山谷　二月廿六，再携雙六之惠山，扣舷而歌

楊枝看熟隄邊路。又載得、瓊英去。十日不辭三四度。江山風月，賞心衹在，一霎無多處。　荆臺
夢早醒朝暮。倦賦荒唐宋郎句。抱得仙才衹自許。澗飛嵐翠，上人眉萼，遠帶横拖雨。〔二〕

登江東　甲　次山谷，雲起樓付雙六

紅袖樓頭弄芳樹，隔幾疊，蒼雲路。朝朝看足夕陽去。不勝似，移家住。　倡條冶葉春無數。賦秀
句、難分與。小箋書就，託誰付。兩三點，歸鴉暮。

玉樓春　甲　次珠玉

飛紅帶得殘春去，酌酒聽歌無意緒。自從抛别玉真來，下九初三無過處。　本來天上瑶臺侣，委曲
人家曾小住。持杯不用祝東風，花落花開原有數。

〔一〕疑『陸』字爲『秦』字。
〔二〕此首詞末有墨筆注：『山谷不和户絜二均。』

蝶戀花　乙　次珠玉

過盡清明無一燕。縠雨來朝，柳外鳩呼亂。牆角碧桃才一見。今朝一雨成空院。　翠蘚弓彎曾踏遍。静閉户櫳，繡幄遮三面。人散夕陽歸棹晚。湖邊夜市春燈遠。

千秋歲　甲　次六一，夢中哭孝莊作

幾聲啼鴂，漸漸春芳歇。一枝梅，未當時折。褪紅流水去，長恨清明節。繡簾外，香綿又點蒼苔雪。　解語琵琶撥。指上殷勤説。絃未斷〔一〕，音先〔二〕絶。憔悴香桃骨，芳實枝難結。枕泪濕，鳴雞未曉孤星滅。

八聲甘州　甲　次東坡，别篤庵

正清明縠雨好花時，登山送將歸。向湖邊柳眼，樓頭杏朵，看足斜暉。慷慨蘭成身世，一笑昔游非。閑與白鷗話，忘了天機。　最愛蒼崖入眼，况二泉滴翠，烟靄菲菲。算春秋佳日，似此百年稀。早招邀、三高伴侣，訂笠蓑、盟莫白頭違。同携手，仙源深隱，共翦荷衣。

〔一〕　此處原作『乍到』，後墨筆改爲『未斷』。
〔二〕　此處原作『都』，後墨筆改爲『先』。

夜半樂　甲　次屯田，偕仲容別惠山

遣愁酒醒無計，携來麗質，雙槳尋芳渚。挽柳繫蘭橈，畫船稀處。晚霞帶水，蒼然落照。望中城堞依稀，酒旗飄舉。更幾點，漁燈出烟浦。

舊游載雪訪戴，斷雁荒蘆，冷烟枯樹。烟浪裏，無人潮頭孤去。驟驚重到，嬌紅寵緑，倚樓翠袖層層，艷姬妖女。爛堆錦，嬌歌雜鶯語。

念我因甚，帶眼頻移，玉驄輕駐。縱卜他、生也無據。對東園、臺榭有興仍銷阻。空悵望，隔斷瑶臺路。杜鵑啼遍千山暮。

虞美人　甲　次山谷，三月五日返棹惠山寄孟昭

檐前靈鵲傳芳信。重報歸期近。桃花不恨得春遲。只恨五更結子、滿青枝。

花花葉葉風前妒。金屋雙姝住。老夫無故也愁深。覓得心小蠻謔、解愁心。

夢揚州　甲　次淮海，三月二十五寄孝莊

寶箏收。掩鏡奩，幽恨難休。怕寫舊詞，總是傷春悲秋。倚闌閑立，斜陽外，望緑楊、芳草烟稠。空箱裏，羅巾黯，庾郎無字題愁。

追憶芳時俊游。傳小字紅箋，楚尾吴頭。泪粉暗銷，悔爲當時淹留。玉堤柳老綿飛盡，落燕泥、間鎖簾鈎。鄉夢令、萍飄梗泛，腸斷蘇州。

惜分飛　次東堂　甲　四月廿六偕韻和訪虞山舟中寄憶

帆影遲移風力小，淡送夕陽芳草。夜短偏難曉，春花秋月、無時好。

獨樹荒村人悄悄，怎奈悽凉

又到。往事閑抛了，眼前歡事、驚稀少。

賀新郎　甲　次後村，虞山寄李元和

枉說公頭黑。憶舊時，征遼擊粵，鬢絲堪織。殺賊還能書露布，著得兵書一尺。更愛弄、燕支顏色。龐統真堪才百里，忍千行、熱泪萊衣滴。誰望見，白雲迹。　簿書辱領偕刀筆。笑而今，齊王殿下，不分竽瑟。閉户閑修循吏傳，氣短平原門客。嘆聖世、麒麟稀出。東有夔門西劍閣，向故山、高隱甘岑寂。同采藥，姓名慝。

跋

李超瓊

鬢絲禪榻，難銷鎮日之愁；蠟泪罏香，易醒芳華之夢。金尊祓其艷思，粉箇拾其墜歡。要使麋月二分，當空自色；麝烟一寸，歷劫彌香。秋士有心，故多感焉。夫以才擅通侻，性本虔儇。沈約豐神，攬衣知瘦；孔璋奏記，揮翰如飛。作客則金綫年年，吐恨則春蠶寸寸。吴宫花草，不解薤憂；故國雲山，時增頻首。幽琴彈怨，明鏡照顏。因之跌宕自豪，嶔奇獨笑。綠驄嘶遠，若爲送迎；紅豆抛箱，詎忘持贈。代洞簫乞謚，寫釵股留痕。穩携西子之舟，水波涼夕；密檢張泌之記，花韵含情。夢窄春寬，珠温玉輭。然猶心蕉獨捲，眉繭未舒。碎佩零珠，眇窮天際。殘燈濁酒，記取歡時。刻鏤羈懷，提撕別緒。驚傳孤鶴，凄入啼鵑。加以奉倩殤神，安仁抱痛。紡裾摧膩，枝網颸涼。咒金輪以無靈，空花自懺；約玉鐶而有泪，香絮都銷。託微波以通辭，薦孤芳而散鬱。幡張怯夜，牙拍親調。牋拓衍波，緗豪染素。此則辛夷名樹，感百結之纏綿；吉了呼禽，締三生之靈眷也已。嗟乎！

子紱浪游萬里，萍聚一方。感哀樂於中年，惜春秋於短鬢。相見争如不見，言愁我更欲愁。綺障原空，寸懷彌激。影沉寶篆，蕊落銀釭。試盡狂言，應知破涕。湖山有主，風月爲賓。嘉會不常，名流有幾。請浮大白，何當爲秉燭之游；付與小紅，且重理吹簫之譜。光緒癸巳嘉平廿七日，石船主人超瓊讀竟拜題。

跋

宋育仁

子馥善談詩，理勝其筆，初未能倚聲也。余自少稍稍學爲詞，獨喜南唐小令。以爲詞者，詩之餘，濫觴李、温，南唐始導其源，故爲元音。北宋其流始deno，故於北宋則喜小山、六一，以爲得綿緲雅艷之旨，至南宋波瀾益遠矣。如詩固以漢魏六朝爲正宗高軌，而唐有歌行律體，匯爲具區。吹萬不同，而各中其籟，合之乃成大觀，未可是丹非素也。南宋稱清真、白石，世之公言，余亦未能易。頗謂玉田、草窗亦其甚雅似者歟？顧皆病其意不深。與子馥別數年，會於吴中，出示其詞盈篋。蓋悼亡以後，始肆力於詞。舉風雲月露，江山花鳥，觸目傷懷，撫今追昔，意屬悼亡者卷幾滿，悉寓於詞。讀之哀感頑艷，悱惻遥集，令人忽忽而悲。夫才人傷心，雖所遇不同，而以伊鬱善感爲恒蹊；文章之美，雖體尚各異，而以細齊感人爲極則。子馥可謂工詞矣，余自視固不如遠甚。子馥亦數稱清真、白石，所爲詞亦時得其真髓。顧其取徑夢窗，尤以此持論。叔夏目夢窗如七寶樓臺，拆下不成片段，讀夢窗甲乙稿，所疵良然。子馥自爲詞，以夢窗立幹，而兼采南宋酒邊、竹屋、草窗諸家，無夢窗之澀，可謂善取。特以此持論，奉夢窗爲不祧，則意庸有未盡乎？夫詞太疏則失味，太密則傷韻，疏密得矣而意不深，則不能感人。古人或未兼之，然清真、白石皆以疏快取致，小山、六一皆留意於疏密之間。南唐小令則專以雋永取神味，未可求之一家也。子馥今更好小山詞，益取小山及南唐小令，依聲而和之，則所云取徑夢窗者，猶昔未也。泛舟吴淞，跋其詞尾，伸筆未竟，已達所届。即以爲臨别之贈言，子馥儻是之乎？光緒甲午仲春既望，宋育仁芸子跋。

子苾詞鈔[一]

虞美人

南唐後主韻

闌心春事匆匆了，酒伴鶯稀少。枉持玉醆祝東風，拾得剩香殘粉燕泥中。年年花落花長在，怎似人情改。料量無計解君愁，但與鏡中眉黛淚分流。

卜算子

乙未驚蟄前一日，携姬人仲容，偕文十叔問、沈硯傳硯裔弟兄、沈五裴莊、林八拱北及其子二、張大硯北之鄧尉，由石樓宿石壁；次日游元墓，十一日歸，舟中用石帚和吏部八詠。

叙畔數花期，帆送斜陽路。除却朝雲解識春，吟賞誰能與。胥浦笑乘潮，夕泊山青處。約得逋仙共酒杯，何必吟愁賦。

溪曲入山深，江月隨人迴。珠幙鸞凰共鶴棲，那覺山中靜。環佩過瓊林，隱約仙家景。紅袖雲鬟倚碧枝，畫出明妃影。

[一] 據民國六年（一九一七）成都存古書局刻本整理。

塘暖宿鴛鴦，百樹珊瑚覆。乍見東風便別離，怪得和人瘦。香頸乍回時，粉額初裁就。占得江南第一春，一夜眉梢透。

故里試春衫，桃李堆如雪。花到江南分外嬌，力弱香難徹。携手幾徘徊，未忍高枝折。也是尋常一種花，因甚清偏絶。

本是覓詩來，不爲花開落。銀海香浮日有聲，鶴夢都銷却。野曠鬢絲酥，市僻春醒惡。若過孤山處士家，莫使高人覺。

不費緑蛾顰，自寫春風樣。頭白江邊一樹春，只語詩人賞。野老話南朝，此恨何堪想。不問家山屬與誰，只愛庭花唱。

粉淚滴樓頭，流水嗚嗚咽。羌笛無端片片飛，千里關山別。高士古衣冠，獨抱孤芳潔。貯得詩囊萬斛愁，休與他人説。

草甲雨煎酥，柳髮風搓細。調鼎空勞宰相家，畢竟何滋味。邊塞動悲笳，含淚花前醉。老子湖山十一年，莫箇人知意。

菩薩蠻

君恩已斷情猶悵，春風夜夜疏羅帳。燈暗雁歸時，故宫長夢辭。（叔問）　關山飛急羽，馬上琵琶語。醉後莫思家，江南春正花。（子苾）

春來争擬還鄉好，無家可奈春將老。花褪雨餘天，曙空人未眠。（叔問）　年華如滿月，桃李堆成雪。何處覓仙鄉，車輪翻我腸。（子苾）

人生恨極須行樂，花殘不信春輕薄。歸路夢津橋，斷魂無計招。（叔問）　金樽歌一曲，且覓桃源宿。孤負好梅枝，倚鞍長醉歸。（子苾）

遠游偏是無家好，多才自斷飄零老。芳草暗長堤，馬蹄殘夢迷。（叔問）　少年雙鬢緑，試暖春衣浴。殘月減清暉，姮娥猶未知。（子苾）

醉落魄　和坡老

游情非昨，吴橈又向山橋泊。春寒多管單衣索。花落花開，休怪東風錯。（叔問）　吟牋賦筆閑拋却，斜陽漁網收村落。樽前長記蛾眉約，分付銀箏，低唱南飛鶴。（子苾）

滿庭芳　和淮海

西崦花疏，南園雪老，半春尚自飄零。側寒茸帽，心迹五湖清。欲問鴟夷舊侶，輕盈載、愁滿烟汀。蘇臺柳，行人漫折，空染鬢星星。（叔問）　仙源無地覓，夭桃笑我，塵裏勞形。嘆城郭，滄波都付流萍。莫弄落梅玉笛，關山怨，總不堪聽。從君借，江湖一枕，狂夢還須醒。（子苾）

西河　和夢窗

花雨霽。城陰柳色融洩。銀灣幾曲送斜暉，緑樽酹水。試憑新燕問江南，樓臺何處佳麗。（子馥）　攬香絮、按恨蕊。一春夢也零碎。東風萬一度璚簫，玉容尺咫。緑陰滿院又黄昏，啼鵑來話身世。（葵生）　落英力弱自委地。春華悽斷紈綺。惆悵留春無計。儘清歌妙舞，泥人欲醉。誰惜芳林花如洗。

（幼遐）

定風波　和稼軒

燕市狂奴興不濃，短衣衰帽態龍鍾。細數光陰須縱酒，誰有，爲呼歌管出簾櫳。（苾）　愁似絮花飄不定，空恨，曲屏難障夜來風。（半）惆悵暮雲人不見，歸燕，畫樓西畔夢魂中。（夔）　枉記夢中來趨鳩催春帶雨歸，落英芳草欲生泥。中酒情懷忺醉醒，爲問，人間何許武陵溪。（半）　去路，無處，天涯應在夕陽西。（苾）螙篋紅吟愁更看，塵遍，綺窗清課負梅妻。（夔）

自掩流蘇爇篆香，雨餘攤飯據匡床。狼藉落英猶未甚，休病，眼前風月待平章。（半）欲借疏狂圖小醉，偏自，關心花事一春忙。休戀長安名汗漫，無伴，獨彈長鋏意蒼涼。（苾）

破陣子　珠玉

滿院落花無主，啼鵑喚遍東風。（張祥齡子苾）等是天涯惆悵客，莫憶芳時錦繡叢。詞楠慘淡紅。（況周儀夔笙）　醉墨猶沾吟袖，怨歌空寫孤桐。（王鵬運半唐）都説仙源無處覓，也在風沙漠漠中。但遮花一重。（子苾）

浣溪紗

百丈空牽上水船，夢中山翠遠浮天。（半唐）一身恩寵抵三千。　水殿管絃方罷奏，（子苾）玉闕書檄莫頻傳。思量何似醉花前。（夔笙）

八聲甘州 樂章

恁芳菲、乍換緑陰時，荒凉似殘秋。（夔）悵歌紈零亂，清樽罷飲，風雨西樓。（苾）誰識長懷抑塞，拔劍意還休。（半）憑吊金臺晚，多少英流。（夔）　幾日南園無主，問落英滿地，珠玉誰收。（苾）記搴芳前度，裙屐儘勾留。（半）底于卿、愁心萬里，笑茂陵、屋小不如舟。（夔）更誰念、玉階人老，泪掩星眸。（苾）

西江月 東坡

誰把沉陰手抉，素蛾光徹重宵。（半）幾番風雨夜寒嬌，欹枕亂愁如草。（夔）　一自采芝人老，十年枉抱瓊瑶。（苾）楊花如雪謝娘橋，夢裏鵑聲催曉。（半）

水調歌頭 和山谷

携手爲君語，家在浣花溪。風暖春衫團扇，隔葉聽黄鸝。唤我花間休去，醉卧緑陰芳草，酒氣吐雄蜺。起舞狂歌罷，松翠滴羅衣。（苾）　寫鄉心，消旅思，託琴徽。軟紅十丈，幛愁惟藉掌中杯。拂袖星辰錯雜，極目關河澒洞，身世豈人爲。浩蕩媿飛鳥，倦羽尚知歸。（半）

千秋歲 淮海

芙蓉塘外。脉脉輕陰退。新月漾，簾波碎。歌聲迴舞扇，題句拈裙帶。歡乍見，驚鴻顧影翩無對。（半唐）　鬱鬱京華會。九陌馳冠蓋。塵乍起，人何在。夢回關塞遠，泪灑山河改。天縱老，冤禽此恨難

填海。（苾）

南鄉子　小山

鷓鴣替春悲，爲惜花飛不上枝。知否春歸人亦老，如期，白髮催人那肯遲。（半唐）　何用更籌思，死去還應勝別離。自此登山臨水去，良時，不悔妝臺誤畫眉。（苾）

南歌子　東堂

月小山窺牖，燈孤影伴人。花殘莫漫惜餘春。長夏新陰簾幙，絕纖塵。（半）　粉膩歌絃澀，香憐舞袖輕。玉釵金爵枕邊橫。生怕夢中相見，看分明。（子苾）

月上海棠　放翁

司勳不患傷春病。奈無端、春夢少人醒。枉費啼鵑，喚春歸、總無歸信。東園裏、太息空階繡錦。（苾）　雲窗月淡高梧冷。隔欄杆、寂寞鞦韆影。夢裏餘歡，儘流連、翠屏山枕。愁生處，泥他畫梁藻井。（半）

摸魚兒　稼軒

正江南、畫簾烟雨，空階良夜人去。問他攀折長堤柳，應記別離回數。留不住。漫囑付、桃花休隔仙緣路。綠鶯漫語。試拾取香萍，與伊重認，盡是繞街絮。（苾）　年時約，休道春期易誤。好花風雨曾

妒。賦情便遺深於海，別恨向誰深訴。狂欲舞。算有酒、澆愁可到劉伶土。清吟自苦。問斜日欄杆，啼鵑門巷，何許散愁處。（半）

早梅芳近 清真

宿雨收，園林好。載酒頻番到。畫橋烟外，一抹殘陽正留照。綻花紅蕊嫩，結子青梅小。儘聯吟盡醉，相與忘昏曉。（半唐） 酒杯停，喚去了。鳥囀吹笙道。欄杆一霎，没似孤鴻在雲表。杷香隨手散，粉泪盈襟抱。數殘更，枕邊尋夢杳。（子苾）

陽春曲 梅溪

霧籠花，雲籠月，無定雨晴天色。悽咽玉簫聲，天涯路、竹實稀少鳳何食。十年蓱迹。愁悵望、雁鴻南北。（夔）何意繫馬紅樓，更追尋、舊游路北。 欲輕解同心，鸞縧空結。花落盡，高樓玉笛。閑庭苔衣未掃，掩菱花、黯淡誰拭。（苾）番風次第漸息。嘆此恨、懨懨誰識。便絲鬢、綰得春住，愁消舊碧。（半）

側犯 白石

碧天雁去。挽將燕子花間住。聽雨。試伴我樽前、誦詩句。（半）欄杆倚四面，莫覓香留處。底語。枉賺得傾城、幾回顧。 千條折盡，何意臨風舞。（苾）憐弱絮、忒多情，（半）著意入芳俎。繡幙珠簾，更無重數。怨曲清商，謾移簫譜。（夔）

虞美人　石林

楊絲媚曉花嬌晚。離恨和烟遠。（夔）傷心早願化飛紅，泪盡何須持酒、祝東風。（苾）　眼中歷歷關山道。郎馬何時到。（半）拼將海水瀉樽前。醉倒扶桑日爛、不知年。（湘）

水龍吟　酒邊

杜鵑聲裏關山，倚欄愁對春歸路。（半）單衣試酒，相逢自笑，看花如霧。（湘）路隔漁郎，夢稀仙女，幾株桃樹。（苾）憶笛聲依約，暮雲縹緲，空神往、横江步。（半）　東望蓬瀛甚處，翦腥風、老魚吹雨。（湘）攙槍未掃，羽書頻至，勸君休去。（苾）匣裏鋒稜，酒邊芒角，槎杈欲露。（半）嘆無情霜月，一眉依舊，上垂楊縷。（湘）

瑞鶴仙　樵隱

嫩涼消得晚縟。猩紅綻，四月荆桃初熟。清吟興難足。儘舞迴、彩扇聲留瑟玉。（半）年芳轉燭。怕夕陽、催客縱目。生憎旅燕，又辛苦啄泥，穿過階竹。（湘）　惆悵湔裙人去，絮冷廊腰，蘚荒欄曲。相思調促。彈幽怨，奈絃獨。（葵）嘆楊枝攀盡，留伊三疊，陽關誰爲再續。况天涯、老去王孫，大堤草緑。（苾）

阮郎歸　竹山

西山眉黛背人低，葦香風獵池。（湘）芬游還記早春時，掠波新燕兒。（半）　樓外路，壁間詩。畫簾

三面垂。梅花笛裏莫輕吹，闗山春未知。（苾）

南浦　書舟

吟袖又重携，試新聲，依依暗换愁緒。窗外鳥聲閑，争知我，腸斷接天風絮。（半）迴廊小立，峭風吹送鄰笛語。簾櫳薄暮。悵一抹紅墻，碧雲難度。（葵）天涯倦客依然，負吴苧裁衫，楚帆欹浦。醉眼看斜陽，鞦韆外、燕翦漫衝花雨。（湘）殘香剩粉，玉欄長記分携處。甚時一舸，真載得雲英，乘潮歸去。（苾）

永遇樂　坦庵

挨過春殘，倚欄依舊，落花風勁。雁過無書，鶯啼有泪，愁外天涯近。（湘）蘭成哀怨，杜郎傷别，抛却滿懷詩興。正高樓、關山萬里，渺渺去帆烟暝。（苾）荒城畫角，玉門羌笛，换了酒邊絲鬢。古堠垂楊，暮雲芳樹，莫弄春前影。（葵）有誰知我，無言竚空，望斷落紅成陣。紛長街、榆錢自落，不因舞困。（半）

燭影摇紅　惜香

風燕窺簾，籐陰一燈移清書。（湘）天涯春去甚時還，愁賦津亭柳。（半）去國光陰易久。正才人、沉淪失偶。（苾）水天閑話，播影收纔，棋聲殘候。（湘）新緑扶疏，篆烟自在飄香獸。（半）楊枝禁得幾回攀，况爲東風瘦。（苾）老去心情異舊。漫贏得、江湖載酒。（湘）裙屐流連，劍歌悲壯，恁時纔又。（半）

蝶戀花　西樵

葦岸風來聲帶雨。海燕留人，一晌僧房住。（半）塵海無端成散聚。亂鴉又逐殘陽去。（苾）　壞壁殘題還獨覰。醉問西山，來歲人何處。（湘）斫地無聊休浪舞。天涯抑塞傷離緒。（半）

點絳唇　西樵

爛醉關河，長安尚有荆卿酒。吴鈎冷透，閑煞英雄手。（湘）　滿目山川，花底携紅袖。（半）歌酒後，莫憐花瘦。海上横來否。（苾）

南鄉子　放翁

哀角起風檣，横海鯤身萬里長。（湘）記得承平前日事，歧陽，彩鳳還應報聖昌。（半）　空自鬢成霜，清夜何人奏帝香。費盡新亭多少泪，悲凉，不爲封侯到此鄉。（苾）

白日黯神州，浪打三山却倒流。醉裏忽聽商女唱，無愁，璧月瓊花又一秋。（湘）　何事説仙游，縱掩菱花也自羞。請劍請纓都枉事，輕舟，换盡山川恨不休。（苾）

好事近　放翁

斜日正高樓，何意晚風吹落。那得魯陽戈力，笑玉蟾輕薄。（苾）　蛛絲著意網春還，紅滿屋檐角。

我欲尋春消息，奈鞦韆摇索。（湘）

虞美人 東坡韻

冰奩静掩青鸞舞，簾外荼蘼雨。（葵）游絲著意罥飛紅，不道春風歸去總成空。（湘） 長星天外頻招手，勸爾杯中酒。（半）語君休再戀歌眉，縱到揚州也是、夢醒時。（苾）

醉落魄 竹屋

新亭泪濕，危樓上放歌聲急。（苾）羿弓漫射堯時日，劍氣成虹，斫斷暮霞碧。（湘） 一樽遥酹虬髯客，暮雲南望天無極。（半）干戈豈爲和戎息，笑取單于，不許返輪隻。（苾）

霜葉飛 夢窗

遠天芳緒。懷人夢，相思縈遍江樹。（半）一枝清笛破荼烟，凄入吴篷雨。甚十載、棲塵倦羽。側身天地仍懷古。（湘）漫屈指歸期，玉户掛、銀河寶扇，莫凋紈素。 花下換了鵑聲，紅消翠減，宋玉愁極須賦。（苾）小鬟刻意唤愁醒，夜静鶗絃語。便吐盡、吴蠶怨縷，情絲入骨揮難去。（半）待隔年、湘筠長，認迴欄，泪斑匀處。（湘）

漁家傲 書丹

細雨銅街塵欲濕，峭風凉透羅衫碧，（夔）杯酒疏狂無處覓。香夢寂，雀來分啄階前食。（苾） 苦恨

光陰如過客，啼鵑那有留春力，（夔）蜜炬何心終夜泣。壺箭急，捲簾不管爐烟息。（苾）

醉落魄　益公

詞場俊傑，紅牙更按宫商節，消愁何只金杯闊。（夔）紅到榴裙，紈扇漸親切。珠簾一霎人驚别，西樓無用團圞月，（苾）歡情回首冰消徹。因甚攀花，偏忍帶枝折。（半）

木蘭花慢　竹齋

問千絲萬縷，垂楊樹、是誰栽。更休倚暮闌，遠山向我，著意青排。天涯。玉驄嘶倦，念琴尊飄泊十年來。（夔）那得故人長健，相從盡日銜杯。　舊游。燈舫憶秦淮，夜夜管絃催。問花外雕闌，歌邊玉樹，誰與低徊。（半）慷慨。目無凡馬，嘆燕昭枉用築金臺。囑咐簾鈎莫下，堂前小燕須回。（苾）

望江南　金谷

殘醉醒，記夢碧雲灣。疏樹長於新種日，短亭猶在舊居山。啼鳥落花間。（半）　狂興減，無處覓開顏。酒國應能供嘯傲，仙源未必得消閑。坐待白雲還。（苾）

酹江月　散花

緑陰如幙，看江榴紅綻，漸催新暑。擊劍長歌誰與和，聽取角聲悲處。雲曳遥空，塵生大漠，愁思還多許。故人來未，竹風敲遍窗户。（半）　休説屈子吟騷，江郎傷别，辭賦標千古。醉唱山丘華屋句，霸業

已成朝露。月冷庭蟾，風悽檜鵲，慘淡星河曙。十年游倦，荆臺夢怯雲雨。（苾）

數花風　玉田

與君沉醉，彈劍悲歌動色。滄洲憔悴釣鼇客。（夔）甚日歸舟如葉。長吟澌瑟。抑塞恨、伊誰見得。（半）　眼前芳草事，無限長紅小白。紅樓惆悵暮雲隔。（夔）鴛枕夢痕何處，相思千驛。又數盡、歸鴉一一。（苾）

六醜〔一〕　片玉

換明妝向晚，卸鬟影、鸞釵輕掣。玉蟾替圓，羅雲纖翳滅，耀彩清節。綽約紅菱小，乍冰匳喚，取玉奴低揭。花光悄熨頗黎熱。（夔）黛映眉痕，青分眼纈，雛鸞信音闕。似清秋夜朗，雰霧吹徹。　雲闌雨歇，倚銀屏弄髮。暗省檀心舊，容恁別。花事似催鶗鴂，（半）自銷沉古井，暗塵生襪。深宮聽、羊車聲絶。戀恩寵、悔識團圞，枉抱舊時明月。烟榛裏、重展冰雪。忍泪痕、拾得妝臺粉，柔腸寸結。（苾）

荔枝香近　千里

喚取孤雲同上，叢台去。望裏漠漠遥峰，多事遮雰霧。前游記得披襟，深澗鳴飛雨。爲洗、十斛緇塵泛仙乳。（半）　斜日裏，怕短笛，吹南浦。不爲傷春，因甚玉樽頻舉。休怪江郎，老去無才賦鸚鵡。笑

〔一〕原刻作『六醜鏡』，衍『鏡』字。

把離騷一炬。（苾）

沁園春　後村

滿目山河，何處黃金，燕昭舊臺。嘆浩蕩誰知，有鷗似我，幽憂空賦，令鴆爲媒。銅斗高歌，玉山自倒，寂寞花前酒一杯。（半）登高泪，恨劍埋虎氣，馬乏龍材。　不聞耳畔驚雷，齊物論何須分蹠回。笑神仙被劫，甘隨朔死，王侯薄命，誰喚横來。（苾）髮欲衝冠，歌還斫地，國士橋今安在哉。天涯路，剩英雄心事，管急絃哀。（夔）

蘭陵王　蘆川

倚晶箔，香霧輕籠畫閣。高寒處，誰念素娥，碧海青天誤靈藥，天涯客懷惡。紅瘦，燈花半萼，和衣起，惆悵夢雲，無限離心付樽勺。　前游憶嵩洛。（夔）自婁尾開殘，芳事無著。小池新燕雙雙掠。記月地携酒，花間同載，幾回腸斷念往約，况良夜漂泊。（半）渺寞，且尋樂。正畫裏朱櫳，牆外紅索，年華錦瑟誰如昨。雪冷梅老，負伊孤鴻。而今何意，理舊恨，漸謝却。（苾）

憶秦娥　于湖

吹清角，天涯游思今非昨。（半）今非昨〔一〕、夢中雲遠，酒邊醒薄。　通辭惆悵微波託，（夔）疏狂早

〔一〕『今非昨』原刻漏，今據詞牌增。

擬親絃索。親絃索，縱春歸去，好花休落。（苾）

謁金門 洛水

情漠漠。自悔多才生錯。歷亂星辰都有著，相思無處摸。（苾） 點點泪痕衾角。離恨來時難却。療妒醫愁如有藥，藍橋仙不約。（半）

春光好 歸愚

好花不與分愁。怎怪得、蕭郎白頭。莫唱吴娘秋雨曲，腸斷蘇州。（苾） 青溪那解西流。漫負却、芳園夜游。醉倒杏花疏影裏，莫問更籌。（半）

六州歌頭 龍洲

青山終古，曾幾見豪英。悲宿莽，懷芳杜，撫臣膺。黯愁生。回首太平日，甲兵洗，琛賮貢，鯨鰐浪，豺虎氣，失虜廷。羽翼上京。玉帛塗山宴，麟鳳炰烹。（夔）感大風歌罷，威熠故鄉民。改置三軍。九州歌傾。 大言劉季，成事少，罵豎子，假王真。指白日，誓海水，上帝臨。保赤心。乞賜朱雲劍，攀殿檻，泣孤臣。（苾）更何日，公論定，是非明。持節萬里海上，鯨波息，嫠面謝恩。看皇州花滿，天下一家春。大禹如神。（半）

菩薩蠻　初寮

御溝流水無聲繞。垂楊翠冷鴉啼曉。別後幾春風，音書付去鴻。（葵）　離亭歌折柳。慵抱琵琶奏。酒味莫嫌濃。忘憂汝有功。（半）

洞仙歌　龍川

畫簾疏雨，只有春人困。燕子飛來訴幽恨。（半）乍冰絃緑潤，寶鼎香寒，東風裏，惆悵亭花落盡。（葵）　釵痕山枕畔，無限歡娱，到了而今總成悶。（苾）記荼蘼一架，架底鞦韆，人去久，紺唾榴裙猶潤。忍抛石、臨池打紅鴛，怕點入波心，蕩圓成暈。（夔）

謝池春　姑溪

嬌雲照眼，珠錯落、花前後。窺鏡兩心知，拈帶雙眉皺。乳燕驚落幙，臍麝飄香袖。（苾）耐閑情，忺永晝。　泥人醒醉，無奈樽中酒。除他鏡裏，誰省識、新來瘦。（半）寫怨碧箋長，按曲紅簫舊。夢怯芙蓉老，盟付鴛鴦守。吟興減，歡事偶。暗愁萬縷，縈損天涯柳。（葵）

歸田樂　友古

纏綿絲斷香銷細。輕薄玉甌雲氣。（苾）珠露翠盤擎不似，微波恣魚戲。（半）　調小玉雲垂髻。較淡濃情意。風味鏡湖西，漚鷺何日尋鄰里。（葵）

醉太平 石屏

醉翁有亭，醉鄉肯醒。人間唯酒多情，（半）泥雙鬟勸聲。　殘花半茵，遥山四屏。（葵）書出心事難明，計征鞍幾程。（苾）

燕山亭 海野

春老無花，羅扇未凉，燕子雕梁棲候。高樹玉蟬，伴我疏狂，階下酒斟盈斗。（苾）雨細塵香，看溪水、緑侵苔甃。吟又。算一樣茶烟，鬢絲非舊。（湘）　花裏前度留春，記月色侵簾，酒痕污袖。清□抱影，燭鳳烟飛，歡情近來何有。（半）雁柱塵生，剩幽怨、陽春誰奏。鴛偶。儘占取、花天玉漏。（夔）

隔浦蓮 逃禪

爐香低裊繡幄。隔院喧晴鵲。過雨霞大碧，孤桐秋意先覺。（湘）愁鄉尋酒樂。春醒薄。縱目憑高閣。燕穿幙。（苾）　蕭騷短鬢，閑情慵付脂藥。烏絲寫怨，錦字共誰斟酌。（葵）簾外雞聲信不惡。愁託。燈花黯淡飄落。（半）

鷰山溪 空同

閑情無著，夢轉聞街鼓。簾底幾重芳，眼迷離、籠烟罩霧。（半）　狂歌縱酒，拌作薄情人，山萬疊、水千重，莫寄傷心語。（苾）　紅遮緑映，春去疑無路。苦恨杜鵑聲，却唤出、妒花風雨。（葵）懽爲沈水，

儂是博山爐，拼玉手，撥成灰，不斷烟雙股。（湘）

朝中措　介庵

長携玉手立花前，何用尺書傳。（苾）願得箇儂心事，依依同住情天。（半）　香濃偎鴨，釵横倚鳳，好夢依然。一樣銅琶聽慣，青衫莫上商船。（湘）

眼兒媚　平齋

鵑聲啼遍緑桑村，枕畔夢無痕。（苾）錦衾斜角，繡罷清泪，都是離魂。（半）　越溪誰浣鵶頭襪，人去石猶温。（湘）一聲杜宇，杏花開後，幾度黄昏。（苾）

蘭陵王　文溪

捲羅幙，人立空庭燕落。簾旌上，蛛網暗縈，惹得楊花意輕薄。昨宵風雨惡。不管，殘英命弱。臨妝罷，記得倚欄，不語雙眼泪珠泊。（苾）湔裙忘前約。漫説鏡冷青，鸞釵彈金鵲。錦箋寫恨愁心各。認遠渚烟樹，去程鞭影，夢中欲覓幾回錯。況畫裏池閣。（半）　宵酌，劃釵脚。嘆鳳管虚拈，鴛字孤學。相思有味誰同嚼。待星底盟誓，背花焚却。怕理鸞衾，舊夢在、忍負却。（湘）

點絳唇　丹陽

老去登樓，亂花遮眼愁如霧。清風未許。分付清塵雨。（半）　誓脱朝簪，江上尋烟語。推不去。

官蛙無數，又鬧黄昏鼓。（湘）

蝶戀花 孏窟

花底流雲吹夢斷。剗襪潛來，生怕苔紋亂。（湘）捲起紅紗驚一看，今宵不信蓬山遠。（苾） 自有天臺仙侣伴。早勸君歸，漏箭偏嫌緩。（苾）繡帳鈎輕銀漢轉，斷腸輸與司空見。（湘）

太常引 克齋

雙鬟賭唱漫旗亭。試歌取、麗人行。（半）花霧夜冥冥。問玉漏，皺鸞暗驚。（夔） 雙棲正穩，碧紗催曉，呼婢打流鶯。（湘）拌得醉夢騰。紫雲見，狂心頓生。（苾）

絳都春 芸窗

眉痕泥柳。展簾外緑陰，檀奴消瘦。鏡倚小菱，牒問靈苑三生舊。（夔）夷光合是君家有。證取五湖歸後。（湘）夜凉人去，珠燈乍上，淺杯分酒。（苾） 忺否？簫郎疏懶，鎮凝對，却似鷺閑江堠。滅盡綺懷，應也低徊香消候。（半）春宵珍重長於晝。繡被波翻紅皺。玉困花柔圓蟾，隔窗照久。（夔）

感皇恩 竹坡

夜色認看旗，潛迴樹杪。唤到林鴉北窗曉。酒醒夢轉，悵望倚歌聲悄。怕羅香尚在，人空杳。（半） 還算月裹，姮娥能少。自古英豪更消早。舊時坊陌，千樹楊鶯老。拍欄杆更見，花開少。（苾）

情久長 聖求

溪桃澗水，前游再到尋鄰里。尚記得、小紅題葉，林外飛墜。舊歡思渺渺，聽短篴，都把離愁唤起。夢痕遠，凉蟾側影，新雁横空，頻目斷、遥天際。（半） 拌得疏狂，酒國尋生計。午枕倦、翠屏香散，懷人滋味。故國夜月，料水檻、花枝笑倚。茜窗外，梧桐細雨，灑遍天涯，偏不肯、饒人睡。（苾）

少年游 壽域

惱人鶯燕共朝昏，柳色暗重門。指點落花飛絮，春又過三分。（夔） 管絃如夢，簾櫳似水，庭院轉槐薰。（半）雨酣新竹長龍翰。看玉版、更尋君。（苾）

謁金門 宷齋

烟漠漠，花外幾重羅幙。紙帳定輕聞斷角，夢和香霧薄。（夔） 怨別陽關慵學。寄恨微波難託。滿眼芳芬誰共酌，鶴聲渾不惡。（半）

賀新郎 東浦

小院槐風静。敞紋紗、羅衣太薄，桐絲自冷。門外斑騅嘶漸咽，慵問舊時香徑。誰念取、茂林多病。（夔）可是姮娥嫌夜短，倩輕雲、低護欄杆影。愁正在，酒休醒。 榛蕪勿翦偏佳景。更依依、垂楊千縷，似斜還整。（半）別意天涯芳草遍。消得雁昏蛩暝。空見説、銀河波迴。靈鵲填橋長使在，料綢繆、也怨秋

清冷。青鳥信，隔窗倩。（苾）

虞美人 無住

銀瓶不灑鬟天露，冷透同心樹。（湘）杏花已是嫁東風，底事含嬌猶吝一絲紅。（半）　團圞明月年年好，誰見嫦娥老。（苾）杷羅留取定情詩，郎去如潮妾是、橹雙枝。（湘）

減字木蘭花 後山

楊絲褭褭。照水輕盈雙翠小。（苾）愛月眠遲。花護雙鴛冷不知。（半）　脂香襲酒。笑祝檀郎今日壽。（湘）欲勸還休。酒靨輕紅聲帶羞。（夔）

水龍吟 蒲江

騷魂已是難怡，依然令節長安路。（湘）華堂日麗，鮫綃新試，猊烟未吐。（苾）翠艾猶懸，彩絲頻續，奇徵荆楚。（半）把欄干猛拍，向天重問，人間世，無今古。（湘）　酒罷花前醉舞，唤湘靈、更操絃鼓。（苾）江榴又放，櫻桃幾見，依然棲旅。（半）歸話鄉關，黍盤分餉，老蛟休據。（湘）唤長沙伴侣，蒼苔石上，訪投詩處。（苾）

阮郎歸 琴趣

沙頭微雨上燈時，紅襟簾外飛。（湘）鴛鴦倦繡待郎歸，山爐香氣微。（苾）　拈楚竹，倚胡梯，樓深

月到遲。爲郎消瘦怕郎知，泪盈濕絹衣。（湘）

西江月

仙犬隔花迎客，亂鴉冒雨歸林。（湘）幽居如在萬山深，何必湖邊唤艇。（苾）　隨意酣歌一曲，誰家春漏千金。（夔）雲開月上方醒，圖畫難描美景。（半）

荷葉杯　端己

憶否水晶簾下，秋夜同坐納凉時。絳河樓角一繩垂，携手話星期。（湘）　只爲殢花留月，難别，門外掃車塵。黄衫多少少年人，偏愛是何因。（苾）

點絳唇　清真韻

一夕西風，緑蕪凋盡行春地。亂愁誰寄，眼底人千里。（半）　幾曲陽關，那盡離人意。長亭際，莫揮霜袂，愁損秋娘泪。（苾）

醉落魄　東坡

溪山猶昨，雲沉月换誰評泊，秋懷不是躭蕭索。臨水登山，此意當時錯。（半）　詩書一例都删却，西園無奈花飛落，結芳休負臨江約。堪羡羊公，猶是毰毸鶴。（苾）

一斛珠　東坡

傲霜花晚，空庭月白宵剛半，參差弄影侵苔篆。（半）　幾曲屏山香不斷，紅闌一段關山限，甚特重結尋春伴。（苾）　淺酌低吟，儘勝登高宴。（半）莫換雕梁，好待銜泥燕。（苾）

點絳脣　東坡韻

背錦尋秋，新詞譜出離亭宴。（湘）秦川晉甸，莫忘玄都觀。（苾）　懷古登高，憂樂長相半。離情遠，暮雲飛亂，眼冷隨陽雁。（半）

佚名

古臺生暝，甚埜花、多情愛掛巵冠。（湘）狂展苔茵，醉呼萸盞，山頭再會應難。（苾）放懷境寬，衹懼情不似從前。（半）刻松脂，細數年華，一龕燈火背人寒。（湘）　籬外晉人，何處采、殘英一掬，莫戀貂蟬。（苾）望遠供愁，吟秋易醉，清游付與誰箋。（半）更揮玉船，唤隔簾、眉月娟娟。（湘）倚雕鞍、有約歸來醉題，留待看。（苾）

踏莎行　答文叔問送別，即用其韻

吴苑鶯花，越溪烟雨。湖山風月誰爲主。本圖絃管送年華，那期笳鼓成羈旅。　似舊樓臺，依然雲樹。游人只當看花去。綠楊三百九十橋，無橋不是相思處。

玲瓏四犯　石帚韻

月老石荒，雲空山冷，詞仙今在何許。但驚才語傷，不讓斯人古。長門爲誰賣賦。喚扁舟、肆游烟浦。五百樓臺，八千絃管，風月那論苦。

樓前水關山路。認尋香紫陌，敲韻朱户。越溪橋畔水，不向長安去。飄零也是江南好，願同作、吴皋羈旅。須訂與。琴臺結、簪花老侶。

和前韻

試暖香篝，怯涼羅扇，離魂續得供伊斷。自家尋著走天涯，如何儘把山川怨。酹水無情問天難。管玉釵、能否今生見。風沙豈止損朱顔，離憂直怕肝腸換。

南鄉子　歐陽炯韻

水落添風。色林寒帶雪聲。鄉心斷雁趣□成。（坡）秋塞夢回，鴛枕欠分明。（苾）

三姝媚　和王幼霞，用文道羲韻

眉彎春恨苦。念風前纖腰，對花慵舞。枉費依依，贏得幾篇詩句。做不成花，但解弄、盈盈飛絮。休問雷塘，一片斜陽，暮鴉終古。

長記紅英隨步。自隔斷章臺，相思無路。悔識纏綿，半生幽恨，淚痕無虞。到而今，憔悴損、籠烟籠霧。更聽高樓哀曲，誰家按譜。

鶯啼序

夢窗本意　半唐詠事之作，沉鬱蒼老，愛而和之

檽紗玉蟾照眼，弄清暉透户。夢醒早，何處高唐、楚山雲冷朝暮。杷羅怨、紅冰涴粉，鵑啼血染千山樹。正蘭橈波暖，橫塘柳絲拋絮。　回首吴雲，畫橋繫馬，蹴珠塵擁霧。短箋寄、班扇題香，舊恩長保紈素。倚薰籠、雙鴛罷繡，折秋藕、搓成千縷。捲簾櫳，低問班行，早羞鵷鷺。　皋廡落拓，水國淹留，舊巢認燕旅。試再訪、舊時坊陌，廢池空壘，寶甃苔荒，雁烟蛩雨。幽蘭泣露，寒螿啼月，銀箏腸斷烏棲曲，恨潮回、不過閭胥渡。瓊枝玉蕊，無端雨橫風狂，錦繡委棄抔土。　壺催畫箭，燭短銅蕖，理亂愁似苧。擁繡被、香殘臍麝，管蠹箋塵，鳳紙愁書，蝶衣憐舞。探梅訊柳，銀屏深井，仙鄉消息音信斷，譜離鸞、絃澀如膠柱。年年烏鵲填河，彩袖盈盈，那人見否。

少年游

乙未五月十七過玉賓，主人以事出，爲守其室，獨坐無緒，忽憶十年前所遇，神爲之往。用白石韻紀之

尋鄰訪里，櫻桃門外，車馬駐城西。弄扇窗前，簪花簾底，初識避人時。　低頭念母，垂髫依姊，籠襪步青溪。笑擁香衾，愁寬羅帶，鸚鵡未曾知。

破陣子

寄南花　吴妝不用燕支

織女那愁河漢，班姬不怨秋風。醉後玉釵敲幾股，舞罷真珠掃一叢。淺妝嫌粉紅。　怯病漸辭樽俎，貪歡愛理絲桐。無限昨宵恩寵事，都在人前一笑中。泪箋封幾重。

鶯啼序　和夢窗　西雲還山，作此送之

樽前漸稀俊侶，倚蒹葭問水。蒓花謝，爲覓春魂，燕泥收得殘蕊。怯弦響雲間雁落，空堂峭壁蒼鷹墜。念青山無恙。蓴鱸忽動秋思。　紅鎖鞦韆，一簾嫩雨，正黄催杏子。嘯歌罷，門掩松陰，九街車騎稀至。笑東門、何須帳飲，淡烟外，鞭絲遥指。縱離亭，千疊陽關，那知人意。　雞啼月曉，問夜如何，正萬家熟寐。宫樹暗，翠沾衣潤，唤曉鶯語，指點銅仙，老懷孤泪。玉階獨立，銀河悵望，腰肢非爲君恩瘦，自池邊、照影成憔悴。江村暝宿，燈昏客夢驚回，此身在烟波裏。　回頭甚事，錯把年華，付翦紅刻翠。且放浪，鴟夷湖水。唤我盟鷗，柳外沙邊，伴伊眠起。天台采藥，仙源種樹。從今休問人魏晉，看雲山、携杖柴門倚。閑將斷盡柔腸，譜入漁謳，泪封故紙。

踏莎行

自恨眉嬌，誰憐腰細。夢魂萬里隨鞍轡。銷愁强飲酒千鐘，不期到眼都成水。　紅葉題箋，茜紗封泪。燈花剔罷熏籠倚。三更猶自望羊車，黄昏早過宫門外。

巫山一段雲　唐昭宗

鴉逐將歸日，松留欲散烟。愁鄉知有幾重天，况堆千萬山。　蟲網經風吹絶，又向簾旌重結。一絲分做一條心，教人怎麽禁！

一葉落　後唐莊宗

舞鳳落，驚珠箔，小鬟喚起整絃索。漏殘夢未成，花冠啼簾幙。啼簾幙，甚事心頭著。

如夢令　同上

玉府丹霞生洞，碧樹雙棲彩鳳。鴛枕半隨郎，拼把泪珠分送。春夢，春夢，花落爲伊珍重。

浣溪沙　南唐嗣主

春去楊花亦倦飛，營巢舊燕補新泥，病蘇凉夜怯單衣。　萬里未乾胡馬血，十年不聽蜀鵑啼。心腸誰説有天知。

攤破浣溪沙　同上

已見西園蕊半殘，東風偏急落花閑。端做人間殘忍事，與誰看。　羅帕泪挨雙臉熱，鏡奩愁重兩眉寒。依舊無情天上月，到欄干。

西子妝慢　白雲韻答

滚滚長江，堂堂去日，白首幾人如意。新亭那箇是英雄，對河山、勸君收泪。天垂四碧。漸銷盡、胡床豪氣。聽高吟，自中山仙去，人間無此。　桃源外。早納閑人，洞口雲休閉。偶然詩思到蒹葭，展琴書、不知何世。甚處倦倚。藤花下、須謀百醉。指烟波、明日舟船萬里。

攤破浣溪沙

水面紅鱗欲上鉤，登臨無處覔高樓。庭院梨花春不管，夢悠悠。　那有紅顏能百歲，憑他杯酒解千愁。空把鏡中雙臉泪，各分流。

憶江南　南唐後主

多少事，付與亂烟中。羅扇追凉芳樹底，驟驚雙燕落釵龍。衫影漾池風。　多少夢，鴛枕泪霑頤。無限關山羌管裏，落梅何用更頻吹。狂醉莫猜疑。

京國去，辜負許多春。簫鼓畫船排柳下，草熏蜂蝶逐香塵。花氣隔船人。　星錯落，銀燭一簾秋。菱芡滿船明月上，攔江吹笛夜横舟。燈色上城樓。

搗練子　同上

殘酒醒，夢還空。幾樹芭蕉幾樹風。燈影茜紗簾不捲，滿庭花鎖舊房櫳。

相見歡　同上

樓頭囑咐流紅，莫匆匆。慣自飄零，休恨雨和風。　深杯泪，難成醉，暮雲重。又是斜陽西下月兒東。

斜陽一枕山樓，落簾鈎。全仗蕉花梔子做殘秋。　寸腸斷，歌聲亂，不禁愁。牽動誰家心事上眉頭。

虞美人　蔣竹山韻

今朝潮没帆檣上，歸夢尋鴛帳。明朝携手繡樓中，玉軟未温釵裊燕兒風。　暫時委曲孤燈下，便是姑蘇也。拌將憔悴爲多情，一刻難挨離枕到天明。

玉樓春　片玉韻

飄零也願江南住，天爲安排詞客處。綺羅無主月窺簾，蜂蝶逐人香滿路。　嬌紅籠緑春無數，送酒微歌朝復暮。輕衫郎面似蓮花，團扇妾懷吟柳絮。

鷓鴣天　酒邊韻

高隱青門幸不侯，西園麈尾盡英流。當筵酒陣飛千盞，藏匣詩牌剩幾籌。　青雀舫，紫貂裘，安排琴劍老蘇州。與君重訂鷗邊約，早占青山買莫愁。

又　自韻

錯把江南作故鄉，十年鶯燕識王昌。聽歌醉酒尋常事，到了而今做斷腸。　花亦笑，水都香，甚時重到訪吴娘。老懷本自無牽掛，却引閑愁上夕陽。

西江月 于湖韻，答少谷

爲甚侯封萬里，何須藥搗千年。雲英分載緑蓑船，風緊楊花撲面。　半卷兵書已矣，一篇酒頌依然。胡麻應熟白雲天，留得桃花幾片。

壺中天 石帚韻，再答少谷留别

故山抛却，把南花分做，荆臺仙侣。斜日照殘樓外柳，柳外青山無數。繡户春燈，畫羅秋扇，泪點吹成雨，蘭成已老，斷腸難寫愁句。　薄暮千疊陽關，梅花片片，分散長安去。早是客懷無著處，空望烟波迷浦。鷗夢三生，蝶魂孤枕，留也無人住。欄干幾曲，大隄南北分路。

蝶戀花 小山

醉不成歡愁亦盡。春夢重重，隔斷狂花陣。（坡）天不困人天亦困，别離只是人間恨。（顧印伯）　百二關山都不問。但祝飛鴻，莫阻江南信。畫舫分明移寸寸，誰知便與長安近。（苾）

水榭山樓經醉遍。怕折梅枝，又近離亭宴。（坡）向夕屏山開六扇，儘看素月無文練。（印）　一霎欄干抛粉面。甚處陽關，笛裏依稀見。已罷高歌絃更轉，吴姬不解關山怨。（苾）

無計句留星又晚。且倚青樽，莫問斟深淺。（印）燈火城南天樣遠，任他夜夜冰輪滿。（坡）　獸炭香銷更漏斷。月落霜空，盡夜猶嫌短。秃樹啼鴉雞唱亂。東方漸覺明星换。（苾）

角招

張子蒓上和以此調贈別，用石帚韻答之

嶺梅瘦。東風帶、雪飛花綠又催柳。綺窗生遠岫。萬種好春，都寫君手。鷗去久。更買空、湖邊三畝。匹馬關河古道約，憶風雲灞橋西，寄詩篇千首。還有。倚欄翠袖。吴霜染鬢，難擷芳枝秀。玉釵欹枕溜。倦倚薰籠，予懷愁候。午新客舊。況十載、疏狂傷酒。笛裏陽關莫奏。便重怕，香消花殘歌後。

和六十一家詞

破陣子　珠玉韻

冰簟最憐凉夜，羅衣怕到秋風。蝴蝶逍遥難自治，總把珍珠戀一叢。露消飛不紅。多病久拋針線，牽愁倦理絲桐。耽擱英雄多少事，盡在風雲月露中。珠簾垂幾重。

春長也諳詩句，威加海内歌風。斜日咸陽原上望，漢殿惟堆瓦一叢。風磨日不紅。生意幾行衰柳，光陰半死枯桐。圖畫凌烟真不值，醉卧柔鄉粉黛中。望君門九重。

菩薩蠻　飛卿韻

心期未定偏惆悵，深房處處垂羅帳。杯興到濃時，腰肢無力辭。春蔥梳扇羽，閑坐閑言語。碧玉在他家，可憐瓜未花。

蒼天長保紅顏好，蒼天莫遣紅顏老。攜手祝蒼天，百年同枕眠。蟾蜍圓幾月，潘鬢驚凋謝。桃葉是同鄉，相親無別腸。

人情每忌當時樂，情懷易變春冰薄。烏鵲不填橋，彩舟何處招。　深坊門巷却，鄰舍驚人宿。五色繡花枝，贈君懷袖歸。

女郎正似春花好，高堂漸逐秋花老。行慣緑楊隄，馬蹄應不迷。　花堆雲鬟緑，香噴蘭湯浴。明月滿清暉，缺圓人自知。

臨江仙　六一韻

樹杪泉翻山雨霽，隔城飛到江聲。半梯殘照亂溪明。甘蕉修竹，一夜過檐生。　細算佳期將七夕，盼他雲裏霓旌。曉星東上與闌平。烏雲堆枕，鳳鳥任縱横。

秦淮連句　烏夜啼，和夢窗，十月十五夜

紅樓壓得波紅。水脂濃。吹盡南朝花影，是西風。（仲實）　金粉地，漫都付，酒杯中。燈下分明人在，怎成空。（子苾）

西河　稼軒韻，同上

南朝水，總是南朝人泪。清溪仿佛似桃源，不知幾里。與君寂寞强尋歡，苦荼還當甘薺。　夜方長，漏催易。把酒月來何意。莫將衮衮羨諸公，半成殘李。五湖一舸是生涯，前驅不顧千騎。（苾）　况相逢、尚能共醉。儘凄凉，拚耐愁味。照影莫傷憔悴。指鍾山、一角精靈來往，對此嬋娟銷魂未。（石）

木蘭花慢　夢窗韻，同日

問青天片月，定知我，此時心。正恨滿奚囊，寒生畫舫，魂斷朋簪。重攀。白門舊柳，被西風、换了幾回陰。欲把秦淮比泪，泪深還是淮深。（石）　凄音。試問南朝，仙侣也、動愁吟。更水邊緩緩，歌絃散去，鴻杳魚沉。霜前。漸飛木葉，念遼陽、有夢到秋砧。怪得腸迴似結，夜闌無酒堪斟。（苾）

南歌子　和石孝友，十六夜秦淮作

粉氣濃如霧，燈痕密似星。秋篷偏耐露珠零。惹得鍾山飛上、兩眉青。（石）　蝴蝶棲羅帳，鴛鴦宿綺亭。井中消息問銀瓶。眼底分明如夢、奈人醒。（苾）

虞美人　和坡老，同日

江山亂後愁歌舞，落葉紛如雨。胭脂流盡六朝紅，惟剩無情孤月照長空。（石）　闌干憑罷閑叉手，那有消愁酒。從今不再畫蛾眉，酒後花前長記別伊時。（苾）

又　同前

生涯鎮日愁中過，深井驚瓶破。被頭休怪泪闌干，多少温存都付枕衾寒。（苾）　拼得冷落償嬌媚，不肯和人醉。青溪九曲似迴廊，試把迴腸寸寸與伊量。（石）

又　同前

青溪縱比秦淮美，偏愛吳娘里。湖山何日可重來，却羡他人歧路得徘徊。（苾）　珠簾十里燈齊上，暮雨瀟瀟唱。江南過盡冶春時，空把春魂照人碧玻璃。（石）

又　同前

秦淮夜白如初曉，月似人魂小。問他何事却西流，只爲愁人流泪到西州。（石）　柔鄉也擬疏狂醉，偏惹聽歌泪。何曾寶馬逐香埃，總把無端恩怨上心來。（苾）

青玉案　和方回，同前

南朝舊日秦淮路，夕陽外、聽歌去。買醉何須桃葉渡。且隨鴛鴦，畫樓過盡，偏愛烟深處。（苾）　重來偏又年光暮，花月依然舊題句。欲不銷魂天不許。平生幽恨，被風吹去，化作沙邊語。（石）

滿江紅　趙希邁韻

三百年來，好骨董、好書好畫。曾幾見、螳螂無敵，蝸蠻稱霸。羅綺滿船裝美女，傷心昔日千金價。鎖千門、宮女話先皇，槐陰下。　真怪事，堪驚訝；妖孽信，忠良詫。看青天，霹靂繞頭堪怕。上有佞臣千百在，尚方寶劍無由借。任書生、經濟説千篇，欺君詐。（此體素不作，白石、夢窗惡其調，響以平韻度之，戲書此闋，一吐胸中横氣。）

蝴蝶兒　兒女輩搨墨蝴蝶，襞帶仿之音者無以辨，製此志之

蝴蝶兒，正時棲。香宿粉染金衣，怕春傷著伊。　已向梁園住，何圖漢苑飛。莊生心事有花知，一場仙夢非。

蝶戀花　屯田韻

隔舍鄰家人語細。幾簇吹烟，傍晚生檐際。秦蜀安危分洞裏，（石門爲秦蜀棧閣，洞未開時，行人不易。）往來無限英雄意。（用杜『泪滿巾』句。）　事業不成成獨醉。已斷柔腸，斷處尋滋味。孽種相思難懺悔，比伊諸葛還勞悴。

後庭花　孫光憲韻，送傅桐丞太守之任西安

少年裙屐誇鄉國，酒痕衫色。劍閣烟鬟千點緑，甚日歸得。　使君名姓在，小兒能識。雨絲如織。别後相思燈下憶，漢水無極。

清平樂

燕梁私語，苦戀雙旌去。非是故人攔馬住，翠黛亂遮行處。　漢臺風暖花飛，畫堂晝永春暉。雖是皇恩不許，郡人總望公歸。

點絳唇　余子厚從西安還蜀，遣使迎之，用俞商卿韻先寄

望斷長安，計程應到褒城路。雨聲催暮，雲棧無船渡。　鳥道盤空，天也難成步。今如許，更聞人語，漲了溪橋水。

點絳唇　前意嫌其質實，又擬此闋

富貴功名，先拼多少關山路。休嗟歲暮，擊楫中流渡。　浪湧千峰，快意蛟龍步。君應許，把杯狂語，喚酒巴江水。

杏花天　大雨三日，遲之不至，用江開之『杏花天韻』，又寄此闋

瓦溝翻浪穿花徑。古城空、行人絶影。已逢南雁猶難準，況走天涯不盡。　燈花報、征鞍路近。喚煮酒、來朝醉穩。老夫無限前朝恨，要把長安細問。

繞佛閣　片玉韻

淡烟夕起，華月掛樹，先照山館。壺漏嫌短，榻移傍甃開軒卷羅幔。短籬菊滿，凉簟露冷，班扇疏遠。絃澗歌婉。只分一水斜河渡無岸。　七夕盼靈鵲，好倩蛛絲搓巧線。樓下柳梢當時人一面。嘆箇裏光陰，絃急催箭。夢稀難見。寫雁字成行，風又吹亂。看簾旌，欲收還展。

賀聖朝　葉清臣韻

好花一餉仙家住。被鄰鶯争去。羅巾香帊，一離樓閣，便拋風雨。　舒眉强向人前語。暗牽衣低訴。欄干明月，碧紗燈影，尋伊無處。

桃源憶故人　王之道韻

春蠶莫解絲纏處。怕見城南高樹。泪線暗拋如雨。出入房櫳户。　尋思百計難留住。只有斷腸

無數。眼底江南人去。就是樓前路。

惜奴嬌　石孝友韻

久斷情緣，驀忽地、著冤家遇你。水性情，本來恨你。費光陰，受熬煎，都爲你。問你。自己癡、那箇害你。

煮茗焚香，背燈立、偏勞你。再來麽、全憑在你。子結桃花，並無人、憎嫌你。痛你。自此後、誰人管你。

謁金門　失名

燈暗坐，畫出愁人一箇。茶飯不曾無泪墮，凄凉誰似我。

聽盡雞鳴不寤，拌把人兒不做。玉碎花殘今怎過，君懷中長大。

小重山　失名

願送人行扇早歇。征車門乍到，又心性。關河萬馬舊曾閱。從未見、這悽惻情節。

截得寸腸絶。盈腔心似火，頓成雪。今生要見怕虚說。真捨得、臺上昨宵月。

再用謁金門韻

臺上坐，不見人兒一箇。奇事似從天上墮，如何怪得我。

莫說旁人不寤，真把事兒錯做。豈肯些須容得過，蒼天如何大。

如夢令　嚴蕊韻

說是無情不是，說是有情不是。苦惱自家尋，愛受難捱滋味。休說，休說，杯酒怎能成醉。

憶秦娥　石湖韻

誰敲缺，不留半箇天邊月。天邊月，嫦娥縱在，鬢應如雪。

泪痕添做流泉咽，冤禽怨是何人結。

何人結，欄干轉角，孤帆天闊。

夜游宫　放翁韻

錦帳朝朝睡起，罷梳洗、落花鋪地。帕染燕支紅在水。怕纏綿，總生疏，抛冷際。　暗度迴廊裏，恨明月、照人窗紙。虎阜山塘纔七里。算生平，幾人兒，都害死。

珍珠簾　放翁韻

千山北棧來時路。水東流、便做東流萍絮。我獨重游，曾記那人行處。短棹烟波三萬頃，怎慣栖、郵亭官署。天莫。把名兒偷换，憑闌自語。　悔被多情誤。恨英雄到老，風懷難去。擺袖脱烏紗，伴野鷗閑鷺。早識封侯無我分，况富貴、城頭黄土。東顧。逐西施湖上，矮蓬眠雨。

蝶戀花　放翁韻

暗記紗窗臨别語。一過欄干，莫忘回頭路。我憶行人無定處，行人憶我全如故。　早已安排游釣具。寫得鸞牋，不識無由付。花落花開皆命遇，何須恨寫江郎賦。

感皇恩　張子野韻，褒城雞頭關有白石祠，相傳有仙人運水以濟漢高困軍處

白石山人役鬼工。須知龍在處，有雲從。擬他踪迹赤松同。都南鄭，燒棧道，助而公。　王氣滿關中。憐渠功未就，已成翁。楚歌下，霸王窮。神仙事，且休問，吊江東。

青玉案　張榘韻，觀音碥

天黏草色崖懸樹。古洞愁猨禪學處。亂石鞭驪上天去。萬山秦蜀，千年唐漢，箇箇由斯路。　漁樵事業朝衫誤。早買青山也應許。醉倒花間歌且舞。芙蓉玉碗，葡萄美酒，萬歲何朝暮。

謝池春　放翁韻

乍解征鞍，又理漢江歸棹。不思量，厭厭病倒。今宵歡盡，怕雞窗催曉。柳絲愁、恨花偏笑。東風轉眼，開了酴醿須到。約重來，還須去早。餐風眠露，囑蛾眉休掃。最傷心、袖邊人老。

撥棹子　尹鶚韻

情迫切。呼明月。怎不留人人暫歇。費盡護花心力。還剩得，恨事新蟬風裏説。相思縱害寃休結，肝腸一霎成冰雪。盟與誓，竟成虚擲。無好計，後世今生都想徹。

少年心　山谷韻

萬事莫解煩悶。斷柔腸，不留分寸。算秋娘今得意，杜郎薄倖。怎料得、鳳喜鸞嗔。越客西施休問。網得了、贈人幾分。對鏡中花笑，誰愁誰恨。些兒裏、做兩面人人。

駐馬聽　屯田韻

錦帳香衾，總虚設，傷心只有天知。千山萬水，帆檣鞍馬，關河抵死相隨。最憐伊。背地裏、會也些兒。磨折千端，不成還罷，況又分離。銀瓶那收覆水，平地難追。恨露水緣分，誰教伊爲。一任鴛鴦卅六，歷亂何忍思維。再見面，怕桃花，開過繁時。

安公子　放翁韻，爲歌僮耐香作

酒陣排詩社。當關客到呼僮謝。清簟疏簾，携一局、藤花滿架。卧看牽牛，檐角飛星下。涼夜枕、一刻真無價。看露華欺燭，獨步迴廊深榭。真箇魂銷也。昨宵香染雙鸞帕。見慣司空，絲竹内、甘心都罷。聽鼓應官，又走蘭臺馬。潘鬢疏、提起相思怕。但放懷歌酒，舊事明朝再話。

傾杯令　呂渭老韻

病蝶飄魂，啼鵑吊影，恨事眼前都到。花落風狂偏掃。春枕雨還催曉。花憐白髮人俱老。嘆餘光、樓頭殘照。明知此恨人有，怎奈我當不了。

受經堂集[一]

書説

《宋史·趙普傳》:『普少習吏事,寡學術。及爲相,太祖嘗勸以讀書。晚年手不釋卷,每歸私第,闔户啓篋,取書讀之竟日。次日臨朝,處決如流。既薨,家人發視之,則《論語》二十篇也。嘗謂太祖曰:「臣有《論語》一部,以半部佐太祖定天下,以半部佐陛下致太平也。」』《世説》:『袁悦有口才,能短長説,作謝玄參軍,還都惟齎《戰國策》。語人曰:「少年讀《論語》《老子》,又看《莊》《易》,此皆是病痛事,當何所益耶?天下要物正有《戰國策》。」既下,説司馬孝文王,大見禮待,惑亂機軸,俄而見誅。』余每思此二事,讀書不可不慎也。夫書有芻豢,有鴆毒,食而充肥者有之,食而自斃者有之。甚矣!讀書者不可不慎,著書者尤不可不慎。孫吴穰苴等書,其殺人者不知凡幾。人每舍日用自行之常,而别求稀罕怪誕之物。嗜稻粱者,恒飽而無慾;服硫磺者,久而必發竅節之奇疾。予嘗與友人議,與人坐片刻許,便知其腹内所儲;某也面有何書,某也面有某書,決之百不失一。譬如五臟無病則顔色澤悦,某臟受病,可按其部分決其死生。稿

[一] 據民國七年(一九一八)成都存古書局刻本整理。

於内，瘁於外，惡可隱哉！天下萬事，發原於心，所謂生於心，害於事者。殺人者，非忍也，心也。殺己者，非人之忍也，亦心也。普之面必有《論語》，《論語》者，日月華采也；悦之面必有《國策》，《國策》者，雷霆震擊也。蘇、張之富貴功名，抉諸虎狼之口，探諸鼎鑊之腹，深可憫也。乃後人忘其虎狼鼎鑊而但見富貴功名，迫而趨之，鮮有不礪齒牙、醢肌肉者。而悦乃欲以此挽權勢，致高位，不亦愚乎？近世以來，趨進之士，競談九流，卒投水火。夫《莊》《列》諸事，深智宏慮，將以全身而避害，非欲陰謀詭算，竊利柄弋禄位也。若謂此輩讀《論語》，亦舜自舜，蹠自蹠，是何言之薄不愛人之甚者歟？天下之書富矣，其無毒者數册而已。然孰過於《論語》者？然書自書，事自事。必謂讀書便知治事，趙武靈王所謂以書御者不盡馬之情也。夫古今忠義奇節之夫，恒不識字而秉性自天，又豈書之能禍福哉！

豉説

虚有先生薄滋味，遠肴珍。室人嗟無盤飧，進豉佐食，主人謝之。室人曰：『是物也，商相輸功，齊嬖慚巧。無淹葅之寒，有甘嗜之性。吾子嘗之，請頌其美。』主人曰：『試言之。』將覽其文辭焉，室人曰：『山戎之椒，東海之茗，箕肥而角實，殼則剥之，皵則脱之。熬沸爛湯，爨燔桂燎。籮籯以漉，罜罛以釃，幽以甕盎，冪以布枲。滃鬱其氣，覆發其熱。糅以蘇菽，暴以若木。滋以陽樸之薑，配以夙沙之鹽。調辛則海椒，適甘則石蜜。離若散珠，摶若拱璧。旁夥星羅，中丸萍接，由表達裏，壘壘若一。崇盛於漢賈，流連於楚客。』主人曰：『雕胡之飯，玄山之稗，足淡泊以養素，奚假於大苦之味。』

郭君子瀞莊子注序

少時受《莊子》學於嚴君，僅傳内篇。厥後肆業精舍，從湘潭講貫六内篇，而以外篇爲僞，湘潭所釋以《應帝王》爲第一義。夫人之學也，必有所應。萬物之尊，極於帝王，莊子以此終焉，推於有用，非清談玄妙云爾。湘潭好《春秋公羊傳》，所箋《中庸》自仲尼祖述以下，《莊子》三四篇以下，悉比附《春秋》。他人之言《莊子》者，率多野言，荒誕無稽，益不足觀矣。今年秋游維揚，見郭君子瀞所著《莊子》，栞成者示余。博考通人，綜會群籍，述而不作，合於大雅。郭君與王益吾前輩交最篤，相約著書，朝畢一卷，暮馳以告，辯難駁證，宜其精覈至於如此。昔嘗聞南皮孝達師云：『訓詁之學，如荼如火；義理之求，如荼之有味，火之有光，精華固以味與光爲尚。而舍荼與火，味光奚附焉。』其言之時，正秉燭相對啜茗，故指二者爲喻。郭君是書考證文字，理董故訓，荼也，火也，味與光兼而有之矣。至書中古人如彭鏗之屬，不必沾沾求之。祥齡所擬《經支》九卷，取《藝文志》子者經學支流之義，體格仿《莊子》，其實即語録，而變其面貌，澤以文章，微言諷刺，擬合於言者無罪，聞者足戒之旨。當世某某，皆以變聲易其姓氏，託名周秦，浸久乃知九流大都類此，不必孔子有是言有是事，人亦不必定如孔子。至於事迹，尤不能引證，以論當時，微言大義不重此也。又嘗論之，仁者見之謂之仁，智者見之謂之智。即一《莊子》言之，考據家以之説經，當國者以之治世。後之淺人極於丹竈，向壁虛造，殆有甚焉。鄙穢不經，伊誰之咎？昨日與仲實言，面墻之蔽小，對照之蔽大。面墻無所見而却步，對照有所却而不通。譬諸當筵設鑑，所見皆己之面目，而以爲他人之鬚眉，方自誇以爲吾得之矣，孰知乃己之精神魂魄哉！故仁智非二人也。即考之一己，數年而一變，情隨事遷，所樂不同。今日仁所見皆仁，今日智所見皆智。若湘潭好《春秋》，所見無非《春秋》者；某好神仙，所見無非神仙者。推之詞章經濟，無不然。古人往矣，陳言陳迹，從而討論，所得者不足論，有得者亦得己之所得。欲變化毫釐，有所不能。所謂六經皆我注脚，不能注六經，恐自鄭、馬、何、賈以下皆然，可勝慨哉！郭君能得人之所得而不受古人之愚，校矣。持以告南皮、湘潭，又以爲何如也？

瘦碧詞序

許君有言：『詞者，意内而言外。』劉熙云：『詞，嗣也。撰善言相嗣續也。』斯言雖遐，蔚爲詞鍵。樂府浸衰，詩教不作。唐末才人，長短肇啓。五代迄宋，支流日繁。韋李淳以質，温生閎以約。竹山而降，厥體衰矣。譬諸草木，根荄麗土而氣厚，條葉晞陽而臭薄。匪人智之差等，乃文體之蔽通。世每嗜古賤今，祖遠祧近，謂詞小道，君子不爲。此立於東牆，不見西牆之説也。夫設文之體有常，變文之體無方。必謂今不逮古，則《京》不繼《都》而作，《漢》可仍《史》而書矣。夫作者謂聖，述者謂明。濯絳練青，必歸藍蒨。先河後海，肇祖潢潦。予友瘦碧以無累之神，合有道之器，聰侔師曠之審鐘，技匹鄒衍之變律。凡大絃君，小絃臣，律娶妻，吕生子，莫不巧越嵇心，妙臻羊體。故所纂述，一言之善，七寶之觀也。當夫虚檐寫月，古簾聽雪，情往興來，似贈如答。君才揮灑，將與梅鶴俱仙矣。嘗與希古抗論，辨音指暇，唐升宋降，可述而言。夫人聲生律，本乎空籟，唇吻告勞，則廉肉失準。聞環作聲，石湖侈爲神助；浪淘失協，眉山誇其鬼歌。千里步聲而應樂，蟲笑伐句而毫腐。若矯舌而抗喉，自偭律而病吕。音越鹽梅，響逾瑜瑾。山中白雲所云滑溜者，如集中《繞佛閣》《壽樓春》〔一〕諸篇是也。夫選義徵事，尚乎靈虚。昔東阿葛天、平原葵足，改事失

〔一〕鄭文焯《瘦碧詞》中所收張序此處作『《催雪》《大酺》』。

真，貽譏東莞。詞則造文敷意，簡乎義要。庾郎未擬《愁賦》，何遜安忘詞軍。蛾綠隱託壽陽，胡沙暗襲子美。言麗則曰文君，頌才則稱司馬。迹其運化，若水生冰。斯則伊摯調鼎，不定豹髓之珍；牙曠鼓樂，豈假鳳翼之琯。如集中《臺城路》〔一〕《一萼紅》諸篇是也。至若『且』『況』可縱者，换義之有端；『漫』『漸』『正』『但』者，續辭之轉響。『須信』『見説』二字之連翩，『記曾共』『念惟有』三字之接翼。深宫西窗，過片之聯脉；杏花疏影，終曲之俊聲；語隔聲遷，回運易翻。輪扁拙辭於運斤，梓輿屈智於與巧，如集中《垂楊》《浣溪沙》〔二〕諸作是也。若夫桂花俊語，託哀絃於遷帝；苔枝嬌韻，寫悲笛於虜塵。柳花不解傷春，燕子還知吊月；宗邦淪覆，八駁奔亡，惆悵臨危，寓辭託諷，匹義四始，無慚六樂。瘦碧相羊吴會，翱翔上京，吟眺江山，跌宕文史。無單鵠之戚音，有群鳳之和響。睥南渡之君臣，調晨露之軌律。斯又石湖遜其風月，玉田慨其少年者矣。至艷情夭灼，詭言譎褻。穠李生嫌，箏笆騰誚。俗德悦耳，職兢末流。雅歌春和，則欹枕魚睨；燕曲蛙雜，則扣絃晁藻。以兹兢美，未之前聞。蓋金翠雖華，妄綴則腫；粉黛雖澤，背施則乖；豈詞體之易纖，抑人心之近靡。以兹敲撲蕩近，褫蜕令犯，是因噎廢食，畏盤斷腕。阻尼父之忘味，强魏侯以欠伸。挈懷組織，酬雅琢雕。寄閑情於微暇，託襲芳於騷佩。匪飾羽之畫，抑後素之繪矣。故夢窗騁其密，叔夏揚其逸，克清振其肆，碧山扢其麗，瘦碧啓其華。兼善則白石、片玉，偏美則竹屋、梅溪。若孔門而用辭，則姜夔升堂，清真入室，君特、張炎童冠之數，君與數子且高揖尊俎之間矣。

〔一〕鄭文焯《瘦碧詞》中所收張序此處作『《齊天樂》』。
〔二〕鄭文焯《瘦碧詞》中所收張序此處作『《甘州》《宴清都》』。

贈齊登榜序

天下有識者寡，無識者衆。無識者見有識者所行異己，相率而攻之。有識者常自矜貴，不屑與争，即争亦屢致敗，乃退讓抑隱而去，故無識者每得勝。懷遠固陋三百年矣，予宰於斯，十室之賢，得齊君焉。以禮致之，邑人大譁，謗齊及宰。予爲不寐者累日，反復思之，不如其已也。以予薄德好事，重違俗尚，妄冀於不毛之地，播以絃誦，予過矣。招齊君來一年而諷之歸，非始勤終怠也，蓋慨然知事不可爲，豈獨彈丸之地已哉！自是改厥所行，不復以愷悌忠直待人。存獨善之志，抉愛人之心，使我無情，至於斯極！夫然而謗者之心快然，予何樂而不如其願哉？齊君之識，誠有過人者。吾嘗令巫者使呈其術，齊君欣欣來見，曰：『先生其爲西門豹乎？』坐客不解所言，予相視而笑曰：『吾所爲恨子之先知也。』笞其神，使投諸水。吁！君由此其遁於山林，不宜與世爲伍。予亦從此閉門獨吟獨嘯而絶情於斯世也。悲夫！以齊君之處於僻野，無尺寸之得失而遭嫉妒如此，以是知天下古今遇合之難，傷心人能無痛哉！予之負厥初心既易且速，類此者其放廢又不知凡幾。方知久宦之心，其心府與人異。訕笑吾輩所爲之拙，蓋有所激而成，則關鍵樞紐係吾之生出入豈淺鮮哉。吾重自惜，而齊君亦將老矣。然蘇軾有言：『士如良金美玉，豈能以愛憎口舌貴賤之者？』歸歟！勉之！世自有定論。若因噎廢食，悻悻然潔身以去，使天下盡如予之褊急無道以自克者，夫復何望！又以告齊君之子名整者。

與顧華元書

祥齡白華元足下：詠《豳風·東山》之篇，發玉人采蕭之義，眷言君之思何可支。老母弟婦，康艾嘉茂，告慰遠人。蜀事治亂，明達洞悉，不復辭費。聊叙交游，以悦羈旅。不無諷頌之詞，竊比官朝之義。湘師翔引，門童扳援，主人維縶，而鴻竟飛渚，雲畢還岫。昔仲父反魯，衛士所悲，而王豹去齊，河謳亦絶。鐘鼓始設，未聞發音，轡軸初調，復當改轍。丁、朱新圖，錢、薛舊式。孝争秀門，詩歡書泣。仲□、致棠鯨吞於前，叔喬、子京虎阸於後。督學有范宣之政，舉人抱李斯之戚。蕙嘆芝焚，狐吊兔殞。夫由父觀唐虞之彬彬，隨光睹湯發之征討，使彼之子當兹衆賢，其可泯刀幣之貪，解榮勢之寵與？《禮》曰：『人存政舉，人亡政息。』此之謂矣。哀衆芳之蕪穢，嘆知識之零落。去歲秋孟，已傷王子，乃至冬，復悼陳生。彼蒼者天，殲我良人。况岳鳳抱斬苴之哀，范玉含削竹之痛，篤齋旅食，汝諧隱遁，皆有飄墜之嘆。逝者如斯，存者若彼，傷我良友，復烏烏不自已也。八音悦聽，歡戚異響；五章愉目，白采離色。願歇苦詞，續以樂語。彦生書記翩翩，將賦桃夭之美。和甫鳳鳴於庠序，熊飛於闈闥。昜陔既修樛木之好，復有著述之富，注《春秋穀梁》八卷，申劉氏舊義，可信今而傳後。民山侍板輿，出定襄，攬三晉之險塞，觀上國之光寵。尹甫委蛇循循，盡少弟之愛。餘子亦皆發爲文章，斐然可觀，有王楊之美。祥齡獨憂危不知要務，出門無所與陳，親戚莫爲近。視執紼無期功之助，繞膝惟雛稚之女。然徘徊一室，吟誦不輟，誠慮生無益於人，死無稱於世。是以坌誦文詞，竊擬纂述，若有所獲，不敢告人。昔顔回修名，附尼父益顯；太冲鍊賦，假皇甫益貴。若家無猗頓之資，貌無平良之美，位無衛霍之援，交接無田荀之廣，口舌無衍奭之辯，計謀無臏起之略，擊刺無賁卞之勇，諂諛無梁丘之術，駟衮無賜秦之炫，而欲動華貴，啓聲名，文采發於座，繇役信於衆，是適燕而南轅，彎弓而參天也。鸞鳳施翩於雲漢，莎雞振羽於寸莖，龍蜆觀變於滄溟，螻蚓載欣於螻蟻，地勢使然，無足怪者。日惟對妻孥，論典章，謝賓客，展笑謔。託祖父之恩，免負擔之劬，閨閣之人，得以著作自娱。庖無肴蒸，服無纖絲，器無雕鏤，誠以貸粟不如减腹，求金不如嗇用耳。諷頌煩熱，携手同行，以游後園。

眺賞花實，嘯歌魚禽，命棹汀渚，設以清酌。女君發清謳，婢子吹參差，樂而不淫，哀而不傷。當此之時，商相悔其棄耜，齊公愧其投綸。何暇與諸君子考文章、定制度，陪輔遺忘修明顧問哉！足下覽成周之盛軌，宏漢京之丕業，將見鷹揚翰林，虹光朝宁。固潛見之異轍，亦用舍所同美。《易》曰：『雲從龍，風從虎。』《詩》曰：『無金玉爾音，而有遐心。』

與陳子京書

方春和時，卉木發采，禽魚載歡，酌以清醴，答以高詠。耳無筝笛之響，目無黼藻之炫。饑食野藿，渴餟寒漿。山父拍肩，綺園把袂。拾華月爲儔侶，揖鮮飆以入座。昔齊公鼓刀，商相烹鼎，要冕笏以顯貴，取圭璋以娱樂。而吾方欲長群箕潁之耜，畢如丹水之綸，比衡往哲，其趣益卑。蓋聞璅蟲戢翅於污池，應龍展鱗於滄溟，鵷鷃俯啜於蕭艾，鸞鳳高舉於天池，勢各不同，志亦有異。而若湘客之敷袵，郢臣之立庭，又羞之不爲也。是以感彼喬木，興懷碩鼠。吟晉賢推隱之篇，發楚王投袂之奮。

與曾蜀章書

冬雨悽冷，衰草黄濕，淡日荒墜，車聲急促。野橋敗荻，絶無行人，寒渚摧林，或宿隻鳥。思念足下，儻若憶我，懸擬斯景，引脰仰望，怳睹心志，往反有迹。今之所居，足下諳熟，境顯念確，搜索易得。今憶足下，則茫杳關河，蕩漠雲氣，呼之不聞，推之不見。况王生謝羽於秋孟，陳子掩鉟於冬中。等孝儀璧碎之傷，輩南康芝焚之痛。夫梁綱之悼王劉，感惜俱往；仲文之泣顔仲，祝喪異辭。情淺者哀降，思深者痛鉅。故於陳君，尤所摧惋。且足下與陳君幼共親愛，長益和好，悲哀禽蕚，流連月露，寢同衾褥，坐並裙袂。雖東阿琴瑟之言，未足比偶。一旦云誓，痛何可支。子長致恨於報施，漆吏齊論於壽夭，通敝殊義，歡戚一軌。昔魏文帝云：『既痛逝者，行自念也。』願與足下既鸞翔於上都，復龍潛於林壑。進足以黼黻太平，退可以詠歌，於後且逍遥於聖喆，勿愴恨於山丘。

與陳二書

聞伯氏卒，奔哭外門，不知涕之無從也。既抱蓼莪之哀，復悼陳根之哭。雷霰摧落，繼以斤鋸，根荄朽蠹，凋及條幹。仁兄荆飄棠折，芝焚蕙嘆，死喪之戚，痛何能已。然伯氏明周耳之義，通賈墨之論，寂神玄冥，高舉天路，固其樂也。昔璧珪采掩，姬旦繼志；龍淵光歇，王覽載輿。尚望抑如剡之哀，盡心喪之禮，解喪明之戚，成掩耳之教。今煢煢殯宮，闇闇白日，悲風起於素帷，哀禽號於敗林。病妻弱女，顔色沮淡。頑奴慢僕，應對簡傲。親戚鮮恤，交游罔問。平子離合之嗟，休璉繁悴之嘆，晏子憂衲之泣，仲氏傷哉之隱，固已煩寃鬱結，崩惋慘惕。加以寒威中人，舊疴漸作，對食哽咽，腸腹幽幽，倚立不適，此亦足以煎俠士之骨，焦孝子之心。大兵之後，繼以凶年；飄風終朝，續以驟雨。雖使子桑在前，原壤列後，亦且蹙眉而它顧，奮臂而遠逝。乃惟寥子朝夕勤勤，夜不設火，闇語而已。夫伯陽同美惡，漆吏齊是非。翟公生死之情，楊惲豆箕之詠。達人觀之，曾何足云，聊爲仁兄略陳耳。至於友生之愛，則麾而復反。祥齡年少岐嶷脱拔，顧視逸卓，奮爲文辭，不遜宿彦。伯氏休休，約我以禮，穆穆我公，顧而喜悦。爰立講堂，旁求英彦，肆筵設席，衆美歡宴，我公旁觀，且以喜樂。何圖數年，零落殆盡，痛何可言。伯氏寢疾，曾幾何時，自謂死生，亦何足悲。譬我即逝，無所顧惜，舉顧其手，言非我肉。嗚呼！伯氏言何達也，今與足下情何戚也。哀哉！伯氏何取之也。元冥之境，究何若也？昔有道將没，命中郎製碑；元季停引，待巨卿下壙。伯氏精爽，其有知乎？

答山西胡硯生　名延，平遥縣知縣

硯生足下：得執事書，朝夕思作答，下筆輒止，非同凡人書。與凡人書，日作百函，言不自喉出，故自易易。與執事少小知交，別十餘年，其間哀樂，楮墨其能罄乎？然不藉此，將何由達？恨不得握手覿面，傾吐此心，如彼此作童子時。僕自入都以後，往返大海十有四次，顛沛江南十有一年。棲遲幕府以救窮餓，遨游鄧尉、靈巖、紫金、浮玉、秦淮江渚，以散憂鬱。奮其頹翼，僅博微禄。僕家骨肉凡四人，父母與妻，今無一存。先人丘壟松柏不剪，亡嬪靈輀尚殯吴郡。遠竄朔方，古所謂『無定河』『統萬城』者，漢唐征戍之域，胡馬哀鳴，塞鳥悽唳。每當此景，我懷萬端。以此放逸，大造廬舍，種柳數百株。人視官署爲傳舍，吾視此身爲傳舍。人以爲愚，僕以爲達。夫然可陳吾書，安吾硯，牛羊不至吾之庭宇。吟哦樹下，自適其樂。孟仲二姬，抱琴煮酒，徘徊左右。前此群小，俱已散亡，惟存姊娣，以慰惸獨。長者育子二、女三；少者育子二，十日内且復將産，見凡女三子四。閉門嬉游，與群兒争餅，不知山外天地云何。無人可求，自食其力，比諸前日忝顔向人，固有間矣，然非吾願也。出門無可與言，親友不得消息。青草夏秋方見，性復畏寒而好潔，地僻霜早，九月熾炭，衣被薰污，羶臭滿室。且不善宦，三年於兹，匠者不顧，不知從何結納，方得似他人擇肥而食。足下所言某公，問訊旨意於僕。京外所識貴人大官亦云多矣，從不干以寸簡。非僕之高尚，乃僕之鄙命當窮，不能如人之柔和而令人喜悦之也。嗟乎！人生歲至六十，亦幸矣。僕即奢謬，尚餘五千日耳。回溯懸弧至今，倍此而三，一萬六千餘日，瞬息已除，則此半日中能作幾何事業。即求小人庸福，而體羸不勝衣，腸隘不勝食，縱諸嗜欲，亦苦無由，况進德修業哉！人無非分之想，生有何樂？人無繫戀之思，死又何悲？知其無可樂者，達也；無可樂，愈當自尋其樂者，亦達也。以此放廢，不知其可。此與吾子言之，若遇他人，戴吾冠，束吾帶，標符判牒，且假俗吏詞色，容悦於人。吾子視僕，何如而耐爲此？居此時世，敢爲躍冶之鐵，自炫之女，以速罪戾乎？吾子年少於我，官通於我，遇好賢之主，復有展布之才，發憤爲雄，勿以我戚戚也。足下曾助顧印伯重金，京都舊友，以手加額，贊羨不絶，且曰：胡子就小而成大，視我輩爲仁不熟。何如人生實難，雖得大餅，宜忍饑以待；至餅未熟，饑且死者有之。改而圖他餅者有之，不如我等得小餅，庶得免於窮餓。而餅又不長大，終身抱此餅，心復不甘，大餅又不可得。此理得之小兒，故爲説餅之戲。且進一解：卑官小餅，尊官雖大，亦餅也。吾求吾大，欲椎牛之享，五鼎之烹，子欲噉之乎？孔父之堂，肴修滿前，無有力者爲之阻，人自登其堂而嚌之。吾子豪傑之士，曾有意乎？以後有所思，想傾筐倒篋而來，空倉府以待之，我亦牛挽馬駝以應。祥齡白。

翰林院庶吉士陳君墓志銘

君諱光明，字朗軒，號閣廔，四川江津縣人。無狀，世系不得而詳焉。少孤，母撫教之。昆季四，仲光德、叔光謀、季光緯。君生而特立，舞勺時，儼若成人。十八歲，課蒙童，歲入不過十千，以供母。弱冠以府試第一，入縣學生，門徒漸重。邑俗猥鄙，孝秀以干公事漁利爲能。君獨薄之，與戚黨子弟講洛閩之學，每出制藝，以《東萊博議》發題。仲弟不喜讀書，君督之急。弟鈍拙，不解君之愛己也，惟嚴憚之，遂自經，君護救獲免，相持而泣。君自抓，以頭觸柱，不欲生。弟感悟謝，由此向學，二年爲邑附生。縣離省會千餘里，應舉，伯仲徒步行。赤日中，君顔色不變，轉白皙焉。三試屏黜，君益憤發，居於山麓，人迹少至，二三有志，相與從之。日誦《周易》五十篇，凡天算、地輿、兵家、形勢、技巧之屬，日有常課，夜不得休。或數日一歸省，母憐之，爲設豬魚之食，君不能咽，以爲濁穢，强食乃已。山中蔬食飲水，醬醢脂膏咸缺，久之，臟腑清澈，不受異味。鄉人咸敬異之，争聘伯仲爲師，館谷豐饒，母亦怡然矣。同治甲戌，南皮張先生督學，提倡阮紀兩文達之學，建書院於省會，送高才生百人肄業其中。以《説文》及《提要》爲之梯階，購書數萬卷庋於閣。總督吴勤惠公復助之。川省僻處西南，國朝以來，不知所謂漢學，於是穎異之士，如饑渴之得美膳。數月文風丕變，遂沛然若决江河。督部與督學復尊異之，人人有斐然著述之思。君聞而慕之。祥齡時居省城，抵書勸其來，意未必然也。未逾月而君携其仲至。予深訝之，棄數百千束脩之所入，遠道憑友一紙書，决然舍去，何其勇也。君笑曰：『圖大者安事纖細。此行也，與戚屬貸白金三十，携伴就道耳。』予語曰：『如此則半日不可閑。』立刻爲設几案，散書帙以進，即以是日立程課。每日寅卯之交，聞君讀《説文》部首，予即强起，挑燈披覽。同舍三四人，亦以後至爲耻。書篆籀文，考其古訓，不解者罰錢百枚。數日，罰重不能支。减之，又不能支，更减之。未幾而凡段、嚴、鈕、王之宗派，皆貫通焉。予學之時，每與君歧，予治《春秋》而君方導《周髀》；予治《毛詩》而君方究《禹貢》，故不能互相啓發。督學按臨重慶，予送之歸，曰：『子兄弟必見賞於大匠矣。』果列高等，調省中書院。君至，益自喜。同時僚婿袁君學昌、妻弟曾君光岷，同居城外百花潭，未明而起，誦讀至日暮。散步溪側楂林蘆葉間，歌嘯相聞，不知天地間有身世也。後袁以己卯舉於順天，曾以己丑成進士。光緒二年丙子，君兄弟同舉於鄉，庚辰以二甲進士改翰林院庶吉士。予時遭母喪，君還自京師，復偕其仲至門，曰：『此時正可讀書矣。』乃相與治《公羊傳》。無何以國喪，君忽忽不樂，復聞季弟之夭，泣而告余曰：『吾家自考亡以後，母氏劬勞至今，十有九年，無期功之戚，亦云慶矣。今其衰夫。』予察其言有異。不數日，君讀書止，時當大暑，君舉足示余，云：『足有疾。』察之微腫，由此而瘻而腹不能轉側。君言笑自如，告予曰：『死者常也，獨奈母何？』乃令仲弟扶持之歸。不數月而君訃至，設位於寢門，哭之。春秋三十有四。己丑而君弟以禮部試，歸自漢口，卒於旅舍，門第日益衰。嗟夫！予交當世賢士大夫，好學之勤，立身之苦，以義理爲實，以考據爲華者，惟君一人。天之報施何如哉？若謂好惡與人殊，人事之屈伸不足窺其量。而君諸子皆凡兒，繼君之志，難矣！予丙戌朝考入都，由江而下，望君之墓樹，入君之堂舍，見君之母及妻子。流連崇岡，見江水之滔滔，使人悲痛不已。妻□氏，子幾人。以某年月日薨葬於某原，越十四年甲午，乃進銘，囑其子藏於墓之趾。銘曰：蹠修淵短古所然，君之好學鐫其年。摶摶之土，蒼蒼者天。不解其好惡，而君子總期正命，以歸於聖賢。吁嗟！狐兔安敢前。

内閣中書劉君墓表

君諱子雄，字健卿，四川綿竹縣人也。光緒十一年乙酉優貢，朝考以教職用。十五年己丑〔一〕中式，試順天鄉試。十六年庚寅〔二〕考取中書，引見，以内閣中書用。十七年以疾卒於京師。家以其喪歸葬，詩集刊以傳。吾所閲海内人士，不見知於人，爲世所詬病，斥不與士齒者，莫君若也。予始亦疾之，迨久而知其所詬病者非君之短。益嘆知人之難，好惡概没於悠悠之口。以此悟至親骨肉同堂聚處數十載，且不相悉，何况友朋？君應優貢試時，同舍多名士。予時鄉居，有友人來云，優貢榜揭曉，予盍計某某。四川額四人，予計其三，皆不失，獨於君名次，計十數人不得。友乃吐實，相顧驚愕，以爲君品望不應得此。數日，有同榜嫉之者，言諸學使，辭與同列。時學使爲詹事朱逌然，難之，又重違衆意，乃定期再試，便易君，已擬定某會

〔一〕此處原刻『戊子』，今據光緒十五年干支改『己丑』。
〔二〕此處原刻『己丑』，今據光緒十六年干支改『庚寅』。

考，總督以爲不可。總督者，丁文誠公寶楨也。張榜復仍君名，同再試者譁然。夫優貢之試，得失亦微矣，乃人視之如泰山之重。厥後觀君所爲文辭，蓋能者也。由此重其文意，恒輕其人，落落不與之合。君獨殷勤向予，予數示己意，不解也。十六年〔一〕，予以拔貢入都，君固邀同行，無語可辭。至京，覸所爲無他，但不如人之能僞善。性不喜見客，亦非高視闊步，奴隸視人，惟不耐世態。人因目爲不近人情，詆予奈何與之共居處，迫徙宅。乘君他往，挾予器物以去。已至夜，予反側不安，私慮不告而去，至爲負人，度君未返，急復移還。人於是詈予爲其黨，欲絶之者，僞也。試畢，予將客蘇州，君欲偕予之吴。予知不能止，乃宵遁。戊子入都，聞君又從蜀中來，慮君責我無故而與之絶，恒惴惴，怯遇之。一日會友所，聞君至門，亟欲匿他室。君履聲蓦然，入瞥睹予，大呼，指而笑曰：『往者子去何倉皇，遺物多，吾甚樂夫爲己有也！』予皇皇不能答，方知君不知予之去爲惡而避之。彼何君子而厚如此，予何小人而薄如此耶！乃異日置酒，獨召君，語以世之險阻，諷其改行。君黯然曰：『吾不能和樂人，妻妾見惡，僕役逃叛，子所知者。幸子獨我容。』至此，予遂不忍恝置之，携之吴，客於家。是年同中式。越一年之京，應都堂試，報罷之日，衆怏怏，君獨歌，而聲甚楚。予聞而異之，知其心有所傷，非若尋常悲抑者。考中書後未數月，果卒。覸君之心性，外似淡泊，内實急熱，切於功名而累躓不得，騁駃故卒，鬱鬱以殁。嗟夫！吾不知才何所病於今世。君非有大過人者，徒以好弄篇什，不解隨俗修飾塗澤，而人已嫉欲置諸死地。今既死矣，於世道人心究何損益？取快一時，無幾年月已忘之，當時何不能一息容也。君素輕侮世俗文章，如予所撰此志，君若有知，想必不摇首鼓掌曰：『是烏足銘吾哉？』乃爲銘曰：

當今之世才爲災，願子逝兮勿復來，爲之銘者痛君哀。

〔一〕此處年份有誤。

祭亡嬪曾孺人文

嗚呼！日月易邁，急若危絃。不敢載筆，於兹六年。求而弗獲，今當永遷。爰書竹版，告於座前。人孰無親，親多謚美。敢以誣詞，施諸銘誄。子愛吾文，願先我死。冀得哀篇，雖死亦喜。嗟予薄德，荒忽靡常。鳩鳴佻巧，虺毒潛藏。荃茅易臭，薰猶莫明。群陰散噎，皎日頹光。侍疾雙親，靡昏靡旦。盥穢滌污，病者嗟贊。刲臂和丸，我拜子款。謂親或瘳，百死胡撼。事我以正，如奉尺珍。輕則畏隕，重則招嗔。憂羸懼變，呼天號親。萬千隱曲，以保予身。明哲我嬪，誠哉嗜學。擬作歌詩，規諷謠諑。騷辨之音，哀怨忠慤。自謂無子，斯文是託。纂輯通禮，考典研德。金玉匪貴，繁縟是屏。卓爲女師，玉潔蘭馨。交滿天下，誰模子型。方期百年，傳之萬載。如何不禄，人亡文在。當花謝春，升月斂彩。恨積如山，淚傾成海。昔所深隱，痛子無兒。既思千祀，彭殤同嘶。俗求既往，我念未來。我今悲子，我後誰悲。天地蜉蝣，光陰駒隙。死者爲歸，生者爲客。今異衾裯，後同幽宅。子知此理，故無靈迹。我今别子，奉命咸陽。靄靄雲樹，蕭蕭白楊。不知何日，導子還鄉。形則暫厝，神可偕行。逝者日多，生者日少。死而有知，道死爲好。父母舅姑，提携懷抱。檮味如予，勸予勿道。好惡之理，死生必殊。爲子齋奠，毋乃太愚。但痛塵土，掩我明珠。志悲心絶，仰天烏烏！

哭陳君告文

光緒七年十月二十三日，清故翰林院庶吉士陳君卒。烏呼哀哉！十二月某日，祥齡同廖平、楊鋭等爲位臨哭之。蓋聞經帶之戚，載之《表記》；陳根之哭，考諸《檀弓》。暨於周漢，閎夭四友，爲虢叔制服；

陳留千里，爲介休持喪。夫勢接者情淺，利往者義寡，誠晏嬰夷吾所傷也。是以明哭寢之禮，述銘誄之美。烏呼！陳君其孝著於閨門，道義流於士友。立體金志，棲神蘭郁。振采早晨，飛華茂節。道義幾象，推致科旨。蒙列兼綜，名法該富。旁涉藝文，玄黄合度。幽索渾蓋，律量成準。用能翱翔廷闕，雍容翰林。誠帝室之璠璵，漢京之瑰寶。將揚聖上之洪業，紹王陽之墜緒，登紫薇以高舉，超景雲以翔步。不意長淮絶流，深圖斷簡。墜蘂正鮮，歇景方旦。遂使騄駬頓轡於折軸，蓋泉咽響於投絃。追念曩昔，載酒春園，飛棹秋渚，詠言杜芷，馮吊蛄螿。朱陽既頽，皎月復上。鷹揚逝朝，虎視今代，壯氣坌涌，哀思掩抑。當此之時，命馮夷以爲酌，蹴羲和以爲御。巢軒不足以垂顔，瀛海不足以騁步，其樂固難量而未足。夫君之志也，若夫仲連稷下之辯，子牟魏闕之計，賈傅乞擊北虜，終軍願致南越，昂昂有請試之志。昔東阿耻勳翰墨，朝歌謝績農女。夫急君父之難，弭夷狄之患，然後對揚王庭，揄頌盛美，賢士之志也。梁帝痛悼於鳳羽，魏副感嘆於覆醢。俯仰往轍，來者不留，今乃不然，毋亦異乎？崔浩奄逝，眭夸服衰，上計云亡，李彦審禮。此豈夸曜典章，獵名獨行哉，斯實情志有所痛結，儀節因以緣飾也。在昔伯高赴衛，賜氏受吊，仲父依杖，西華爲志。今以某月某日，設位布奠，朋友之道也；□□爲主，弟子之職也。若使延陵之信無爽，君嗣之義或存，冀幽宫之引，待范式而入壙；潁川之魂，告元明而入夢。

附：經支

漢州張祥齡著

宋人有織曲者，三年市於市，人莫之顧。窶甚而憤，形如濕灰。家人以爲中穢惡，塗以狶膏，厭以封兆，震以鼙金，駭以水火，弗懼也。自旦至昏，惟曲之思，委之則食，曳之則卧，目無它視，耳無它聽，心無它念。室之人皆毒之。如是者十五年。一日，舍然而噫，織曲成。持之市，市人争易之，賈千金。數月，梁越之間皆至。魯人有有道者，造其廬蘄焉，視所居，陸陸然，指其妻，弗識也，召其子，弗識也。憮然曰：『姬魚語女，昉吾之扼窮，無復之，又無能擇它業，計曲巧則吾生，曲拙則吾礪。視妻恐吾曲之似妻也，視子恐吾曲之似子也，視天地萬物，恐吾曲之似天地萬物也。視所食之稻，恐似吾曲也，視所衣之褐，恐似吾曲也。寐成一曲，寤成一曲，故吾曲成，天下莫逾焉。』仲尼聞之，曰：『小子識之，苦其欲乃成物，專其神乃化形。』

詹良之晉，魯大夫滿魋聘於晉，衛使亦至。公享焉，魯、衛之賓，辭席三讓，持而不決。儐介趨告，西阼勞級。魯使曰：『衛先。』衛使曰：『次於魯。』公揖詹良先執爵，弗辭而進，脱履而登。既徹俎，弟子連止懵焉，進曰：『魯衛之使不其禮與？先生卑弱，何以亢人也？』詹良曰：『噫！女以魯之使與衛讓，與吾以爲爭也？自守於禮而以不禮與人，是爭於禮而强與人以不禮。吾以禮讓，女何疑焉？』

越人皐鱣游於齊都，見章甫美焉，曲蓋偎焉，賂王之左右貴人，要爲仕謁之。先一旬，憂乎跽拜儀適之迮，造友，師之。獨屈伸俯仰於幽室，易位而語，設事而對。思王之可使貴者賤，則憂；可以使賤者貴，則喜。喜則絺也，憂則裘也。思己之合也，則飲冰；思己之逆也，則飲湯。數日，體爲羸焉。至日，傳者至，入門神喪，升堂形喪，攝齊局促，對越陰噎，頷泚交濡，顏頳頸俛，如象人也。主者怒，贊者麾之出。其友怨之曰：『往嘗受人之眄也，則知怒，今何爲不見人？』越人曰：『吾壹志見人之甚，往嘗吾受人扡斫而怒，吾未忘乎己。』友舍然曰：『是子也，外矜於人，故喪乎己。』

人之不能自主有三焉：我也、形也、氣也。耳目，形也。使耳聽目視，我也；使耳目或屬於彼，或屬於此，我也。耳之所以能聽，目之所以能視，非我也，氣也；耳目能使之視聽，不能使之不視聽，屬耳而使聲勿入，張目而使色勿內，不能也。人之食也，胃受之，胃積聚而我無權。食之取清而去穢也，氣主之，氣阻滯而胃無權。手足操作，我役也，使之運動，氣主也。耳目右靈，手足左靈，我與氣俱不能使之齊也，氣亦無權矣。

齊有於陵中子者，以無求自負也。絶其母之愛，斷其兄之悌。若受餓盜之饋，沾沾怏怏，踽踽嘔嘔。自夸絜介高乎墨胎之二人。父黼讓之曰：『飲水求於隴，食粟求於畝，呼吸求於虚。必而無求，先去爾手足而後可。宋人有病指者，跋涉求醫於秦。或問其故，宋人曰：「吾非愛指也，爲指之爲吾役，不則斷之可也。」然則人之有求於指也可知也，指之爲吾役亦有求於吾也。互相爲求，則互相爲用。子無賴於母與兄，甯無求於手與足乎？』

陽里富人孝頌，少妻三十人，被阿錫，厭粱肉。惡夜促，爲窟室飲於中，燎未嘗滅。三月而出，見日黑黯無色。廣被大棲，極荒爲樂。久之，一顧者妒再顧，二語者凌一語，勃豀日聞也。當夕不辭骫骨單憋〔一〕，專愛者不敢致情爲鬱焉。就此而彼避，彼迎而此拒，湑匜無司之者。一人任職，則二十九人訴之。乃分上事屬慧而寵者，下事屬觕而次者。索蜜得鼠，失怒責職蜜者，則曰：『非予之咎，或中傷也。』責不職蜜者，則曰：『愛者所司，非吾事也。』孝頌病焉。連牆寠人勞虞，四十娶倶畚之女，食糠秕之食。勞虞之出也，妻爲之不食；入也，奉之若肝葉。仲路聞之，問其兄陟臧曰：『陽里之富人妻多，宜貴，而妻賤之；鄰之寠人一妻，宜賤，而妻貴之，何也？』陟臧曰：『一物爲一人之有則私之，衆人所共則暴之。一人負一物則物重，三十人負一物則物輕。街李易落，巷井易涸，通衢共踐。寠人一妻之愛，析爲富人三十妻之愛，則愛亦微矣。故曰：「物不可爲公物，人不可爲公人。」』

慶容學射于其師，張弓而目眩，心駭而肘急。未射，視的如雀彀；既關，視之如洪鐘；及將發，則不

〔一〕原文如此。

知的在前與在後與。三發無中者，疑直彊秘其術不與。師曰：神亂則視物易其形，盍持爾躬，正爾容，不的之視，而發無不中。

夕寢於室，則吾不知何往而呼吸主之；日應百事，終日不命呼吸而自然不息。將謂鼻爲呼吸之司，司鼻者又誰與？此吾之不能自主者也。髮之長，鬚之短，眉與睫俞短，又吾之不能自主者。髮之在頂，睫之在目，眉之在額，鬚之在口，部分界斷，又鬚髮眉睫所不能自知者。故手足有智愚，眉髮有長短，予不能主。予而欲人之就吾道，一吾化，是睫與眉責鬚髮之長，鬚與髮責睫與眉之短也，不亦誣乎？

妻之愛其夫也，子之愛其父也，非愛其形也。越人岵閭仕於吴，爲大夫，旦蹶於地，室人趣救之。復而愕然曰：『予之罪重矣。大夫爲予驚而走，索之不獲。予愍大夫之有室家也，願服役以税罪。』任僕隸之事，應内治外，勝於岵閭。呼其妻曰『孺人』，子曰『主』。妻見之，重足而侍，怡聲以承。見其子，側耳而聽，問而後對。不居其宫，與下趣爲侣。妻呼爲『夫』，子呼爲『父』，則伏地無所容。妻就之，戰栗言曰：『死罪不敢。』數數則正色曰：『予之罪重矣。大夫爲予驚而走，索之不獲。予愍大夫之有室家，願服役以税罪，惟守禮奉死而已。』三年巫覡皆窮，妻憤而歸，子棄之而走。是父貴有爲父之道，夫貴有爲夫之道。越人無道而形存，則妻不以爲夫，子不以爲父。是非愛其形，愛有存乎形之外者也。雖有陽文南威之容，而行如豨夫，誰近之哉？故好女忘國者，不盡先施段干之麗，孟賁佽非之勇，豈必輕訬趬悍之兒？

女子既嫁，重夫而棄其父母。既妊，愛其子，又棄其夫。非不愛也，有奪之者也。至人之好也理，與理戰，顔子戰勝，故癯。愚人之好也欲，與欲戰，孟生舍魚而取熊。至人理從其上，愚人欲從其重者。人之生也，少好嬉弄，長好服飾、狗馬、宫室、金玉，所好不盡。不能成學，無所謂理也，無所謂欲也，無所謂至人與欲人也。人有樸者、華者、知者、愚者、動者、静者、高者、下者、奇者、庸者。節儉，美德也；刻嗇，惡行也，刻嗇號爲節儉。簡默，善人也； 蠢頑，愚人也。敏達與捷給同也，明穎與逆詐同也，高尚與敖很同也，從容與柔懦同也，嚴肅與暴戾同也，静穆與孤介同也，華美與奢靡同也。燕人游於趙，宿於邯鄲，謳者投於旅，燕人謂之曰：『女何不適人而僕僕然？ 不觀人之夫婦乎，疾痛相扶持，子孫相愉悦，家人酒食之樂。不此之務而爲衆人之妻，耻莫大焉。』謳者笑曰：『爾何愚之甚！ 夫男女之情悦則相合。今受二人之制，生則同室，死則同穴，人人指而目之爲某妻，甘受之而不耻。古者因男女相逐，其禍至變，於是聘者名爲妻，奔者名爲妾，卑者爲婢，賤者爲媵。天子曰后，諸侯一娶三女，名目各差，忘其本志而强名曰禮。受人之辱，蓄其所有，驅之不去，怨而多涕，不謂之無耻。予則自食其力，求道乎一己。不許其業岌之志，而致誚於吾子。』燕人曰：『是非之難明，淫者反謂專者爲不貞。』

趙氏有子曰垂紵，善爲將。秦兵入趙境，趙王令垂紵將。將戰，令曰：『人各斬一級者，賞； 一級不獲者，罰。』既戰而還，人各獲二級有三級者。於是椎牛大饗，國之人皆以其將爲能。秦將管磐聞其令，亦如其令，令軍中次日又戰。磐盡誅其獲二級三級者，曰：『將軍令人取一級，而何犯將軍令乎？』次日再戰，大破趙軍。垂紵跣而走。臧仲聞之，曰：『磐可云善將矣。趙氏子貪二級三級之功而不罰，次日之戰，一級不獲者亦不罰也。彼曰：「予前日之獲二級三級也，一級不獲，惡得予誅？」同一令而成敗各殊，是在善用之者。』

齊桓侯之時，有厩吏善養馬，馬無病者，桓侯善之。厩吏病，桓侯恐其死而術之不傳，使越人視之。越人問之曰：『子之善養馬而不善養己。告以養馬之術，而後越人能起子。』對曰：『養馬無它，觀其矢溺之有常，吾之馬不病矣。啗豆以時，飲水以時，或羸或餘，每夕如一。逸而使勞，竭而使休。一日驅，二日馳，三日驟，四日倍驟，五日再倍，六日驅而復始。雖下駟之材，能使越塹如履席。其矢與溺異色異時，即啗豆飲水之失。』越人曰：『子何善養馬，不以其術養子之身？何貴馬而賤己？』厩吏曰：『馬之權在我，我之權不在我。』越人曰：『請以子爲馬而我爲子。』一月不施湯熨而病愈。桓侯聞之，問於管仲：『越人何術而能如此？』管仲三言死罪而不對，桓侯曰：『何爲然也？』管仲曰：『卒言之，願勿罪。君舉齊國以聽臣，霸始柯盟，叛終九國。臣以齊爲馬，以君爲厩吏，國之病治矣，而君之疾不瘳。臣無越人之術，不能使君而聽臣。』

齊有二母，各有稚子。一母撻其子，使爲善，卒爲善士。一母撻其子，使爲不善，亦卒爲善士。管仲過其門，顧下御者使問焉，曰：『撻之爲善，慈母之教，吾嘗聞命矣；撻之爲不善而爲善，何也？』母曰：『此子也，性不善，故撻之使爲不善。人以有所程而苦，吾日限爲不善十事，不如額，撻之。明日又如是，子哀泣求免，而吾弗已也。禁之不得者，反其術以用之。彼視不善爲苦，則視善爲樂矣。彼之撻使爲善者，其子中才。』管仲竊其術以相齊，遂霸有天下。

梁人有聾者，諱其疾，自矜其聰。又一同疾而諱者，互相訴誶。彼曰：『吾雖病，聰於女。』此曰：『女之聰下於吾。』相持不決，之其友辯焉。友曰：『比來，予設音以剖之。』次日之其友，鐘鼓笙簫絃索皆備。既具，按孔而作，理絃而撫，固未有聲。二人側耳凝睇，俯察若神，心會理解，按節而喜，相謂曰：『此何聲也！』及畢又作，相謂曰：『此何聲也！』交謂子之耳爲桀，予之耳爲堯。其友因曰：『辯堯善而桀惡者，於是藐然喪其堯桀之道焉。』

越人之吴，頭病癲，手病攣者，往請其治，曰：『吾手忠甚，日夜搔吾頭，憂之成疾。願先生急治手以便吾頭之搔。』手與足相聚而謀曰：『頭已隳矣，腸潰肺瘻，心腹之疾，目蔽矣，耳窒矣，至此罔極矣。』足泫然流涕曰：『予之義重，若有急難，帥所屬膝與脛殉之。子帥腕與指，降之乎？逃之乎？』手曰：『吾超召禦侮至於拘抽不信，豈若心之隱於皷中，不與治亂而謂降與逃？』心聞之，怒曰：『頭明並受福，頭之不明而責手之不良。大忠不言，小忠死諫。堯舜無皋夔，國未必亡；桀紂不遇廉惡，國未必興。非天有興廢也，國之興廢不責之皋夔惡來也。魯人娶婦，面白而身黑，國謂之南威。燕有女子，面黑而身白，國謂之欺奋。燕女日施膏澤朱粉，無救於惡名。魯人不薰芳郁，不衣綺縠，無損於美名。頭美則衆體皆美，頭惡則支懈雖勤，無益。堯舜頭也，桀紂頭也。今子不救其所主而責予之深藏，不亦愚乎？』此何祥也？越人曰：『善哉夢也。《易》曰：「井渫不食，爲我心惻。」其此之謂乎？』

晉巫善易形，能男之魂易爲女，女易爲男。有夫謂妻妒，妻謂夫不愛己者，造其室，請曰：『天下婦人，未有不妒者，而莫如予妻之甚。言笑妒也，舉止妒也，撫妾妒也，詈妾妒也。自朝至夕，自室至堂階，無爲而非妒也。虐使謂之習勤，薄待謂之守儉，鞭笞謂之禮教，專夕謂之保身。先生治之，請分産之半。』巫乃易其妻之魂爲妾，妾之魂爲妻。數旬，又易夫魂爲妻，妻魂爲夫。又旬有間，易夫魂爲妾，妾魂爲夫。巫召其夫，謂之曰：『何如？』夫曰：『言笑非妒也，舉止非妒也，撫妾非妒也，詈妾非妒也。自朝至夕、自室至堂階，無爲而妒也。』召其妻曰：『何如？』妻曰：『夫賢，妾知命也。』召其妾曰：『何如？』妾曰：『主實偏愛，女君實能逮下。』由是反厲爲和，孱疆聞之。以人爲己則多怨辭，以己爲人則多深怨。責己恕人，以之治天下，足矣。何有婦人之屬哉！

穆王既不誅偃師，爵以上卿，欲封之爲諸侯。哉諒見王，求爲列土之君。王曰：『何也哉？』諒曰：『臣善爲巧器。』王曰：『異哉！偃師以木鐵之器作爲美人，發其喉則歌，折要則舞，眴其目則視，按其手則招，此天下之至巧。子逢掖之儒，烏乎巧哉！』諒仰天而笑曰：『臣以仁義爲喉，道德爲要，禮樂爲目，刑賞爲手。一人作伎於上，萬物應命於下。一日游八極而不足，一旦收四溟而有餘。王何不好此大巧，而偃師之是求？』

譚覃房問於父阜：『儒者以術干諸侯，諸侯方多事，子亦爲軍旅之學乎？』父阜曰：『否否。』覃房曰：『然則身成禽耳。』父阜曰：『吾黨有勇者齊瞻，好戰，戰必勝，卒死於戰。』覃房曰：『何如？』父阜曰：『不仁者，身之賊也。賊至，則害身。身賊不討而伐人之國，是舍室内之虎狼而逐禽於原野，忘己之讐而疾人之讐。治人者，忘其身者也；攻人之〔一〕，喪其身者也。』

古有善治人曰居魚，治其國如束濕絲。居魚樂之，以其國之聽己也。一日，國人相聚而謀曰：『國皆一矣，所不一者，惟居魚耳。』於是率旅殺居魚。居魚忘己之亂，憂人之治。人既治，則人見己之亂，以治攻亂，摧枯拉朽而已。吴人有白晝盗珠於市者，市人執而撻之，曰：『女何愚？白晝捽珠而不見人。』吴人曰：『吾惟珠之見，捽珠之時，吾亦未之見也。』子何以知之？』楚人有玉玦，怨家奪而碎之，楚人深疾之。俄而持之不謹，墮地而折，己不之惡。夫己與讐一也，善思者讐己，不善思者讐人。齊瞻之應敵也，以一人之身而當天下之敵，故勝一敵，體爲之羸。

衛人良駝，負債多，焦思告其友。友量其債，予之金。良駝舍然而喜曰：『吾無債矣。』友曰：『子以既往爲債，未來者不爲債乎？有形爲債，無形者不爲債乎？子盍自今日計，終身當用者，皆名曰「債」。按日而與，分月而償。彼緩此急，則有之。彼無此有，則未也。彼之責子債者，豈爲彼有哉？債者復集子負債者之門矣，彼亦爲債所驅，而子何戚焉？萬物皆非吾有，愚者吝其有，悲其無。』

東周知公急富貴，皇皇瞿瞿如有疾。有術者能決人生死、移壽夭，知公往請。術者曰：『子年五十當貴，五十有一而死。今子年三十，待之可乎？』東周知公曰：『急不得待，願捐棄二十年之壽即貴，可得

〔一〕『之』，疑爲『者』之誤。

乎？』術者曰：『可縮其年。』知公果貴，貴一年而死。彼急富貴而忘死。衛有急人，寢則急食，食則急寢；入則急出，出則急入。終其身，未嘗寢食出入也。

梁王與楚戰，喪其長子，王謂惠子曰：『寡人養士亦至矣，寇至，委之而亡，何也？』曰：『臣觀農夫之嗇事，播之耨之耰之，舂之淅之叟之，然後可得而食也。今王惟求穀食，未聞播種而求食肥，得乎？以饑寒與之，而責以肉禦刃。其生也，王不養之；壯也，王不道之；既長，可以受屠割而驅之，授首於敵人，是不與隴畝之事，見東鄰良禾而據爲稟也。趙人生子，長錫國卿。韓人有憚於養子教子者，慕其貴，乞之爲子。趙父笑曰：「此梁王之養士也。」王未之聞乎？王之選士也，令曰：「有能誦先王道德仁義之言者，升之。」既升，又令曰：「不識軍旅戰陳之事者，黜之。」反其所令而取其成，得乎？』

宋人有馬醫，名播於中國。王有疾，召之來，飲藥而卒。嗣王怒，諸大夫請誅之。按馬醫，醫曰：『臣所醫，馬也。王，人也。臣所業非差，命醫馬者醫人，王之過也。所業一事，所責一事，所教於國者一事，取以爲用者一事。王之民所業者，饑寒也；王責諸民者，死敵也。堯得舜，使爲巫；舜得禹，使爲簿；削舜禹，烏乎能？』

宋有貧人，行途中，拾金一斤，藏諸匣中，畏人胠之，躊躇終日，所計莫如何。乃瘞諸通衢，畏人之知，標其上曰：『下無金一斤，不可發也。』國中有厚葬者，懼人椎，發卒戍之，三年乃罷。罷而盜發其冢。訟於子罕。子罕曰：『子發卒戍冢，此瘞金之知也。子之知備，予愚不足以詰盜。』

楊朱謂弟布曰：『天下大患，莫如拔一毛，毛盡則以指臂支體與之。莫大於一毛，莫小於天下。人之輕一毛則輕天下，可知矣。人不責我一毛，我不責人一毛，則天下治。人之相責也至重，父責子捐軀以爲孝，君責臣捐軀以爲忠。毛衆而軀獨也，毛無盡，軀則易盡。』

齊人談海，晉人聞而説，語諸秦人。約與俱，曰：『予謀糧，子制器。』乃計粱稻之美，儲三年之食，未備而卒。秦人制器，慮長短，較機發之周，學髀算，樂之，忘其本志爲海而至此也。二人有志於海，歧途之中又有歧，終身未嘗一望海也。其子悲之，不告朋友，不謀妻子，奮袂而行，期年而返，告諸其禰之寢。

南溟有鵬，張其翼，如垂天之雲。東海有拾其翼之一羽者，駭然以爲鵬。鄰人夜入其室，竊其羽之一毛，獻於其君，其君爵之爲上卿。

周之太常典宗廟之籍，凡夫帶裳韠舄之異，序廂奥阼之位，向面之殊用，壺禁俎梪之設制，給捷可誦，而終身未嘗一至廟中。王以博聞知禮召之來，遍取廟器以示之，皆不知其名。王怒，易宫中婦人器示之。太常懼，言窮，且下吏，乃曰：『缶也，罍也。』王怒，將烹之，太常顧曰：『願一言。』王曰：『何言？』曰：『臣所典者，籍也。宗廟之門，未嘗入也。』

禹游倮國，去其冠帶。又游乎禾吾，其國無夫婦政令，女子會則相從遨嬉都市，携手而謳，無犯奸之行。禹爲之陳男女之禮，道人倫之大。數日，死於奸者踵相接也。禹慨然曰：『夫禮所以化民成俗，彼既成俗，吾乃欲化之，是强彼以就我。禮所以已亂也。彼既不亂，吾又何已焉？政下者，與之争。吾之言禮者，其與争之道也。從民所欲，不奪其所好，期其不亂，是禮也。吾之所云禮者，亂之以求治。治之極期，民不亂而已。奈何舍其極治而與之圖始？自生自滅，自化自息，不董之，不撓之，不聰明之，不教説之。』

媿林漫録箋〔一〕

海虞　瞿式耜伯略輯
漢州　張祥齡子苾箋

學問

學者做工夫，譬如煉丹，須先將百十斤炭火煅一餉，方可用微微火養教成就。今人未曾煅，便要將微火養，如何得成？

予嘗謂：『貪生怕死，不能成學。』試思學之不成，留此身何用？無學之人，所謂行尸走肉。我而自命丈夫也，豈與之同哉。臨書退縮，與臨陣退縮等。未有好學而無成者。己能成，方能成人成物。人近之則爲父母妻子，遠之則爲君民上下。物小之則爲日用飲食，大之則爲經天緯地。若己尚朽壞，人物何附焉。觀世之不學無成，自爲敗類。父母不得顧，妻子不得養，日用無條理，飲食無法度，何問遠者大者？又有本末倒置，於物則起居動用，購置精美；於人則好博寬大，濟急輕財。迨身居窮

〔一〕原載民國五年（一九一六）《四川教育雜志》第二期，兹據整理。

巷，朝不保夕，物散四方，人不出門，悔之已晚。由己尚未成，妄欲成人成物，安得不敗？學之欲其成也，譬如煮飯，蒸蒸浮浮，一氣成熟。若隨意添火，總是半生。人生如鐵，不煅煉磨礱，有何用處。百煉剛化爲繞指柔，即是剛，也須要煉。《記》曰：『玉不琢不成器。』然是鐵方能煉，是玉方能琢。磨磚成針，理所未有。《傳》故云：『朽木不可雕也。』

學不要窮高極遠，只言行上點檢便實。今人論道，只論理不論事，只説心不説身。其説至高而蕩然無守，流於空虛異端之歸。

學既不成，不如早行改業。試觀工匠，三年學就，獲食終身。嘗恨半學不學，知二不知三，在鄉里則爲俗師庸醫，誤人子弟，害人性命；在都邑則爲游士，爲幕友，爲官吏，舞文弄法，枉食脂膏。無他，總由未經猛火煅就，故成此不鐵不石之材質也。此等人在國爲匪，在人爲伎，最爲不祥，而爲朝廷禁令所不及縛。衣冠處乎揖讓之間，自顧形骸，寧不恥乎？

事實理空，身顯心隱。凡古今高材宏博，不能做事立身者，皆坐高之弊也。高不如大，高者多危，大則廣博。嵩華有傾頹時，幾見海之讓河漢也。然不可衹落庸俗，自安爲鄉里自好之士，謂聖賢大道，盡在於此。理不明又烏論事，心不正又烏論身。物有本末，理與心本也，事與身末也。有時理是理，事是事。有明其理，未習世事者，如閉門讀書，天學地學，理既明矣，出而試以事，每多齟齬。由理稍明，半所未解。木工土工，朝夕操作，既習矣，至於粘合之精，牽制之力，叩其至理，茫乎未聞。明其理須驗其事，習其事益明其理。相輔以成，舍事言理，所謂理命之謂理也，蹈於空談性旨矣。

近來學者，多是以自家合做底事，報與人知。如有飯不將來自喫，只要鋪攤在門前，要人知我家裏有飯，打疊得此意盡方有進。

學問如耳鳴，自家知之，强告他人，是説夢也。饑飽自知，報與人知，何爲？每見藏書萬卷，動曰『宋板』，或曰『元鈔』。嘗笑曰：『此大倉之粟，尚未成飯，又未入腹，徒告人曰「吾有飯，吾將喫飯」，以敖無米之家。可若仙家，尚有餐霞飲露、辟穀飛昇者。』

只從今日爲始，隨處提撕，隨處收拾，隨處體究，隨事討論，則日積月累，自然純熟，自然光明。

當得意時，如臨懸崖陡坎，便無大放步處。隨處隨事，凝神静氣，時時警覺省察，如出一言，不論是非，須無有人辨駁。行一事不論邪正，須無有人議論。萬無一言一行，無人辨駁議論者。悦於此必不悦於彼，學於君子必不學於小人。祇見悔抑萬端，有何高興處。

爲學正如撑上水船，一篙不可放緩。

不上即下，無容與中流之勢。一日學才上一篙，一日不學即下十篙，下易上難如此。投篙而任其下流，必至破壞。

聖賢之言，常將眼頭過，口頭轉，心頭運。

千秋萬歲，無論何等學問，皆是古人説過。然不得以古人説過，我以爲陳言，遂不説。譬如人曾吃飯，我遂不吃飯乎？聖賢之言，如稻粱膾炙，須吃下腹内，運化一番，方能長養精神，充實肢體。又如菜蔬魚肉，未經煮過，總是生物，烹調入口，才算真吃。口食其味，眼食其理。吃下去，不見稻粱魚肉，猶不見聖賢道義，自然芳芬流溢於口頭、心頭矣。

學者須是耐煩耐辛苦。

知道人生入世，便是煩苦。煩苦是本等，不是甚麽稀罕事。世尊思除煩救苦，亦是不能耐。但看當受不當受者，不當受者，由於自尋。居煩能静，在苦識甘，此耐之功也。

十事格得九事通透，即一事未通透，不好；一事格得九分，只一分不通透，最不可。

行百里者半九十，此十里最難。當此時猛進一番，整頓一番，自責自警一番，咬定牙根一番，又何患乎。

若不先得個本領，雖理會得許多骨董，只是添得許多雜亂，只是添得許多驕吝。

本領即主腦，主腦既得，百體皆活。主腦一失，足反在上，手顧在下矣。

静時要體認得親切，動時要别白得分明。

得甚麽，體認甚麽，别白甚麽，不知者以禪理解之，太甲所謂顧諟也。

學常要親細務，莫令心粗。

武侯答二十以上皆自理之。孫叔敖乘馬三年，不知牝牡。人各有長短，不能强也。若身爲大臣，有司經理百度，只在察有司，足矣。若堯牽羊，舜執鞭，可謂親細務乎？若一絲一粟、室家兒女，持籌握算，食笋知薪，此在各人性情，别有才略。然初學總期事事求知。博帶褒衣號稱儒者，菽麥不辨，馬足不知，何貴乎學。

湖南五峰，多説人要識心，先生曰：『心自是個識底，却又把甚底去識此心。且如人眼自是見物，如何見得眼？故學者只要去其物欲之弊，此心便明。』

今之醫家言心無識，其所無覺者皆腦爲之。予謂心主清虚，腦主靈明，二者不可偏廢。人生百體，有腦、氣、筋絡繫之，故光入眼即見，入耳即聞。能見能聞者，腦主之。然則心無所主乎？心，君也，體也。腦，臣也，用也。以臣事君，即所把之物也。

今之掀然有飛揚之心，以爲治國平天下如指諸掌。不知自家一個身心，都安頓未在下落，如何説功名事業。

凡事皆貴正本清源。今之高言放論者，浮烟漲墨而已。無景略之才，而效其捫虱；無武卿之略，而慕其卧龍。闒落則託漢高，上書則師賈誼。家室不顧，何問身心，浪蕩四方，以求知己。口口天下，言言外洋，啓齒軍機，摇頭督撫，是皆用智於外，失檢於內。嘗記函樓老人易笏山布政曾語予云：『昔在京城應禮部試，悦一雛伶，至於窮乏，無以自存，不能出都。其人愍之，贈以五十金，不受，復投之車上。歸至破寺，深夜沉吟，吾自命若何，乃受憐於彼輩。究其病根，盡在身心之放。乃一旦發憤，棄其金絶之。不求車，不買馬，不謀食，不見客，閉門困餓。以平日馳逐於外精神，收之以治四體。三月以後，夢中手足毋敢亂，於是志氣日强，而錢財不可勝用。迨歸家，妻子視之如兩人。』老人半生功名事業，盡基於此，非賢豪也哉。

晦翁語陳同父曰：『真正大英雄，却於戰戰兢兢，臨深履薄得之。若血氣粗豪，一點使不著也。』

武侯老奴謂武侯亦無異人，但從公去後，後人作事，未有妥帖如公者。妥帖即謹慎，正是大勇。若桓温、王敦，舉止粗豪，安能並論？陳壽不知，譏武侯應變將略非其所長，此正其謹慎處。魏、吴强於蜀，若血氣用事，不量不度，安能鼎峙哉？履之而後知，豈敢刻論乎？

知得如此是病，即便知不如此是藥。

知得多言是病，檢點是藥。知得多事是病，安静是藥。即病即藥，轉關最切最效。

天病者，風寒暑濕，可衛而防之。人病者，貪嗔愛惡，無術以療之。天病易治，人病難醫。晦庵此語，是良醫也。

人能從慾怒過後時作想，神自清，氣自平。以上晦庵人不能無忿怒，忿怒一分，吾力二分，足以制之。忿怒二分，吾力一分，遂爲所勝。顔子謂：『我勝而獲。』又謂曰：『克，克敵也。』陰霾四塞，忽睹青天白日，豈不快哉！

忿懥，怒也。治怒爲難，治懼亦難。克己可以治怒，明理可以治懼。

怒、懼皆應有之事。無學者怒非所怒，懼非所懼。文王之怒當怒者，君子之憂當懼者。予昔與易實甫談：『子何所慕？』『嘗慕衛玠「理遣情恕」二語。情恕則不怒，理遣則不懼矣。』實甫才華蓋世，乃得此平情語，未知能勉力於此否也。

論學便要明理，論治便須識體。

在木則有文理，在人則有道理。順理而去，則木易解，人易成。反之，則木費斧斤，人費鉗制矣。今之學，每不貴明理，謂理是空談，抱素來訓詁文字之學，與號稱漢學。以古訓不易識，於是棄經而先求《爾雅》《説文》，著述百家，皓首經師，勤事於此。以文字又不易識，於是棄《説文》而求金石鐘鼎、《廣韻》《集韻》《玉篇》。歧途之中，又有歧焉，此其弊也。迨叩其經義，不過以《爾雅》《説文》之解詁移作經注，以傳箋之故訓，移作《爾雅》《説文》注，孔孟之爲孔孟不知也。古者八歲所爲之事，今則宏儒老叟爲之不休。後生小子號其可以欺世而盜名，朝親鉛槧，夕思纂修，折屋修屋，頃刻而成。以經爲物而玩之，宜其志之喪也。張香濤師嘗告予曰：『考據，茶也、燭也；義理，味也、光也。茶之貴在味，燭之貴在光。若舍茶與燭而求味與光，是逐虚也。舍味與光而徒求茶與燭，是略實也。』時方夜談，故先生即指案上二物以明之。予謂：『讀書明理，聖賢之通義也。格物窮理，聖賢之器也。習其器，明其理。凡力、光、電、汽皆是也。不明其理，夢夢而生，夢夢而死，不識我之何以爲我，又烏知人之所以爲人。』嗚乎！中國有聖人之書，而千百年無人讀之，徒囂囂然患弱患貧，皆講漢學者階之厲也。

體者，孟子謂識其大體爲大人，識其小體爲小人。大人而務小人之事，是小人矣。而其大患，上下模棱，無所謂體。萬事敷衍，各保禄位，爲國大蠹，遑論治與不治。

譬如爲九層之臺，須做大脚始得。

做大脚可也，但恐虚裝架子，自命道學，極底一層臺也莫有。絃高調不易赴。

不學便老面衰。

衰老甚易，至及其衰老，自嘆無成。或冀有所成，而收拾不及，徒與庸夫一同腐臭。悲夫！

人於夢寐間可以卜所學之淺深。

夢即念也，念清則夢清，占夢書可廢也。入穴搗杵，念所嘗無。予嘗求夢之理，久乃得之。醒時坐，此念已馳，彼已不知之也。妄念盡除，夜夢自安，故至人無夢。然孔子亦屢云夢，夢周公一夢，夢兩楹一夢，但看夢何如耳。

所見所期不可不遠且大，然行之亦得量力有漸。志大心勞，力小任重，恐終敗事。已上明道。

從十五、二十時，須將聰明才力、身體境遇，父兄揣量一番，自己揣量一番，日程年限，當作何等人。何者爲急，何者爲緩，開出課程年月，排列欲遠自近始，知大自小始，不能務遠大而舍近與小。徒好遠大，必至拓落一無所成。蟻負一粒，鼇載三山，各有分量。

今之爲學者，如登山麓，方其迤邐，莫不闊步，及到峻處便止，須是要剛決果敢以進。

所謂『畏難柔筋懦骨者』如是。鞭之不前，殺之不可，此等人蓋天所棄。古之人高絶我者，由於獨躋峰頂也。

謝子與伊川别一年，往見之。伊川曰：『相别又一年，做得甚工夫？』謝曰：『也只是去個「矜」字。』曰：『何故？』曰：『子細點檢來，病痛盡在這裏。若按伏得這個罪過，方有向進處。』伊川點頭，因語在坐同志者曰：『此人爲學，切問近思者也。』

『矜』之病全坐不能忘我。天下雖大，我只一人，萬事皆先有我而後有人，宜其溺愛而惑。耳目本醜而矜其美，言語本拙而矜其工，文字本陋而矜其能。推之妻子、衣服、房屋、鄉里、朝廷，直是人我相反。若以我爲人，時時從旁借觀，其病自見。

有才者更甚，才而矜，殺其身。『矜』之字，矛在今。

王景文云：『有心於避禍，不若無心於任運。』斯言固達矣。然必自反無愧，自省無憾。物之有成必有壞，譬如人之有生必有死，而國之有興必有亡也。雖知其然，而君子之養身也，凡可以久生而緩死者，無不用其治國也。凡可以存存而救亡者，無不爲，至於不可奈何而後已，此之謂知命。

予凡巫覡星相一切邪説，弱冠時即深惡而痛絶之，以爲百事皆人定勝天。每與宋芸子切辨，宋芸子之不信，亦命也，烏能逃。迨久之，知命不足憑，而運確不可易。何也？寒暑也，晝夜也，非運乎？秒刻不爽，運之板板如是。寒而裘，暑而箑，運也。若任其運，是寒不裘，暑不箑，聽其裂肌爍體，可乎？當親愛疾阽日，運也，而不呼號療救，是鼓盆裸葬之流矣。當國家危亡日，運也，而不憤疾圖存，是巖棲谷飲之流矣。若夫先我燭照，禍未至，早有以衛，豈禍至而可避哉。

謝上蔡曰：『透得名利關，便是小歇處。』已上伊川

『歇』字最佳，人之擾擾，夜亂不休，按之皆名利也。嘗謂：『人如機器，名利是火，火愈大，機器動愈疾。欲其須臾之歇不可得，必至機折關損而後已。』

人多以老成則不肯下問，故終身不知。又爲人以道義先覺處之，不可復謂有所不至，故亦不肯下問。遂生百端欺妄人，我寧終身不知。橫渠

官大年高，動曰：『我知九牛，爾知一毛。』俊良後生，一語抹殺。何妨自居於以能問於不能之列乎？裝點面目，自文淺陋，舉止欺世，叱吒嚇人，又無論矣。東坡有言『淵深莫測之大人』，此最爲害。剛尚書撫吴時，嘗告予曰：『督撫衙門，號爲封鎖，試問何事外間不聞，何所遮蔽之有？』

無口過易，無身過難；無身過易，無心過難。邵康節

五官百體，皆一心治之。心不能治，四肢叛逆矣，豈止舟中人皆敵國哉。凡被刑者，皆自殺也。

士處貧困，正是用工夫時節。若不痛自節抑，則貪欲必生，廉耻盡喪，工夫安在？孟子曰：『士尚志。』志之所在，豈可爲貧困奪了？於此時下得工夫，則器具漸漸涵養。覺夭壽死生禍福，窮達得喪，便可無間斷。我豈矯情者耶？此士所合爲者。

須知節抑正是勉貧。若因貧困，遂生貪欲。廉耻徒喪，貪欲仍虚，轉益貧困。及老計之，孰得孰失。然麻中生蓬，頗不易得，皆由士習使然。嘗見一鄉一邑，一士秀拔，衆士隨之，風俗爲之一變。甚矣俗染之弊。堯染舜，舜染禹，慎乎其染者哉。

或謂人經患難，皆是不幸事。曰：患難，亦是不經事人良藥，有一服可以治其終身之疾者。士大夫往往有之，柳子厚服此藥稍遲耳。

身是鐵，患難是鋼。經一次患難，下一次鋼。聖賢英雄無他，多經患難耳。不經患難，直是頑鐵，開口便知其分兩。

人之所見，如登石梯，一級高一級，則一見高一見。有未及登梯而輒論梯上事，皆出於臆度，人不信，亦不

自信。以上張子韶

身在十級，告百級者曰：『某水某樹，吾已見之矣。』豈不爲百級者笑乎？

人身不過七尺之軀，有矮如一寸者，有高如萬丈者。所處在一寸，身雖高，只見一寸； 所處在萬丈，身雖矮，可見萬丈。何況如日月經天乎，即高萬丈者，亦聽其謦欬而已。

天子高七尺，庶人亦高七尺，何庶人謂天子若日若月？ 豈謂九重之門、九尺之堂之尊乎？ 非也，蓋聖人在位，其道崇隆。若失其道，同一七尺之軀，將摩肩而遇，臨下者可不戒哉。

高視下不明，叢樹如薺樹，薺樹不辨，何況薺與薺分寸之間。無怪謂忠者不忠，賢者不賢也。語云：貴人多忘事。貴人事多，宜忘一也； 我之所謂大事，貴人所謂小事，宜忘二也； 視人如薺，或本未應其事，三也； 不肯面卸，假作忘事，四也。若居萬丈之高位，語一寸之人，謂『萬象在目』，一寸之人亦不信也。井蛙不可語海，限於地也； 夏蟲不可語冰，限於時也； 瓦縫之雀而憂鳳凰，限於明也。

復齊家兄一日見問云：『吾弟今在何處做工夫？』某答云：『在人情、事勢、物理上做工夫。』

人情者，人之情也。己情所欲，人情所欲，舍己從人即情也。工夫則尤難言，人情至貪至詐，無工夫則受侮弄。人情至公至正，無工夫則失依從。事必有勢，勢如水性下，火性上。因事理之勢，勢順事成，明決見機之謂。然非見事多，不能識勢之所在。今人見事少，變故關乎家國者，終身不遇，而盡在史書中。古人當大艱難時，設身處地，如見其事，厥後成敗，總由於勢之順逆。

物理更學者所急。文有文理，木有文理。萬物何以爲萬物，天學地學之所繫。化合、愛惡、氣力、熱重之紛繁，一一通之，專門守之，方有所成。嘗謂他人夢生夢死，物理至樂至微，未曾一體會得、格悟得。即己一身何以飲食，何以消洩，何以運動，何以視聽呼吸，何以幼孩老耄、壽夭强弱、愚智喜怒，皆不曾知。惟爲衆人之所爲，笑焉存，忿焉忘，如蟲如豸，蜿蜿蜎蜎，可悲也。夫此三者，聖哲之軌範也。

學者不長進，只是好己勝。出一言，做一事，便道全是，豈有此理。

自以爲合是者，必定全非。伯玉五十年知四十九年之非，人能作百事知九十九之非，則進矣。好己勝，予嘗謂溺愛不明也。何苦爲臭皮囊，用盡千心，遮長護短？愚哉。

見理未明，寧是放過去，不可起爐作竈。

放過去，自己認承見理未明。起爐作竈，欲未明之理，下鍋生煮，一直瞞盱過去。

做得工夫實，則所説即實事。不説閑話，所指人病即實病。

實學實事實語，凡人閑話多，總是爲事不實。不實，脱空周旋；若事實，便無多語。有賞罰之權者，賞即賞，罰即罰。無之者説了一天賞，一天罰，都是雲霧。

規矩整嚴，爲助不少。

見其衣冠瞻視，便知其人之深淺；見其桌几菜蔬，便卜其家之興亡。起得早，吃得飽，整巾而出，嚴步而行，此岳家軍也，誰敢侮之。

世人只管理會利害，皆自謂惺惺。及己分上事，又却只是放過。争知道名利如錦覆陷井，使人貪而墜其中，到頭則贏得一個大不惺惺去。

只看見錦，未看見井，萬事皆然。

人精神在外，至死也旁擾。須收拾作主宰，收得精神在内時，當惻隱即惻隱，當羞惡即羞惡，誰欺得你。

心是羈勒，身是馬牛，牽到那裏，走到那裏。人嘗患此身不能立自，由心馳於外。分明静坐書齋，心却營謀甚處。迨營謀已就，身坐不穩，隨所營謀而去。予客江南時，朋友衆多，日不暇給，頗以爲憂。迨服官邊塞，出門無所之，見人無所語，只得閉門，而心亦閉，方知冷宦天之厚我也。每見古人心存君國，一朝獲罪，廢棄終身，文章撰述，卓然成家。其初精神在外，迨世不我用，絶意其他，乃收拾精神在内，故能有所成也。司馬子長、柳子厚輩是也。

人須在事上磨，方立得住，方能静亦定，動亦定。

經史皆實事非妄言，今人不於經史求事，徒求其言，遂蹈空理。經史之事，證我所處之事，或出或處，無一事不是古人經過。由此以身爲鐵，以事爲錘。嘗見鐵出爐中，錘下而火星四散，其散者非鐵也，乃泥沙渣滓也。去之既盡，鐵乃迸合。錘愈多，鐵愈少，迨泥沙盡則成純鈎鐵。經百萬錘後，百錘不動，萬錘不動，安得不定？

人心只愛去泊着事，教他棄了時，如猢猻失了樹，更無住處。以上陸象山

口得美味而甘，心得正理而悦。人只圖甘口而不求悦心，只驅逐他往勢利上去。一朝失所勢利，便如猢猻，渠素無棲止處也。

前輩論醫云：　閉門看古方，三年知天下無病不可治。及其出而用藥療病，知今古無方可用。此無他，聞見力極則止，至於應變，則無有窮盡。噫！豈但論醫也，士之學問，其失正在是。苟以是心反之，孳孳旦夜，自不知爲有餘，縱未能盡愈天下之疾，亦庶幾乎十不失二三也。林和靖

今人好談經濟，豈《經世文編》真可經世哉？爵禄恩□，方誠良矣，此乃補養之劑。蠶桑保甲，方誠良矣，此乃和解之劑。考劾刑戮，方誠良矣，此乃攻下之劑。古方皆有，奈病不效何？於是有講新

法者。秦用商鞅，宋任安石，頗著微效而不顧人之元氣。卒醫者在門，亡者旋踵。若夫捭闔長短之流，直是荷囊市藥，朝夕糊口。丸不成丸，丹不成丹，不知療病，只圖射利，一遇仇家，禍至車裂。嘗記黄子壽布政，言有售藥丸者，門庭如市，求其秘方不得，人多嫉之。後其女嫁於人，洩其術，乃用熟飯成丸，實無一藥。問其何能治病，則云所刻招牌，何病用何引，只引是藥，丸無藥也。予聞之曰：此宰相才也，本無藥而盡借他藥以爲功。

心中有主，雖在鬧中亦静。故程子以爲金革百萬，與飲水曲肱一也。

心猶水，雖澄之不清，撓之不濁。若一撓即昏，必至手足無措，面目易位，而萬事不能理矣。

究觀物理，油清則燈明，油濁則燈暗。水静則影定，水動則影亂。晁文元

予嘗比德於鏡，光明一也，空虚二也，不疲三也，無詐四也，惡垢五也。

茶裏飯裏，喜時怒時，净處穢處，妻兒聚頭處，與賓客相酬酢處，辦公家職事處，了私門婚嫁處，都是第一等做工夫提撕警覺底時節。

提撕警覺，全由精神。無成之人，百端廢棄。入門不論貧富，看其舉動，便知有無條理，學問不在書本中求之。

心意識之障道，甚於毒蛇猛虎。何以故？毒蛇猛虎，尚可迴避；聰明利智之士，以心意識爲窟宅，行住坐卧，未嘗頃刻不與之相酬酢，日久月深，不知不覺，與之打作一塊。

盗賊，誰不惡之。乃腹内有此而不知惡，任其擄掠偷竊，盡喪所有，方且袒護隱藏，愚亦甚矣。

衆生未開眼時，半醒半覺，心識已紛飛隨妄想流蕩矣。作善作惡，雖未下床時，天堂地獄已一時成就。

開眼時，思作一善事，如日在東，萬道彩霞；思作一惡事，如陰氣愁霾，天慘地黷。戾氣善氣，窺

象而入。

士大夫學道，却須借昏鈍而入。若執昏鈍自謂我無分，則爲昏鈍底主人公耳。

不讀書之人，每以昏鈍卸責，不知昏當求明，鈍當求利。《記》云：人一能之，己百之。人十能之，己千之。説誤解，譬如人一日行一里，我行百里，是人弱我强矣。人一能之者，是人一日做一事；人十能之者，是人一日讀十頁書，我千日方讀十頁書。雖人速我遲，有志竟成，成功則一。如此何患愚患弱之有？又人每託記性不佳，看書輒忘。湘潭王壬秋師嘗云：『我之面目，子能識之者，何也？不過朝夕見即識之，非從頭至脚熟視數百遍，方能識也。若生平只見一面，而云不識此人，由記性不佳，有是理乎？』書只須日日見，便識之矣。推諉記性，記性認其咎耶？

逆我意者，只消一個忍字，定省少時，便過了順境，直是無你回避處。以上徑山

不能忍者，以爲此況如此，二次三次將何堪？不知忍乃美德，百次千次何妨。況忍者至强，視逆我者强弱不可斗量。如市中有二人相鬥，一人奮拳辱，一人鞠躬揖讓。滿市人謂奮拳者强耶？鞠躬者强耶？有權勢人，尤須處於柔。萬物以柔爲貴，草木萌達，柔榮肥萎。人生百體，齒落舌存。鳥獸與人，生軟弱而死崛强也。錦緞與布，貴錦細而賤粗觸也。

凡人纔學便須知着力處，便須知得力處。許魯齋

學如射，知的所在，彎弓而發。若不知的之所在，參天而發，如何命中？學有萬端，不知歸宿，左手畫方，右手畫圓，終身無成。四庫所收未收之書，皓首無盡。張孝達師《書目答問》云四庫後出書不少。曾文正所謂飲河海者，滿腹而止，欲以一人飲盡河海，能之乎？文正所撰《聖哲畫象記》，尚嫌繁複。

大凡立身行己，須是立脚之初，便確乎不可拔。到後來習得定，死生禍福，都不能奪。楊誠齋

死生古今同盡，知命者早當了然。禍福在自求，君子未嘗不得禍，小人未嘗不獲福。然君子之禍，小人萬不能得；小人之福，君子所不屑求。此處看得定，自然有立脚處。

心常有主，乃静中之動；事得其所，乃動中之静。胡敬齋

心總要動求静，静得心時，事亦静矣。予每坐青齋，常一月中，外間不知屋裏有人。

常人之心，私意盤結，欲情濃厚，須隨事磨練。難忍處須忍，難捨處須捨，難行處須行，難受處須受。如舊不能忍，今日忍一分，明日又進一分，久久練習，胸中廓然，此是現前真實工夫。古語云：静處養氣，鬧處煉神。金不得火煉，則雜類不盡；心不得事煉，則私欲不除。

忍得一丈，遇一寸二寸時，自然不用力。一『難』字盡之，忍如海，難如水。任水所歸，海能納之。予友王少谷在京都時，每當風雪打窗，枯僧破廟，心冷如鐵，煉之既久，不復能熱。厥後處熱鬧場，仍若處冰霜中。是以薦者麕集，去若鴻冥。予所見學人多矣，凌寒之姿，獨以王君爲首，以其能煉心也。

金乍入火，熱不能支，若百煉後，任火所煉，不能銷矣。

人一日間，古今世界，都經過一番。夜氣清明時，無視無聽，無思無作，淡然平懷，就是羲皇世界；平旦時，神清氣朗，雍雍穆穆，就是堯舜世界；日中以前，禮儀交會，氣象秩然，就是三代世界；日中以後，神氣漸昏，往來雜擾，就是春秋戰國世界；漸漸昏夜，萬物寢息，景象寂寥，就是人消物盡世界。學者但不爲氣所亂，便做羲皇以上人。

予嘗謂作官者，當其高坐堂皇，威儀抑抑，瞻顧叱吒，儼若神明；私室密語，囊橐穢污，廉潔無存，氣息腐臭，有同狗彘。出則呵殿，驅從行導，道旁太息，以爲至榮。迨需索供張，魚肉衆庶，則盜賊

不如。昏夜乞憐，造膝而請，詇面諂口，自責無容。仰息承顔，有逾骨肉。自顧形影，忽而鴟張，忽而鼠伏，忽而狐媚，忽而狼貪。七尺之軀，千載之駡，何樂爲之。

人須在事上磨煉，做工夫乃有益。若只好静，遇事便亂，連那静時工夫亦差。

静非外事外物也。若外事外物，是禪關語矣。自幼至老，自朝至暮，孰非静者。否則三軍敗亡，猶夸心學，輿夫淪没，無動於中。静則静矣，其如敗事何？

六箴[一]

六箴叙

祥齡令懷遠時，與生童講説，語多易忘，筆之於書，爰仿吕氏《小兒語》撰《士箴》。吕氏書，前十年唾棄不屑觀者，今師其意，是學有進乎，抑退也？然爲中人言，惟恐不淺且俗，即吕氏自序力求淺俗，有所未能，此箴亦復如斯。而學問之門徑，言行之樞機，僕之所知者，大略在是。因念士基於子弟，蒙無以養，業何由成，乃撰《童箴》。由此精舍有棄《三字經》《千字文》以教幼學者。商賈之中復有知書者，謁予求以教之，於是有《俗箴》之作。俗既有箴，未及閨門，是以繼之以女。此書並非著作，務在切實，又務在切於懷遠僻野之地，不敢通行，貽哂大雅。日見僕役在側，時刻規戒，不勝其勞，此亦人子也，撰《僕箴》以教之。既思人皆訓戒，己何知識，妄肆語言，而己亦人也，又何忽諸復指摘瑕疵？闇室自訟，凡人之愛我而磨礱者，惡我而諆詆者，一一剖肺肝，布諸楮墨，以自警焉。夫今至不善，無事迹以惠民，而徒倚口舌以從事，伎亦窮矣。但此心如見與我民相親而心迹隱約，不亦恧乎？當今振興庶務，凡我士民宜知體要。所謂變法者，乃在下擬議之詞，非變法也，乃除弊也。除弊而曰變法，是不知天高地厚也。此又常談之外，敬告我民

〔一〕據光緒二十七年（一九〇一）刻本整理。

勿貽君父之憂，須勵賢豪之節，人人有用，爲國捐軀； 個個成才，頂天立志。此又不佞日夕禱祀以求之者。

士箴序

禮義廉耻，國之四維。四者之要在分别孰必爲、孰必不爲二者而已。其合於四維者，自審曰『必爲』，其悖於四維者，自審曰『必不爲』。理易明，事至簡也。天下號稱四百兆人，聰敏者乃爲士，不下十萬人。此十萬人之中，應舉貢而及解額者不過二千人，其及貢士不過三百人。三百人之中能通達古今、忠君愛國者，又幾何人哉？天下之不由科舉者，其數倍於舉貢。大任封疆，小任百里，而皆基於士，夫士固不重哉！乃聰穎者誤於詞章，篤實者誤於考據，則四百兆人幾至無人焉。國之强弱係乎人才，智則强，愚則弱。智與愚鬥，如毆醉漢，撲嬰孩，無惑乎？鄰强而我弱也，其弊在上無教，下無學。中國任教士之責，曰『督學』，曰『教官』。督學固多通才，士僅一見而去。教官類多衰茶，士百見而又無益。非無勤學，不知所學何書； 非不立志，不知所學何等。士恒視科舉爲利禄之階、顯揚之計，其他不知也。夫天下大患，莫患於相反，上求人才而下求利禄，所持相左，北轍南轅。嘗見仕至鄉貳監司心存利禄者，尚不知四維爲何物。士之有益國家者，固不可得，求其不爲害鄉里者亦鮮。推其源，總在與人相反，其患遂至，不可勝言。讓至榮，争至辱也，彼則遇事必争，是榮辱相反。義至安，利至危也，彼則趨利如鶩，是安危相反。極之好惡禍福莫不皆然，是烏得爲士哉。一鄉有秀才，親屬慕之，里閭慕之。若有不平，向其理訴，使一言剖决，視官長爲順而易，乃不爲秤停當否，轉多教之扛訟，教之抗官。一縣有似此一二人，則縣不可得治矣。是士不見有利天下，反有大害於天下矣。士不治，天下安得治。何以治之？一其教，一其學，要非先明四維之道不可。

士箴

士子讀書，只爲科名。國家取士，只爲蒼生。四寸之學，耳進口出。未曾下喉，如何有得。

繫戀過去，希冀未來。眼前恍惚，日月不回。如有學問，人自尊敬。名醫人延，好女人聘。

稍有才華，蜂蝶輕狂。吟風弄月，潦倒下場。深則難窺，淺則易露。有何才能，自勞宣布。

要圖大利，莫貪小財。立志苦學，高步金臺。天下古今，何所不有。有甚稀奇，對人夸口。

庸師誤人，害了一家。也同庸醫，殺人如麻。國家人才，基於子弟。雖是孩童，若大干繫。

能善擇交，終身漆膠。不善擇交，終日譏嘲。自古賢豪，都靠師友。若遇庸人，虎畫成狗。

毁人得謗，譽人得名。我不輕人，人不我輕。無名揑貼，大干紀律。譏誚詩文，尤爲惡習。

與我並世，四海一身。如何學者，只愛古人。三綱五常，扶持聖教。雖是秀才，仔肩大道。

憚於自治，決破藩籬。諆詆道學，以便營私。除却孔子，不便攻擊。曾孟周張，都尋釁隙。

因愛吾親，因親及人。推諸四海，萬象同春。牲畜有利，讀書有害。天下如斯，牛馬世界。

廿載去怒，七年去矜。除一箇病，似天難登。瓦礫何賤，金玉何貴。吐氣如蘭，全在書味。

古人自治，視己如仇。今人自恕，鼠竊狗偷。惡聞人長，善護己短。營營如蠅，狺狺如犬。

走盡天下，總要愛人。是人不好，孤獨其身。不辯是非，性情乖僻。自大其身，天地嫌窄。

自謂百能，實無一能。一分自贊，十分可憎。衣須浣潔，身須沐浴。珠玉形骸，豈同土木。

他方已夏，此地未春。人吃剩了，你才沾脣。秀才身分，有如處女。空谷幽蘭，芳菲襲予。

威福一方，自謂紳糧。滿口公事，也學官場。進出衙門，有何好處。徒惹聲名，招人厭惡。
禮貌待士，遺抱呈詞。如何匍伏，好打官司。滿腹詩書，來談文學。佳士風姿，如金如玉。
既知訓典，當敬祖先。宜立神主，祀享堂前。喪祭冠昏，要考家禮。風俗之偷，責在士子。
家庭不睦，總由婦言。秀才之門，仁義所存。食不求精，食當求潔。氣味芝蘭，肌肉玉雪。
探珠滄海，種玉藍田。鳳鳴高嶺，龍躍深淵。蒲樗猪奴，最爲鄙賤。莫説寄奴，一擲百萬。
勿學海上，逐臭之夫。不聞娶妻，當得麗華。有才便驕，有文便慠。當面人憎，背面人笑。
一進書房，要有書香。莫如燕雀，啁啾一堂。買書百金，可大門户。積産萬金，徒爲財虜。
買書之錢，不過十千。乃云無利，彼蒼者天。怕被染人，染成顔色。藍可改青，黑不能白。
海可成田，俗見難捐。所見相反，看地成天。未曾讀書，先宜識字。未通古言，那知古義。
但不可遇，稱許説徐。始一終亥，白了頭顱。一部《説文》，搬在《爾雅》。道是注經，道是做假。
撰詞尚作，解經只鈔。有同擄掠，致富一朝。積聚粱谷，鋪陳水陸。吃飯夢中，究未裹腹。
考訂金石，謂可證經。縱得幾字，拾屑成釘。爲要讀書，先考目録。匯刻成書，書猶未讀。
立乎本朝，要當漢人。棄却己姓，改姓從鄰。四庫三倉，書多莫用。不在求田，在乎善種。
下民塗炭，聖主卧薪。何暇風雅，號作文人。理學根基，經世條貫。考據詞章，爲之枝幹。
經有大體，休論毫毛。今之解詁，舍瓜取桃。以經證經，要知通例。今可施行，有幾條事。
終身耕作，未暇稍安。迨及歲熟，他人得餐。群經聚訟，吾爲平息。兩造輸贏，於官何益。
他人家務，我去經營。經營縱好，何與吾生。著述等身，鬱爲盜藪。不義之財，終歸烏有。
假人門面，改舊作新。並無奇貨，自欺欺人。四序遷移，有冬有夏。是酸非鹹，不知晝夜。

動徹許鄭，輕詆程朱。動徹揚馬，輕詆歐蘇。規漢摩唐，剽竊盜襲。弇州晚年，手持蘇集。
立論太高，心先不平。師承門户，是以相争。聖道如水，百家如酒。酒醉發狂，翻罈倒瓿。
抱火投薪，自焚其身。縱横名法，送了嬴昏。不守門牆，逃墨逃楊。逃之云者，罪人是也。
無端而逃，必有所盜。既名爲盜，尚有何道。膽大言狂，法令更張。亡身亂國，韓非商鞅。
讀萬卷書，不如閱歷。更事彌多，遇事彌惕。校勘訓故，買櫝還珠。只是讀字，未曾讀書。
右者謂右，左者謂左。非我注經，是經注我。書中滋味，有糖有鹽。嗜鹹者鹹，嗜甜者甜。
宋槧元鈔，有同骨董。村學究家，豈無周孔。金石書畫，可供雅談。當做學問，轍北轅南。
要讀帝堯，莫説稽古。徘徊道旁，終未入户。珍饈百味，總要親嘗。牙籤滿架，徒尚排場。
讀甚麼書，中甚麼毒。勿食漏脯，要求菽粟。縫衣要針，讀書要心。海鷗浩蕩，終日浮沉。
與其馳逐，不如不讀。自古凶奸，都饒卷軸。《論語》半部，相業堂堂。只要會讀，何用書倉。
終身可行，只一恕字。莫解如心，要求實事。曾侯畫相，猶嫌其多。只取一半，足夠切磋。
孔孟程朱，許鄭韓杜。十有二人，佑光遷固。七分道理，三分文章。何須雕繪，對白抽黄。
詩古文辭，只當花鳥。陶我性情，並非至道。文貴氣盛，氣盛言宣。氣由理集，亦生自天。
試觀論孟，文從字順。澀句艱詞，是曰文病。積理尚易，積詞較難。詞文妨砌，理文妨乾。
一朝文章，一代作者。謝鮑韓歐，休分高下。文有二道，師意師辭。師意者立，師辭者卑。
不食馬肝，也能知味。與其能取，吾寧能棄。今日畫方，明日畫圓。終身無成，業由不專。
無田甫田，甫田維莠。自問四書，能讀也否。與其鑄劍，不如磨針。與其掘炭，不如淘金。
偃鼠飲河，滿腹而止。所貴讀書，修身而已。與言一尺，寧行一分。鳳凰何少，鴉雀成群。

言不能誣，辭豈可僞。毀譽無私，文質君子。辭賦雕龍，紀傳史通。欲敲石鼓，須刻魚桐。
欲通古今，須考典禮。經世大原，兩通四史。多大見識，輕論古人。成敗利鈍，自問其身。
史法史例，須知古義。莫發空言，要稽表志。宜以往事，考證當今。要求實用，運以一心。
司馬文章，生龍活虎。莫逐雲礽，要親宗祖。文窮必變，變則生新。强分唐漢，争訟古人。
李杜才雄，温李才麗。雄者龍吟，麗者獺祭。錦段一匹，組織鳳凰。豈如霞采，萬丈光鋩。
詩變成騷，騷開賦頌。也如讀經，互相搆訟。詩家八代，號爲長城。五言妙境，請問鐘嶸。
好疏者疏，好密者密。譬如人面，如何能一。四傑排奡，長慶清流。也如字體，肥瘦各殊。
能開風氣，乃爲豪傑。摹漢規唐，究爲才拙。趨時者俚，摹古者優。真正毛施，不加飾修。
若是才高，自然詩好。抱杜尊韓，附蘿依藻。詩以正性，勿争騷壇。玷辱風雅，輕薄衣冠。
謝鮑漢學，蘇黄宋學。就是詞章，也相攻毒。牽牛駐馬，屬對稱能。何如華嶽，氣骨峥嶸。
詩如牛毛，成如麟角。蟬噪蛙鳴，可以不作。詞章多淫，考據多貪。理學多僞，經濟多談。
爲國求賢，自問賢乎。麟鳳芝草，自待何如。才氣凌人，語言狂肆。十四藝中，有何本事。
及第之人，氣宇謙和。落第之人，辭色嵯峨。場屋作文，氣勿虚矯。收斂精神，膽大心小。
見敵勿怯，捫腹雄豪。不可氣餒，屋矮人高。臨場讀書，日課要少。閑爽優游，貪多則擾。
闈中文字，不要揣摩。世上俗論，害了許多。命相墳塋，以求科第。進身初階，心已鄙利。
盡其在己，聽其在人。豈爲富貴，乃生此身。能作古詩，自工試帖。不識源流，剪花刻葉。
經策文詞，貴博貴精。非稱涉獵，可能有成。小楷卷摺，已成風氣。只要讀書，自能寫字。
金石鐘鼎，篆隸源流。藝舟雙楫，考據宜周。曰之所書，字宜滿萬。非爲臨池，乃資濟幹。

師友宏獎，用心至公。須知恩始，莫以仇終。朋友初交，只見其善。善盡惡見，所以相厭。

君子居邦，不非大夫。譏評官長，决非吾徒。交道要疏，不可太密。保全白頭，貴乎淡泊。

舉步端好，發言光昌。虎豹有文，不同犬羊。以爲古人，書中看見。譬諸照鏡，還見己面。

因要做事，所以讀書。不達事務，無用腐儒。只是安分，莫管閑事。屋壞有梁，天蹋有地。

食茅踐土，養氣忠心。静觀治亂，通知古今。雖是秀才，要知天下。但莫談説，惹人笑駡。

守身如玉，莫進衙門。除却讀書，萬事不言。莫管公事，莫談官長。國家大政，更莫亂講。

患在不學，那分中西。不耨禾苗，人高我低。各處教堂，朝廷允設。不争泰山，只争米粒。

四百兆人，如聵如聾。七十萬里，如蒿如蓬。鄰右正强，各管子弟。發憤自雄，後來出氣。

尚不知耻，愛國忠君。各尚氣節，鼓勵三軍。自家之物，棄不能守。被他盗去，驚爲人有。

天學地學，必須講究。農工商兵，開拓宇宙。雖有善政，全仗人才。只要幾箇，天地爲開。

車行輪轍，政成豪傑。鐵路兵輪，無火便歇。汾酒紹酒，因地制名。雖是一縣，天下通行。

湘軍旗鼓，遍於天下。一縣之人，雄視如虎。一旅三里，争霸争王。如何一縣，無一人强。

怯者畏敵，奸者讐敵。君父不知，是無氣血。琴工印匠，書畫名家。不結實果，枉開虚花。

詩酒風流，逍然巾拂。不見其雅，具見其俗。自命道學，刻責論人。不通世故，閉絶六親。

交友怕染，墨染一點。黨禍朋殃，有水難盥。貴人門牆，是非之場。我無祈禱，何用燒香。

就立功勳，其義亦次。試問顔曾，有何經濟。旂常鐘鼎，輕如鴻毛。捨身報國，常懷寶刀。

孔孟口中，不作高論。萬世可行，反此者病。

童箴序

樹必培其根本，人必養其童蒙。父母愛子之心無所不至，所不至者，愛而不知其惡。誤以愛爲害耳。甚至牙牙學語，夸其能駡爺娘；了了大時，教以盗人雞黍。凡天下之不才者，皆失父兄之教者也。果能跪拜以折其嚣陵之氣，誦讀以磨其粗獷之心。大誠由於小懲，見微可以知著。與爲人撻，不如自撻；與爰人管，不如自管。風雲月露，早戒其儇薄之行。字畫琴書亦慮啓輕佻之漸，先以小學基其始，繼以道學爲之歸。古人以灑掃服勞督率子弟，今日富貴家子弟視灑掃服勞爲僕婢事，推之疾痛疴癢，皆可任之僕婢矣。不成有用之才，正少此一段事業。人人教其子弟而天下有不大治者乎？

童箴

門外豺狼，門内爺娘。爺娘愛我，豺狼害我。莫敬鬼神，當孝父母。能孝父母，鬼神敬你。
親勞我逸，終日皇皇。追其習慣，以爲應當。父母骨血，應還父母。何以還之，竭其所有。
自尋衣食，方知艱難。離開父母，才曉飢寒。是事將就，父母愛你。是事糊塗，父母害你。
父前子名，一呼應聲。使命灑掃，一唤就行。父母之前，撒嬌優氣。他人之前，挨駡受氣。
器用財物，父母存的。存來何用，是你們的。一綫一針，父母心血。不肖子孫，全不愛惜。
己身長大，由愛而成。使不愛己，己何由生。雖是禽獸，尚知有母。若無孝心，人不如狗。
父母愛子，矢溺都甜。子事父母，涕泪都嫌。曾孔家兒，不知打駡。幽蘭氣味，黄金身價。
父母喜怒，有是無非。莫論憎愛，總是無違。不出大門，箇箇愛我。一出大門，有人愛麽。

姊妹兄弟，同根同生。
異母所産，議論高低。
疑心父母，總有偏心。
凡作百事，整頓精神。
子事父母，也不在高。
愛惜兒女，那在衣裳。
莫知有己，不知有人。
穿衣吃飯，從那處來。
倚牆妨倒，點火妨然。
莫殺蟲蟻，他也有家。
一隊雞群，相愛相親。
蛇鑽地窟，龍上天宫。
美錦不裁，怎成衣裳。
一進房屋，要分東西。
河中水濁，惹人濯足。
紛紛蜂蝶，也知有家。
己有何能，己有何才。
有人使用，還要罵他。

一塊骨肉，何必相争。
一樹枝葉，分甚東西。
一窠之鳥，不念同林。
鏡磨才亮，鐵煉才純。
一箇順字，萬事都包。
不宜銅臭，只要書香。
是非口角，切莫認真。
布要人織，谷要人栽。
莫行崖畔，莫坐橋邊。
莫傷草木，留著開花。
一動殺念，齏骨粉身。
試問己身，成蛇成龍。
大木不斲，怎成棟梁。
一出言語，要辨高低。
河中水清，招人濯纓。
如何子弟，偷娘盜爺。
飽食暖衣，從何處來。
不怕窮了，服事人家。

弟兄不是，誰之兒子。
兄弟雁行，宜序長幼。
姊妹雖親，要分男女。
愛你才教，恨你不管。
堯有丹朱，豈教不善。
父母太嚴，嚴轉多僞。
一入門來，誰敢罵你。
你若罵他，他定罵你。
庭中雞鴨，可玩可弄。
行事出言，總要平正。
雖是小兒，要有志氣。
倉中之鼠，天天吃米。
黄金不煉，也同煤炭。
親旁人側，要觀顔色。
今日的飯，昨留的米。
有吃的時，嫌吃不好。
蜘蛛結網，也是能幹。
牛馬有用，人便養活。

那箇生的，論甚彼此。
小時不管，大來争鬥。
女大避父，子大避母。
如何一言，變嘴變臉。
須請閻羅，驢改馬面。
何必兒孫，怕如神鬼。
一出門去，誰箇怕你。
何必請人，來罵自己。
碗中雞鴨，可傷可慟。
惟恐傷人，切莫使性。
七尺男兒，頂天立地。
廁中之鼠，天天吃矢。
好兒不教，也成强盜。
出言立論，要知分寸。
今日無米，明日餓死。
無吃的時，餂糠也飽。
人不如蟲，只會吃飯。
猪羊莫用，人便宰割。

當作自己，多大才能。使作百事，一事不勝。處世居家，以和爲貴。一音不和，八音都廢。
父母財物，嫉用如仇。父母血汗，當作馬牛。近河使水，也要愛惜。靠山燒柴，也妨莫得。
第一體面，莫過讀書。若不讀書，何異馬驢。書讀不進，事鑽不進。過了一生，不知已姓。
滿堂金玉，讀書得來。沿街教化，自不成才。人生在世，總要做事。吃了就睡，猪羊何異。
想生富貴，下死功夫。舍得下海，自得驪珠。行止要端，坐立要正。凡百事爲，總須恭敬。
發憤十載，自上青雲。小時耽誤，不武不文。聲音要低，行步要緩。成由於勤，敗由於懶。
詩書滿腹，不在衣裳。孝友一家，不在房廊。少不讀書，老無受用。早些醒來，莫要做夢。
要敬尊長，要敬先生。推梨讓棗，切莫相爭。端正讀書，口到心到。眼要看真，切忌浮躁。
有了出息，高步青天。莫得出息，不值一錢。臨帖要看，寫字要慢。心慌手忙，從小習慣。
立志向上，上水行舟。一篙不穩，就落下流。莫弄刀矛，須弄筆墨。武衛一身，文通一國。
高崗朝陽，五采文章。莫作鵝鴨，要當鳳凰。若能讀書，聰明壽考。不能讀書，糊塗潦倒。
莫要看戲，只要讀書。書中有戲，變化龍魚。饑飽人同，何分貴賤。自己吃飽，念人餓飯。
萬事有理，都要詳猜。鳥鳴花開，都爲誰來。日月出没，也要曉得。水火寒熱，也要明白。
身爲男子，只知君親。媚神怕鬼，婦人之仁。飯要慢嚼，話要慢説。吃魚妨刺，牽牛妨角。
不重相貌，要重文章。眉清目秀，轉召災殃。四海五洲，要知近遠。世故人情，要知深淺。

女箴序

天下四百兆人，女居其半，而女至難教。不出閨門，不通世故，肆其長舌，忿其妒毒而已。女害至此，相夫則夫受其害，教子則子受其害。天下人才不興，必女教之失也。夫男教已不明，加以女教之再失，國欲治，安得乎？但曰蠶繅耳，酒食耳，詩書之陳言安足制房幃之戾氣。昔嘗纂《婦女通考》，取翟茀之典則爲彤管之規模，上自宫幃，下至井臼，爲法爲戒，本末具備。意欲補《五禮通考》《讀禮通考》所未詳者，豈非無故哉！

女箴

雖是婦女，多大擔當。棟梁柱石，家國興亡。所貴乎人，異乎禽獸。男女有别，不相授受。
言莫輕發，笑莫高聲。是非財物，切勿分明。夜行以燭，晝行以扇。燭以遠嫌，扇以掩面。
雅不在畫，才不在詩。酒食針黹，乃分之宜。衣服長短，要知尺寸。富貴之家，穿了不問。
布帛米鹽，要問價錢。不要一味，光吃光穿。帳目算明，務須明白。略有含糊，便生仇隙。
女眷來往，惹是生非。總宜疏淡，以免勃谿。談人家務，誰賢誰妒。試問親密，有何好處。
三姑六婆，不許進門。心軟口軟，婬盗之根。欺凌懦夫，干興外事。恃才逞能，滿口勢利。
貧富貴賤，莫説錢財。市井之婦，專爲利來。莫輕貧賤，莫羨富貴。富貴之交，更無滋味。
家庭萬事，都看尋常。缺陷世界，總是該富。頭脚要緊，衣履要整。散漫歪斜，他人齒冷。
婦女風氣，東南不堪。只知珠翠，不讓夫男。游蕩婦女，光吃光耍。雖是人形，不如牛馬。
臣忠於國，女忠於家。天生女子，只爲一夫。小説傳奇，鄙淺無理。才子佳人，何足掛齒。
丈夫之親，即是己親。如何叔伯，視若路人。家庭不和，總由婦女。講論是非，分别爾汝。
因敬丈夫，乃孝翁姑。推之親族，一樣肌膚。界限太明，私心太重。綫尾針頭，不肯分用。

東家兒郎，西家短長。三尺長舌，餂米及糠。自己東西，百般吝惜。公衆東西，任隨拋撒。
買賣東西，愛占便宜。旁人識破，没得面皮。體面在心，不在打扮。乾净布衣，不嫌破濫。
夜夜妨賊，刻刻妨姦。内外一夥，草引火然。愛做好事，固爲美德。分寸之間，也要明白。
四海雖大，誰是親人。如何一家，搬嘴弄唇。心中火起，就要按住。多按幾回，火坑甘露。
心偏多貪，性偏多忘。争來黷濫，塞籠填箱。潑悍惡女，動徹咒駡。是狗是雞，才愛打架。
衣不收拾，食任拋殘。不知世上，多少饑寒。興家之人，謙和温厚。敗家之人，又硬又臭。
錢不肯捨，衣不肯穿。宛其死矣，他人喜歡。朝夕同居，言易重複。説了又説，屋上架屋。
知到會死，萬念都空。如何小事，毫髮不容。言語如麻，越理越亂。静過三日，不理自散。
家中和氣，百病不生。若有嫌隙，老鼠成精。怕人未知，説與人聽。人知一丈，你才一寸。
婦女無識，只重相貌。不是倡優，與誰比較。酒食聚會，争强説能。真正能幹，其冷如冰。
莫記小嫌，莫理小話。牙齒舌頭，咬了就罷。躲懶偷安，只是畏難。人情家務，不往裏鑽。
骨肉過失，替他遮蓋。聽壁聽牆，定出妖怪。口裏吃齋，心裏殺人。貪圖酒食，神是妖神。
佛不須衣，神不須屋。盍不祭先，孝祀獲福。僧尼命相，騙人錢財。他有本事，不到門來。
教人做事，須要剖决。教人傳話，更難明白。不争大處，只看眼前。一針一綫，吵駡三天。
盛要思衰，甜要知苦。難得百年，不敗門户。窮親窮戚，幾代往來。必定賢惠，仗義疏財。
擇婿貴才，莫争門第。娶婦貴德，莫争嫁具。丫頭有錯，莫要打他。他若命好，不到我家。
只爲命好，才到我家。一樣兒女，何必恨他。婦人常情，愛兒惡女。試問爺娘，如何愛你。
刻薄之婦，殘虐丫頭。有何仇氣，死做對頭。富不裝身，貴不裝樣。珠翠滿頭，轉是窮相。

不出大門，不知人情。使驕逞妒，害了一生。嫡妻繼母，最爲難處。向背調停，全在主父。
會争寵者，以讓爲争。既是福分，又得賢名。能待妾媵，人人尊敬。吃醋熬酸，人人厭恨。
芝草無根，醴泉無源。賢豪所産，不問母門。春氣和榮，萬物生養。秋氣蕭條，草也不長。
固然嫡庶，貴賤要分。不可太過，奴婢待人。妾庶不才，可以遣嫁。別求淑女，夫必感化。
任多姬妾，結髮恩長。如何倒置，背棄糟糠。生嗔生怒，要想大處。莫走懸崖，回頭一顧。
爲嫡爲庶，或嗇或豐。總貴静好，實命不同。一念回頭，天歡地樂。一念不通，自鑽牛角。
婢媪無識，莫聽挑唆。子女串弄，亦惹風波。庶之所出，夫之子女。呼你爲母，何分爾汝。
兒女是客，請不上門。顧他臉面，體諒温存。愛兒要打，不打不愛。一味養驕，以愛爲害。
鐵打成鐵，銅打成銅。打死莫用，不如看空。兒女成才，不須打駡。他若不才，打駡不怕。
如意事少，夫難子難。賢與不肖，總貴相安。一婦不賢，害了三代。淫妒溺愛，人亡家敗。
不干外事，本是女儀。又怕太過，一事不知。仕宦之家，多有此弊。田産貲財，不知底細。
有等高人，細務不親。内主經營，僮僕驕横。就是有錢，也要能幹。帳目契文，怕人蒙騙。
打雞駡鴨，得罪鄰家。一朝起火，無人救他。第一居家，須要起早。冷竈冷鍋，氣象不好。
賢女所係，關乎一門。既饒家慶，又受國恩。

自箴序

風寒暑濕，有形之病；七情六欲，無形之病。盧扁起有形之病者，孔孟治無形之病者。有病而延醫，病尚不可卜；有病而拒醫，病其有瘳乎？人莫不有病，使性尚氣者、好名嗜利者、忘身殉欲者、背公營私者，見小遺大者，蔽近忽遠者，其寡廉鮮耻、敗名喪節者，又無論矣。凡此皆吾之病，吾所大患。謂吾有身，如無吾身，吾有何患？　此老子治身之要言，蓋有身則所蔽者多，一蔽而萬物不得見矣。然其語仍蹈虛無，不如一是以修身爲本之爲切實。修身之前，尚有許多層折。范文正以天下爲己任，吾謂當以一身爲己任。身不修，妻子尚不可行，况乎四海。天下之害在不自愛。吾謂自愛，患亦不小，自愛太過，己安而危人，己榮而辱人，己福而禍人，己是而非人。今之道，楊子道也，求爲兼愛者不可得，老吾老幼吾幼，非兼愛乎？但有差等，便是孟子；　若無差等，便是墨子。同室鄉鄰，親疏不同；　酌酒爲户，事變不同，受金與粟輕重不同，而皆由愛己而推諸愛人。知自愛者，當自自惡而始，能知自惡，汗下而百病除矣。

自箴

半日讀書，半日静坐。讀書識理，静坐知過。言行樞機，深穩最難。淺水易涸，缺足難安。
爾非聖賢，豈能無過。溺愛不明，總不認錯。君上之尊，猶求諫言。嗟爾小子，僭妄自尊。
大庭固難，私室當易。何妨自訟，無人之地。就是金玉，也要泥沙。磨之礱之，乃發光華。
我當愛我，我休害我。有過不悛，自投水火。以身爲的，以理爲弓。改過爲矢，終日相攻。
言語之禍，勝於水火。火水可避，言語殺我。世人相較，争薄其天。以彼如此，我何不然。
弟既不恭，兄争不友。不盡己分，以此藉口。要把自己，當作他人。從旁指摘，乃看得真。
要把别人，當作自己。一樣心腸，何分彼此。善固我師，不善亦師。只要内省，到處師資。
多言是病，不言是藥。一反易間，何勞扁鵲。己勤惡墮，己廉恨貪。一有自是，萬事空談。
百孔千瘡，只是名利。一動念間，即當除去。天子庶人，本在修身。身若不修，萬事都休。

權術二字，斷然莫用。只有誠篤，天下可共。人藏其心，總云至深。吾謂不深，是事可尋。
不怕雲梯，須能墨守。先要閉心，才能閉口。無根之語，察之宜深。隨人播弄，無是非心。
世上流言，止於智者。觀人傳言，定其高下。行無條理，言無是非。譬諸毛鐵，未受爐錘。
惡稱人長，喜談人短。未聞大舜，隱惡揚善。掩蓋人過，漢相曹參。如何傳播，以爲美談。
他人是非，關你何事。言人之非，以見己是。同寅官長，休戚相關。他若傷臉，你又何顔。
私心太重，公心最少。天下之人，只有你好。長官學術，趨向不同。莫分朋黨，功詰成風。
見才見能，心如熱蟻。某屬某人，尤爲可恥。官有大小，同仕皇朝。廉恥節義，各守清操。
惡佞喜諛，讒諂之孔。自非紙人，一肩摇動。天大功業，都是當然。何才可恃，氣焰掀天。
朝有諫官，外無諍士。讒諂滿前，順目悦耳。須知公義，莫作私人。花紅不久，柏緑長春。
不求人才，人才不至。予智自雄，卑視群吏。不自樹立，依靠冰山。冰山一倒，枉用機關。
固戒模稜，亦戒圭角。君子之容，温其如玉。事有天定，不由人謀。樂爲君子，何所營求。
只聞循吏，不聞傲吏。莫把皮氣，當作骨氣。喜怒由我，喜怒由人。全無所守，忘却己身。
莫貪讀書，宜坐外室。挾册亡羊，心力不實。聽人論人，看甚麼人。無識之言，莫當作真。
盡其在己，莫求人諒。一有名心，必定得謗。責人之過，問己有無。責人之善，問己能乎。
己當造福，人當享福。他人吃飯，我當種谷。大臣股肱，小臣毫毛。飽食無禍，罪無可逃。
兩漢吏治，多起胥吏。若只咿唔，不解吏事。詞色矜驕，勞苦功高。骨肉厭聽，責人如毛。
天大的氣，忍得誰曉。針大的氣，掀得天倒。律例則例，都是醫方。到了用藥，還費商量。
凡事入手，必思脱手。不審於初，必債於後。有所不可，莫輕許人。含糊嫩稚，長刺生鱗。

饋贈獻納，貪餌吞鈎。你貪他兔，他貪你牛。若夫貪財，固干國憲。若收一千，傳説一萬。
此關不破，明神殛之。火焚水溺，矢心致辭。手滑心慈，用無節度。你若顛危，向誰哭訴。
市井交游，宜少綢繆。升米結恩，斗米結仇。排難解紛，心固宜熱。同室鄉鄰，輕重須别。
一入塵世，機械網羅。逢禍當喜，遇泣當歌。世途小人，接引匪易。揖盜入門，養虎自噬。
事不如意，總是有私。若其無私，煩惱何爲。倉猝遇變，要顧臉面。血氣一湧，大變立見。
駕馭亂民，如理亂繩。心雖如火，臉要如冰。使民如祭，臨事而懼。操切矜驕，一定僨事。
目之所見，猶有是非。切莫固執，君子知機。打脱牙齒，和血吞了。我不吐出，他人不曉。
當機立斷，莫爲人牽。熟思審處，當然即然。當斷不斷，反受其亂。婦人之仁，必及於難。
人言如物，我心如權。一分一兩，輕重了然。前有蝄魎，後有毒蟒。有道高僧，仗履來往。
不吃藥苦，那知糖甜。不受人磨，心那得尖。看破世情，心腸遂冷。因噎廢食，又須猛省。
有情世界，如何無情。世途至險，我心總平。不過雨淋，那想回屋。不過人輕，那思骨肉。
遇人賞識，切莫認真。須妨反覆，無地容身。得意則驕，失意則惱。長縮己身，隨物大小。
禮物酒食，事必躬親。輕慢腐朽，得罪於人。好利之人，休與交手。得罪長官，兼及朋友。
敬事而信，莫當常談。粗疏輕忽，必此未諳。不在多言，在行之力。爲政有事，問事即得。
知得一丈，行才一分。總由臨事，力有不勸。與遭人駡，不如自駡。自己肯駡，人必不駡。
讀得幾句，救命之書。臨事體驗，百病銷除。終日自貶，尚無長進。終日自肆，更何可問。
讀書自治，非以責人。滿口道學，亦是頭巾。自家吃飯，自家知飽。何必暴揚，要人知道。
一箇恕字，終身可行。自己作賊，恨人打更。小人奸險，分所應當。若是平易，轉爲反常。

水不擇魚，林不擇鳥。躁急不容，度量褊小。怕人偷菜，防備多方。備賊一分，我心便康。

自己不能，快活自己。如何要人，討我歡喜。第一快活，我順人家。要人順我，荆棘杈枒。

謗我之言，一聽如火。何妨捫心，到底有麽。聞讒即怒，俞辯俞真。無兄盜嫂，何用生嗔。

言玷可磨，筆玷成墨。一字書成，如刀自刻。衆水囂喧，石激使然。若水遇木，順流成川。

自家有病，自家將養。向人呻吟，不關痛癢。認得龍王，見過玉皇。試問自己，依傍門牆。

民間小事，就是大事。料理安排，莫要嫌棄。百姓身家，便當自家。父母妻子，雞犬桑麻。

獸急水草，人急衣食。自不關門，怪人作賊。吏也是人，差也是人。就是虎豹，也要調馴。

小民至愚，難以理遣。當作兒女，抵觸莫管。高生堂皇，臨之以莊。言語詞色，切戒飛揚。

寬是補藥，嚴是攻藥。一味培養，養疽成毒。人有荆棘，也有芝蘭。芝蘭當養，荆棘當刊。

小有不懲，大何能誡。霹靂一聲，降服百怪。寬欲人感，有見好心。妄想一木，兩面遮陰。

他人皮肉，供我喜怒。心火一起，要錯脚步。自視謂明，自聽謂聰。聰明自是，是可憐蟲。

公牘文字，謹慎周備。須防後來，查調生事。官場水火，笑中有刀。仗才使氣，惹人吹毛。

愛惜精神，有如養病。審慎事端，有如臨陣。人知寒暑，乃病之源。不知言行，乃病之根。

律例熟時，自能剖斷。首鼠兩端，由無定見。就案斷案，話不可多。橫生枝節，牽藤掛蘿。

笞罪小事，隨手即了。寧肯錯誤，不可拖擾。斷結清楚，不可吐吞。脱枝脱節，由不耐煩。

例案簿書，是大學問。若欲醫高，多臨病證。鑒何等空，衡何等平。若有偏倚，百病叢生。

救死救生，莫涉成見。朝廷設官，不是行善。小人可憐，何必恨他。平和相處，只管自家。

天下事多，豈一人了。如何爭能，是事我好。言語中人，弄舌搖唇。爭妍妒寵，耻同婦人。

見人得意，便生嫉妒。天下官多，一人能做。海深納水，地厚載山。喜怒淺直，孩嬰一般。
事上宜敬，不可以諂。狗苟蠅營，旁觀冷眼。自己身分，人有權衡。多少斤兩，豈能自争。
試看轎夫，揚揚得意。轎中之人，低聲下氣。察察爲明，父子難真。人無可用，只坐疑人。
獲上有道，切忌慢慠。彭澤漆園，不足則效。父母來臨，人人争迎。所過虜掠，寧遇刀兵。
口在問賊，手探賊贓。尚不如賊，磊落光明。弊政宜除，漫漫做去。驟然改更，定遭物議。
位尊愈卑，名盛愈推。海處最下，百川所歸。有官之時，繁華滿眼。無官之時，妻子變臉。
冰天雪地，萬物不生。世情冷淡，是非太明。官運亨通，有何高興。官運偃蹇，有何愁悶。
吝者愛錢，侈者恨錢。不用濫用，其失均焉。銀錢綜覈，莫倚親友。你富都來，你窮都走。
朝廷設官，爲民而來。豈同商賈，但論錢財。司馬温公，愛問生計。無以自存，安能辨事。
奢則必窮，窮則必貪。儉則必富，富乃養廉。親民之官，都是細事。不可太高，足踏實地。
何必積財，財多生災。子孫若好，自有錢來。人爲禍福，方談報恩。有計較心，未爲正論。
莫説缺苦，苦中有甜。莫説缺好，甜中有鹹。人爲子孫，用心無極。周家天下，也才八百。
莫道人短，莫説己長。荆棘長刺，蘭芷生香。舉事莫輕，總要持重。又不可疑，柔懦莫用。
各有因緣，各有一天。要論結果，休看眼前。日縱百事，有何忙迫。總由精神，未能澄澈。
吏部選缺，如女配夫。嫌夫改嫁，廉耻全無。謂不求人，也是皮氣。手足不求，一呼不至。
仕宦方盛，錢若有仇。以爲富貴，可保千秋。有福之人，識大量大。無福之人，天遮地礙。
有幾畝地，有幾卷書。要留退步，進止自如。公款私款，帳要明白。若是含糊，無窮嫌隙。
雖是作官，要似居家。分別用度，莫亂如麻。出納之際，點檢仔細。你受罵名，人居厚利。

作官排場，火坑納凉。不顧焦爛，只管風光。人之手足，右勞左逸。如何責人，同心協力。
言事兩端，其理至深。剥去幾層，方見蕉心。自以長才，是事容易。閲歷方知，無容易事。
轎要人擡，不要自擡。自擡高了，要跌下來。人生百年，白駒過隙。有何愁苦，不自休息。
大臣愛君，小臣愛民。君民一體，各致其身。

俗箴序

世俗之偷，厥有二端。一曰『自是』，天下人皆非而獨己是。己縱陷於盗賊刑戮，猶强梗自負無異賢豪。大則謀反叛逆，小則獄訟煩興。今執一盗賊而曰：此不孝弟人也。人莫不哂爲迂腐之言。不知犯上作亂者必不孝不弟之人也，必褊愎自是之人也。親其親，孝也；長其長，弟也。故爲政之本首在於教化，教化窮而任刑法之説起。二曰『争不是』。夫人心趨於薄，必不肯彼薄而我厚也。土薄不生物，雲薄不降雨，鐘薄不成音，心薄不成人。其薄也，争之所致。人已薄至十分，己必加薄至於十一；人已薄至一尺，己必加薄至於一丈。迨不百年，人己相薄加增不已，而遂成薄俗澆漓之世矣。父已不慈，子則曰：彼固不慈，我安得孝？兄已不愛，弟則曰：彼固不愛，我安得敬？夫已不和，妻則曰：彼固不和，我安得柔。此三者分爲一家，積爲天下。出而交友則忘信，仕而事君則忘忠。其根本已朽，枝葉安得榮哉！此二者，其弊在於君子不知書，小人不知法。先王之治人也，曰禮，吉、凶、大、小莫不有禮。聖主之御世也，曰例，斬、絞、笞、仗莫不有例。上馬者能知禮，自不犯例。下馬者能知例，自不犯禮。然則禮與例二者，有司當日夜訓迪者也。嗚呼！吾每觀賢士愚民言行污玷者，非生性使然，叩其所爲，未嘗知禮與例也。夫讀三禮，未有不束身名教者也，讀律例未有不恪遵功令者也。以不教之民而曰世道之偷且薄也，爲有司者不亦慚乎？世有化民成俗之君子，其必自禮與例始也。生於禮，本一也，禮所以勵君子，例所以禁小人。天下雖廣，父子、兄弟、夫婦而已，君子與小人而已。若夫狂焉者，謂明知禮法而曰豈爲我輩設；悖焉者，明知刑辟而愍不畏死，是又當蒿目悽愴，末如之何者矣。

俗箴

兄弟手足，父母骨肉。身體髮膚，推之九族。享福點燈，積德添油。須妨油盡，火滅燈休。
家庭口舌，説罷即散。忍得一分，十分體面。一家之中，性各不同。隨其好惡，莫争西東。
父母養你，抓矢抓溺。父母老了，嫌吵嫌鬧。游手好閑，不地不田。問其事業，鴉片賭錢。
父母祖先，不知跪拜。貓鬼邪神，焚香頂戴。聞惡則信，聞善則疑。願人失意，恨人得時。
愛説假話，旁人記得。今日説黑，明日説白。君子如水，小人如油。須要分别，一膩一柔。
見弓成蛇，寫鳥成馬。傳説紛紛，如水就下。你若是麝，何愁不香。你若是羊，怎能充狼。
螃蟹猴蚤，性急煩惱。跳在鍋中，性命莫保。抗官罷市，聚衆咆哮。俱干大辟，不畏律條。
跳蚤咬人，連累蝨子。你到跑了，把我殺死。須知官長，存心慈祥。莫得父母，害子心腸。
他人皆非，自己有理。只此一念，害却自己。莫惑風水，喪葬有期。開檢筋骨，律坐凌遲。
此之謂南，彼之謂北。有何方向，動占凶吉。僧尼巫神，總是騙人。活起菩薩，堂上雙親。
神非貪官，可以賄免。飲食祈求，有罪不譴。與其求神，不如求人。何謂求人，反問己身。
凌虐幼媳，動遭人命。雖是人形，豺狼成性。虎食其子，母溺其兒。胎之爲禍，恨他何爲。
只論邪正，不論凶吉。試問死生，誰能擇日。切莫愛富，切莫嫌貧。老天看待，一樣的人。

時間萬事，何分好醜。天下古今，何所不有。家之興衰，係於婦人。第一體面，守分安貧。
一夫體面，十夫下賤。一夫吃肉，十夫餓飯。口角細故，鴆毒其躬。天地之大，不能自容。
賢淑節烈，松柏冰雪。避得了鬼，咬得斷鐵。十人九輸，爲甚賭錢。知到必輸，自不近前。
言語慌忙，張冠李戴。行事冒失，碰臉擦背。無端辱我，我鑽袴襠。有此能耐，仍擒霸王。
莫步塔尖，要靠牆脚。莫想龍肝，只吃猪肉。怕見正人，愛交匪人。小鬼面前，好賣邪神。
布硬則賤，綢軟則貴。舌軟則存，齒硬則潰。獨木橋梁，步步驚惶。一讓過去，一争兩傷。
他若罵我，我便跪倒。試問旁人，誰歹誰好。誣我盗牛，我便磕頭。異日尋着，誰辱誰羞。
俗見不除，滿口俗論。一百人中，九十九病。己先漏言，戒人勿傳。己已是火，要柴不然。
逞霸争强，一言不受。昨日才死，今日便臭。你總愛你，死心爲他。他若死了，你往何家。
謀名謀利，百無一遂。何苦心中，荆天棘地。一口氣在，争論毫毛。一口氣没，皮腐肉糟。
一個耐字，便是良藥。耐過幾回，先苦後樂。好氣好勝，不肯低頭。小忿不忍，積成大仇。
最好遷怒，因妻及父。頭撞着鐘，手來打鼓。同一吃穿，貧富相懸。人費一百，我要一千。
人生在世，要做人事。若不做事，犬羊何異。不知積德，只知積錢。錢縱如山，災降自天。
積錢以儉，積人以教。人教不成，錢也難靠。所以要錢，爲要用他。一錢如命，如存他家。
説到名利，一心如火。説到孝弟，兩眉如鎖。販鼠賣娃，難以成家。富商大賈，志在天涯。
國之富强，工居其半。打鐵成釘，可惜煤炭。爲子孫計，刻薄成家。有錢作惡，正好助他。
家庭骨肉，總是忍讓。莫論是非，代他原諒。金銀再多，難買閻羅。除日到了，帶得幾何。
人不如蟻，要計施報。天也太勞，錙銖比較。天地日月，萬古千秋。人生百歲，不如蜉蝣。

作善圖報，天猶富貴。錢五錢三，誰爲細數。拾箇皮囊，説臭説香。你若死了，他在何方。
同室鄉鄰，要有分寸。不干己事，閉門莫問。若太怕事，懦辱無能。急公好義，要分幾層。
居下訕上，孔子所戒。官如不好，上有天在。官清刑輕，花錢不行。有理論理，錢豈能争。
民不知例，小忿成訟。輸贏幾何，争來莫用。圖賴人命，與人無干。得財私息，罪更難寬。
非有冤枉，莫遞呈子。總想害人，那知害己。衙門花錢，以爲當然。只論有理，莫聽訛傳。
出入衙門，以爲體面。耀友詩親，鄉愚之見。須知官長，總是愛人。己不自愛，禍乃及身。
早考賣掃，居家要道。少小不勤，怎能到老。總是自打，官不打人。何苦用繩，捆縛己身。
理尚易明，事至難曉。理可求書，事須事考。吾民太苦，須要偷閑。吃飯三盌，早歇早眠。
人縱易言，你莫易聽。皂白要分，不可輕信。官此三載，乏善及民。無多勸戒，要當好人。
是好百姓，總是安分。孝弟力田，子孫昌盛。

僕箴序

吾所見當時稱爲名臣者，大體皆善，而每爲僕役所蒙。夫自古多宦官之禍者，以小善小信，僕役未嘗不然。嘗見廉毅自持者，子弟之言有不能入，而僕役之言入耳即通於心。自命何等富貴，利達所不能移，而庸夫豎子轉盜其威權而用之，位尊則奴隸屬員，位卑則魚肉鄉里，不亦愚乎？曾見某大吏祖一家丁，而首縣受其侮且獲罪者。夫首縣縱卑，固不如家丁乎？夫亦輕重倒置矣。祥齡待罪微官，署中僕輩概不識字，作此令識字者教之，亦寡過之一助也。

僕箴

東西擱端，物件放正。不可歪斜，打掃潔凈。做一件事，定須做完。若無結果，後必饑寒。
主人買盌，家人打濫。他家之物，任隨遭賤。有福之人，常怕饑寒。無福之人，嫌吃嫌衣。
不做事情，只圖飯暖。千病萬病，只是一懶。從容作事，何必慌張。眼不管事，頭必碰傷。
不知感恩，詛咒長短。海填得平，心裝不滿。父母不養，乃靠主人。爲奸爲盜，律比逆倫。
伸手打人，不怕危險。萬一傷人，悔之已晚。錢只嫌少，心全不忠。就賺幾個，天也難容。
身在衙門，好行好事。訛詐貪贓，死無葬地。樹活是根，人活是心。心若壞了，怎得成林。
有了本事，到處吃飯。莫得木事，到處討厭。總説主人，容易欺瞞。你若聰明，早已做官。
本是苦命，乃爲僮僕。若要成家，還須惜福。拋撒飯食，糟蹋東西。就不餓死，也要受饑。
行事不端，居心不正。不受教訓，豺狼成性。好行奸詐，好占便宜。縱把人欺，不怕天知。
主母主人，恩同父母。王法昭昭，犯上者死。賺錢偷物，發不了財。若有良心，天賜你來。
做錯了事，認錯最好。巧言遮蓋，又加錯了。主人親友，不論富貴。一般看待，是敬主人。
受我愚弄，主人才好。若是精明，人人恨惱。若管公事，便是公人。舞弊得錢，王法認真。
同夥忠心，便要動怒。同夥能幹，便生嫉妒。今日張家，明日李家。到了頭白，却害自家。
欺瞞主人，隨口說白。誰知主人，亮如冰雪。家主之子，是少主人。敬他愛他，才算忠心。
勞苦盡心，天必有眼。若不知恩，人不如犬。把箇主人，當做自家。莫存歹心，他自是他。
定例不准，妄穿綢緞。只要忠心，就是體面。主人無事，何必用人。是事躲懶，誰當認真。

書辨差人，不可輕慢。和氣一團，才算能幹。官場家丁，懶做愛錢。莫染習氣，穿吃靠天。
勿與書差，通同作弊。乾净錢財，買得田地。萬事都假，錢是真的。須加愛惜，留着救饑。
豈有主人，不願你好。背地得錢，是偷盗了。内外要分，黑夜休行。入内有事，咳嗽揚聲。
做事推委，落在人後。分起錢時，説無論有。主家盛時，請安磕頭。主家衰時，眼恨眉愁。
稱頌主人，誰不尊敬。毁罵主人，那箇愛聽。意氣揚揚，如虎如狼。誰知主人，菩薩心腸。
世上門丁，作威作福。朝廷百姓，豈爾魚肉。凡百作事，眼觀四方。做一忘二，莫得下場。
誰箇不好，即當告我。不翻是非，怕他甚麽。任忙不忙，舉止安詳。只做這事，莫管兩旁。
富貴之人，省衣節食。貧賤之人，好穿好吃。主人外人，要分輕重。不吃他飯，爲他何用。
爾等本愚，我不求全。顛倒錯誤，視爲當然。豺狼之聲，鷹鸇之狀。狐假虎威，忘了本相。
富貴之人，總有本事。一分官階，一分福氣。一懶便疲，一勤便快。若懶慣了，是事不耐。
莫得事時，託人謀事。到了有事，偏不做事。我待僮僕，視同骨肉。莫養仇人，自家薄福。
主人官清，家人吃水。雖則吃水，水清魚美。我無官氣，休學官派。一種惡習，自家受害。
知道甚書，曉得甚事。道通不通，也染官氣。不聽我説，自害自家。我不用你，請害他家。
能聽我説，養身養家。生兒養女，結果開花。做幾年官，隨我歸去。種幾畝田，飽食無事。
明有阿季，漢有李善。千古傳名，真是體面。

黄金篇[一]

黄金篇上

邑之諸生集而問學，予之荒陋，何足以云。昔之令是邑者，賢而有學不知凡幾，而不聞以興學爲務，誠知其難，以爲不足爲也。夫九層之臺起於絫土，土不絫，臺終不成。或哂於旁，曰：『先生三年於兹，敝舌焦脣，有誰應者？不惟不應，且訕而謗。聞先生之論，未有不目爲迂者；諷先生之文，未有不嗤爲怪者。禹之倮國且同倮焉，資章甫以適越，子何拙也？』應之曰：『子何不以愛人勉予哉？予竊禄於此，無一善有益於人，乃存鄙薄厭惡之心。人其謂戊何，天下何地盡善，有鄙薄厭惡之心，極處膏腴文秀之邦，猶有不足於心者。愛惡不出於地之瘠與肥，但問心之厚與薄。吾見才而秀者，傾身與交，猶恐其不我悦也，奈何拒之千里。大旱焦後溉之禾，安知不留一苗一莖，孳乳而浸多也。訕且謗者乃吾師也，又何懵焉？子休矣，衣褐者立吾庭，吾又將揖而進之。』光緒二十有五年十有一月十八日漢州張祥齡序。

是書所列書目已博，博則雜矣。然學者性之所近，不能強合，而志趣不定，徒亂心目，猶射之無的，必

[一] 據光緒二十七年（一九〇一）刻本整理。

至參天，皇惑終身，訖無歸宿。學者必先辨别是非邪正，孰必爲，孰必不爲，孰有益，孰無益。今爲諸生明白淺易言之。孔孟已經萬古，師尊中外，要無異議； 外此則衆口騰沸，隨所習所好而相攻擊。若孔子則遇老莊而亂，孟子則遇楊墨而亂，程朱則遇陸王而亂，有一正學則異學間之，紫之所以亂朱，莠之所以亂苗。今天下異學，尤爲千百年未有之變局，故人心浮動莫知所從。本無所守，又爲耳目所奪，再不範圍之，亂臣賊子恐亦烈於往古矣。嗟夫！如舍孔孟而言學，則吾不知矣。必孔孟也，則必由程朱而始。此志不定，博極群書，害己害人而已矣。吾願天下學者，孔孟程朱所不行者勿行，所不言者勿言； 異乎此者，則爲異學，爲邪説。世謂孔孟程朱不足以盡天下之變，而必變法。法固當變，且當急變，變豈孔孟程朱所非者哉？ 特恐所變者黜孔孟程朱以便其私，則天下將立於何地？ 是則吾之深憂也夫。

初學書目

性理

《媿林漫録箋》　明瞿耜伯編，蘇州局本，今人〔一〕箋，未刊。此書便於養正。

《近思録集注》十四卷　原刻本，武昌局本。

《小學集注》六卷　舊題朱子，通行本。

《讀書分年日程》　蘇州局本。

〔一〕指張祥齡《媿林漫録箋》。

《東塾讀書記》 陳氏刻本。《讀朱子》一卷。

考據

《説文部首》

《説文通檢》十四卷 廣州刻本。

《皇清經解》節本 廣州本。

《經籍籑詁》二百一十六卷 阮元，揚州原刻本。

《御批通鑑輯覽》一百二十卷 殿本、杭州本、武昌本、南昌巾箱本。

《史通削繁》 朱墨本紀評，廣州本。

《歷代職官表》 乾隆四十五年敕撰，殿本，三長物齋本。

《歷代帝王年表》三卷 齊召南，文選樓本。

《李申耆五種》 《紀元編》《地理志韻編》《皇朝輿地韻編》《沿革圖》《輿地圖》。

《十七史商権》一百卷 王鳴盛，原刻本。

《廿二史劄記》三十六卷 趙翼，原刻本。

《史表》 洪飴孫，李兆洛刻本。

《三通序》 通行本。

《通考詳節》 嚴虞惇，通行本。

《困學紀聞》二十卷 宋王應麟，翁元圻注，長沙巾箱本。

《日知録集釋》三十二卷 顧炎武，黄汝成箋。廣州本、武昌局本。

《四庫簡明目録》　巾箱本。

《文公家禮》　書雖僞淺，便於初學。

詞章

《文選》六十卷　朱墨本、胡刻本、海録軒本。

《古文苑》二十一卷　宋章樵注，守山閣本、岱南閣本。

《續古文苑》　孫星衍編，平津館本。

《古文辭類纂》四十卷　姚鼐編，康刻本。

《續古文辭類纂》　黎刻本。

《駢體文鈔》三十一卷　李兆洛編，康刻本。

《駢體正宗》十二卷　曾煥編，原刻本、廣州本。

《七十家賦鈔》　張惠言編，康刻本。

《東湖草堂賦鈔》　程祥棟編，蜀刻本。

《文醇》五十八卷

《詩醇》四十七卷　乾隆十五年内府本、廣州本。

《全唐詩録》一百卷　徐倬編，通行本。

《古詩選》三十二卷　王士禎編，聞人倓箋。通行本。

《律詩選》　姚鼐編。

《古詩源》　沈德潛，原刻本、巾箱本。

《五詩别裁》　沈德潛編，巾箱本。
《十八家詩鈔》　曾國藩，原刻本。
《三十家詩鈔》　曾國藩編，原刻本。
《八代詩選》　今人〔一〕，蜀、吴兩本。
《唐詩選》　今人〔二〕，蜀刻本。
《李太白集》三十六卷　王琦注，通行本。
《杜詩詳注》二十五卷　仇兆鼇注。
《韓昌黎集》四十卷　明徐氏東雅堂本、閔刻朱墨本、蘇州書局翻徐本。
《柳河東集輯注》四十五卷　明蔣之翹輯。
《蘇東坡七集》一百一十卷　明刻本。
《黄山谷内集注》二十卷《外集注》七卷　翁方綱校刻本。
《文心雕龍》　朱墨本紀評，廣州本。
《詩品》　鍾嶸，津逮本、學津本。
《世説新語》三卷　劉宋劉義慶，明袁氏仿宋本、惜陰軒本。
《歸方合評史記》　王拯纂，廣州本、吴氏本。

〔一〕　即王闓運。
〔二〕　即王闓運。

《駢雅訓纂》十六卷　明朱謀瑋，借月山房本、通行大字小字本。

《蒙求》　後唐李瀚，宋徐子光注，宋王令，程刻本。

《初學記》三十卷　唐徐堅，古香齋本。

《事類賦》　宋。

《格致鏡原》　陳元龍。

《子史精華》　内府本。

《淵鑒類函》　内府本。

《藝舟雙揖》　《論書》　二卷，安吴四種之一，包世臣。

掌故

《聖武記》十四卷　魏源，通行本。

《吾學録初編》二十四卷　吴榮光，廣州本。

《碑傳録》　蘇州局刻本。

《九朝東華録》　王刻本。

時務

《勸學篇》　今人〔一〕。是書體大思精，忠慎切實，凡談時務者皆不及。

〔一〕　即張之洞。

切要書目　初學所有不重録。

購書與藏書異，飲河滿腹知止也，歧路亡羊務博也，列其精要以備采擇。

《十三經注疏》　阮刻，附校勘記，四百一十六卷，殿本，乾隆四年。

相臺岳氏《古注五經》本

永懷堂《古注十三經》本　明木、杭本。

稽古樓《十三經》　巾箱本。

古香齋《五經四書》　袖珍本，内府刻本，無注，《春秋》無傳。

《秦氏九經》　巾箱本，有音無注。

《十一經讀本》　萬廷蘭刻。

《四書章句集注》十九卷　明大字本、揚州鮑刻本、武昌局本、翻刻宋淳祐大字本。

仿宋本《四書集注》二十六卷附考四卷　吴志忠校，嘉慶辛未刻本。

《學海堂經解》　廣州本。

《續經解》　不盡精。

《説文解字》　平津館本、小學彙函本、藤花榭本。

《段注説文》三十卷《六書音韻表》二卷　原刻本。

《廣韻》五卷　隋陸法言《切韻》　元本，唐孫愐、陳彭年重修，澤存堂本、明經廠大字本、彙函張本。

《急就篇》四卷　漢史游，唐顏師古注，宋王應麟補注，津逮本、學津本、玉海附刻本。

《急就篇考異》一卷　孫星衍，小學彙函本。

《二十四史》三千二百四十三卷　殿本、局本、同文書局影殿本。

《歷代史表》五十九卷　萬斯同，原刻足本。

《歷代帝王廟謚年諱譜》一卷　陸費墀，阮福刻本。

《廿一史四譜》五十四卷　沈炳震，海寧查氏刻本。

《廿二史考異》一百卷　錢大昕，潛研堂本。

《資治通鑑》二百九十四卷　胡克家仿元本。

《續資治通鑑》三百二十卷　畢沅，原刻蘇州補印本。

《通鑑目録》三十卷　蘇州翻宋本。

《通鑑紀事本末》四十二卷　宋袁樞。

《宋元紀事本末》　明陳邦瞻。

《明史紀事本末》　谷應泰。

《逸周書孔晁注》十卷　盧文弨校，抱經堂本。

《逸周書補注》二十四卷　陳逢衡，陳氏叢書本。

《逸周書管箋》十六卷　丁宗洛。

《國語韋昭注》二十一卷附《札記》一卷　顧廣圻校，黄氏士禮居仿宋刻本、武昌翻黄本。

《國語校注本》三種二十九卷　汪遠孫，自刻本。

《國語韋注注疏》十六卷　洪亮吉，吕刻本。

《戰國策高誘注》三十三卷《札記》三卷　顧廣圻校，士禮居仿宋刻本、武昌翻黄本，又宋姚宏校正續注，雅雨堂校本。

《戰國策校注》十卷　宋鮑彪注，元吴師道補正，惜陰軒本。

《山海經箋疏》十八卷《圖讃》一卷　郭璞注讃，郝懿行疏，阮刻單行本、郝氏遺書本，又畢沅校十八卷，經訓堂本。

《竹書紀年校正》二卷　洪頤煊，平津館本。

《竹書紀年集證》五十八卷　陳逢衡，陳氏叢書本。

《竹書補正》四卷　林春溥，竹柏山房本。

《竹書考訂》十四卷　雷學淇，家刻本。

《穆天子傳郭璞注》七卷　洪頤煊校，平津館本。

《世本》孫馮翼輯一卷　問經堂本。

雷學淇校輯《世本》二卷　自刻本。

秦嘉謨輯補《世本》十卷　原刻本。

《家語王肅注》十卷　汲古閣本、李氏重刻汲古閣本四卷。

《家語何孟春注》八卷　盧文弨校刻本。

《家語疏證》六卷　孫自祖，自刻本。

《晏子春秋》七卷《音義》二卷　孫星衍音義，岱南閣本、經訓堂本。

《越絶書》十五卷　漢袁康，明仿宋刻本、漢魏叢書本。

《吴越春秋》十卷　漢趙曄，漢魏叢書本

《列女傳》七卷續一卷　漢劉向，阮刻仿宋本。

《列女傳注》八卷　郝懿行妻王照圓，郝氏本。

《列女傳校注》八卷　汪遠孫妻梁端，家刻本。

《新序》十卷　漢劉向，漢魏叢書本。

《説苑》二十卷　同上。

《水經注》戴震校注四十卷　魏酈道元，聚珍本、杭本、福本、趙一清原刻本。

《通典》二百卷　唐杜祐，殿本、明刻本、廣州本。

《通志》二百卷　宋鄭樵，同上。

《通考》一百四十卷　元馬端臨，同上。

《五禮通考》二百六十二卷　秦惠田，原刻本。

《讀禮通考》一百二十卷　徐乾學，原刻本。

《四庫全書總目提要》二百卷　殿本、揚州本、廣州本。

《金石萃編》一百二十七卷　王昶，原刻本、補四十卷，陸耀遹家刻本。

《太平御覽》一千卷　宋李昉等，鮑校刻宋小字本。

《二十二子》　杭州本。

《十子全書》　評語陋，爲易購。

《漢魏百三家集》一百一十八卷　明張溥編。

《歷代賦彙》一百四十卷　康熙四十五年敕編，揚州本。

《古文淵鑑》　朱墨本、内府原本。

《四六法海》　朱墨本，蔣評。

《宋六十名家詞》九十卷　毛晉編，汲古閣本。

《絶妙好詞箋》七卷　宋周密編，徐楙堂刻本。

《詞律》二十卷　萬樹，原刻本。

黄金篇下

國家治亂係乎人才，人才興壞係乎愚智，愚智分道係乎童蒙。子生不免於水火，父母之過；子生不免於饑寒盜賊，將誰之尤？人縱中才，學未有不成者，其潦倒無成者，由教失也。宣力朝廷，光大門户，皆在於養正之時，豈細事哉。

七歲至十五歲，定出年月日程，列一總計之册，每年正月元日列豫算表，本年應如何程課。十日一結，一月再結，核中程與否。除日又列一結算表，爲一年之總結。

四歲小兒以口中能説之話，眼前所見之人與事，寫以教之，校爲易引。字必端謹，不可俗率。

小兒雖不能進退約束，然隨事隨時宜嫻規矩，不可笞詈，有失學體。

富貴之家，僮僕、媪婢、親戚、賓僚須擇老成樸實者輔相之，左右之。否則易引爲非，敗矣。

出就外傅，同學尤難。作賦吟詩，稗官小説，輕薄之行，階之爲厲。游俠好氣，高論放言，睚眥訾議，臧否人物，凡此非法，當爲防範。

行事出言，見微知著，存心宜厚，行事宜正，驕惰肆矜，早爲止絶。行坐拜跪，端正委蛇，尊長上下，恭敬謙和。心野氣粗，傷毁器物，孝弟之道，無他奇異也。

審其好惡，趨向成敗，易決所志在書，百事皆不能勝。

莫知子惡爲愛所蒙。仕宦之家，事物繁多，無暇教子，付諸先生、悍僕、驕僮，百弊叢積。一朝覺察，子已不可問矣。孟子固云不教，然朝夕在側，任其欺蒙，直視同他人子哉。若天生窮奇，堯舜難化，早爲之所，莫作愚公子之才。不才，又宜達觀也。

少小嬉游之事，不能禁絶，使有讀書之苦，無讀書之樂。超距可煉身强，圍棋可益心智，投壺、弦歌，古之善教也。每日程課有定，游戲有定，眠食有定。推之百事，皆宜有定。夫然後神明，規矩之中也。有良師乃能有高第，師不識字者多矣，惡能教人。

六歲　滿五歲上六歲也，内則六年，教之數與方名。是六歲知識漸開，可以學矣。《周禮》：八歲入小學。是八歲知識愈開，可以教矣。

識字

以方紙楷書，不定一方一字，依類分寫，隨口講解。

念字要準，看字要久。秦人不能教，越人唇齒不合也。

孩童精神飛揚浮動，全賴教者爲之團聚，故教不能過三人。尤戒着急貪多，父母之心恨不一日千里，進鋭必退速矣。

天文　日月風雷

地質　山水江淮
倫常　父子兄弟
人類　士農工匠
形體　耳目口鼻
時令　甲子節氣
方位　南北東西
光色　青黃赤白
數目　百千億萬　尺寸　升斗斤兩
郡國　省府　外國
姓氏　列代名人
學術　仁義禮智　儒墨兵農　聲光化電　騷賦箋啓　書籍金石　篆籀碑帖
人事　言語歌嘯
政治　錢谷兵刑　笞仗徙流
官制　部堂寺院
飲食　醢醬割烹
器物　文具武備
宮室　階庭殿閣
花草

菜蔬
鳥獸
蟲魚
駢字　上下左右　參差荏苒
虛字　之乎者也
形似字　巳已禾木

以上各門皆爲俗學而設。字之本原當通篆籀，先認《説文》部首五百四十字。小學之事，分門爲三：

訓詁　爾雅之屬。
文字　六書之屬。
聲音　疊均雙聲，各國語言文字皆由此始。

此三者，視教者之淺深，非村學所能知者。

六歲　滿五歲上六歲之第一日起。

一月　每日早二字，午二字，月得一百二十字。
二月　每日早四字，午四字，月得二百四十字。
三月　每日同上。
四月　每日早六字，午四字，月得三百六十字。
五月　每日同上。
六月　每日早八字，午八字，月得四百八十字。

七月　每日同上。

八月　每日早十字，午十字，月得六百字。

九月　每日同上。

十月　每日早十二字，午十二字，月得七百二十字。

以上十個月應識四千字。

十一月　每日讀古謡諺，讀須能倍二十字，月得六百字。謡諺，《函海》中有，郭茂倩《樂府》《古詩源》中亦有，宜鈔出。凡讀合前二日温倍之，此爲孩嬰上口之訣，容易成誦。

十二月　每日同上。

七歲

一月　每日讀五絶詩二首，四十字，月得六十首。

二月　同上，五絶鈔選一百二十首。

三月　每日讀七絶詩二首，鈔唐宋五十六字，月得六十首。

四月　同上。

五月　每日讀七絶詩三首，八十四字，月得九十首。

六月　同上，七絶鈔選四百首。

七月　每日讀《論語》一百字，月得三千字。

《論語》，唐石經一萬六千五百零九字，經字皆據唐石經。此爲中人讀經之法，故取倍者。《四書》《易》《書》《詩》五經以外，七經皆念，不倍，合十三經，六十四萬七千八百二十字。中人資質，每日三百字，每年能倍十萬字，七年十三經可遍倍也，又何難哉。

《四書》　宜讀武昌局本，明大字本，揚州鮑刻本。

祇以朱注爲主，如《正義》等書皆尚考據，與朱子異，不足觀也。以外俗陋册子不可入目。《書》爲經最醇，群經中《論語》又最醇，其不言者，皆非道也。合之則是，不合則非。他書於道非過則不及，持此爲讀書之權衡，凡事之醇駁自見。《宋史·趙忠獻普傳》：『普晚年手不釋書，每歸私第，闔户啓篋，取書讀之竟日。次日，臨政處決如流。既薨，家人發視之，則《論語》二十篇也。嘗謂太宗曰：「臣有《論語》一部，以半部佐太祖定天下，以半部佐陛下致太平」。』此真善讀書者。《論語》誰不讀，而韓王獨得其精要。若此，余雖未博極群書，然困於學數十年，初則恨讀書少，繼又悔讀書多。敬告世之舍菽粟而服丹砂者，勿中毒以自斃也。

八月　同上。

九月　同上。

十月　每日讀《論語》二百字，月得三千六百字。

十一月　每日讀《論語》二百三十字，月得六千九百字。

已上五月《論語》讀畢。

十二月　温《論語》。

八歲　從是年一月起，立夜課，讀門徑切要之書及詩古文辭。一日一百字，月得三千，十個月三萬字，以二月温熟之，四年至十一歲應得十二萬字。十二歲起，一日讀二百字，十個月六萬字，以二月温熟之，四年至十五歲，應得二十四萬字。共三十六萬字，能倍者。

門徑書目　**隨時添酌**

天學地學歌括
三才略
六藝綱目
説文序
三通序
史韻
十七史蒙求
急就篇
朱子小學　呂氏小兒語
千字文

辭章書目

文選
古文苑
古文辭類纂
續古文辭類纂　黎本
八代詩選
唐詩選
古詩選

花間集

絶妙好詞箋

古詩源

東萊博議

歷代賦鈔

類書　此類初學必須翻熟

初學記

事類賦

子史精華

淵鑑類函

太平御覽

白孔六帖

一月　每日讀《孟子》二百字，月得六千字。《孟子》據趙注序三萬四千六百八十五字。孟子爲文章之祖，宜分五色筆以講習之。

二月　同上。

三月　同上。

四月　同上。

五月　每日讀《孟子》二百五十字，月得七千五百字。

六月　每日讀《孟子》三百字，月得九千字。

已上六個月《孟子》讀畢。

七月　温《孟子》。

八月　同上。

九月　每日讀《大》《中》三百字，月得九千字。

十月　同上。

已上兩月《大》《中》讀畢。

十一月　温《四書》，宏綱大旨講肄之，他注解者翻閲之。

十二月　同上。

九歲

一月　每日讀《易》三百字，月得九千字。《易》，二萬四千四百三十七字。讀阮刻校勘記本，經書擇足本善本讀之，小兒行款易記，老猶便於檢尋。

二月　同上。

三月　同上，讀畢，餘八日。

四月　温《易》，宏綱大旨講肄之，衆解説者翻閲之。

五月　每日讀《書》三百字，月得九千字。《書》古文本，二萬七千一百三十四字，宜讀孫本。念《爾雅》六百字，二十遍，十七日畢，餘十三日再熟念之，一萬零七百九十一字。

六月　同上。

念《孝經》六百字，二十遍，四日畢，共二千餘字。
念《周禮》一千字，十遍，四萬九千五百一十六字。
七月　每日讀《書》，同上，十一日畢，餘十九日温熟之。
念《周禮》同上，二十日畢，餘二十日熟念之。
八月　每日讀《詩》三百字，月得九千字。並《詩》四萬零八百四十字。
念《儀禮》一千字，十遍，五萬七千一百一十一字。
九月　同上，二十八日讀《儀禮》畢，餘二日。
十月　同上。
念《禮記》一千字，十遍，九萬八千九百九十四字。
十一月　每日讀《詩》，同上，十七日畢，餘十三温熟之。
十二月　每日温《易》《詩》《書》《四書》。
念《禮記》　同上。

十歲　從是年起，夜點門徑書、詩古文辭，日一千字，月得三萬字。每年以十月計，得三十萬字，餘二月温習之，至十五歲可點一百八十萬字。

一月　每日念《左傳》一千字，十遍，十九萬八千九百四十五字。
念《禮記》　同上。

臨碑帖　此藝事，工不工無關得失。然魁儒碩學筆下自有書味，若今之卷摺縱極精到，無所用之。金石自是專門之學，而習碑帖者，亦宜竟委窮源，方不俗陋。大一寸者，用羊毫油紙摹，小楷用紫毫。以唐爲宗，善者約二百種，顔、柳、歐、趙，翻本多取其真者。北魏粗獷一派不可臨，時下館閣所謂「院體」者不可臨。略臨篆隸以別淵源，鐘鼎不可書，以非毫管所能者。

二月　同上，《禮記》十日畢，餘二十日熟念之。

三月　每日念《左傳》，同上。

四月　同上，《公羊》十五日念畢，餘十五日熟念之。

念《公羊傳》一千字，十遍，四萬四千七百四十八字。

五月　每日念《左傳》，同上。

六月　同上，《穀梁》十四日念畢，餘十六日熟悉之。

念《穀梁》　一千字，十遍，四萬三千零八十九字。

七月　《左傳》二十日念畢，餘十日熟悉之。

是月十三經全畢。

八月　每日合《三禮》《三傳》《爾雅》《孝經》熟念之。八經宏綱大旨講肄之，注家翻閱之。一經要義不過數十條，破碎瑣屑，概從闕如。國朝經學固爲有功古籍，然剽竊者多不外訓詁文字，無他閎旨。宜以治身治世爲本解，稽古二萬言，何關《堯典》，勿蹈讀字不讀書之弊也。

九月　同上。

十月　同上。

十一月　同上。

十二月　同上。

十一歲　是歲屬對，取漢魏六朝之五言、唐宋五七絶誘之，或典對亦可。作論，《東萊博議》可爲嚆矢。雖篇幅過小而義理不窮，誠初學作文之楷則也。

一月　每日念十三經三十頁，以萬廷蘭十一經本讀之，一千五百七十一頁，五日一周。

念《史記》二十頁，有關考訂評點諸書，聚而講肄之。四史據局刻本。

《史記》除表，九百三十五頁。

點《資治通鑑》一卷，兼看《通鑑》目録、紀事本本、宋元明紀事本末。《通鑑》二百九十四卷，每卷三十二三頁。《通鑑》分出條例，或依程氏讀書分年日程之法增減之，列目於後：

事之始末

姓名爵里謚號世系

君臣心德之明暗

治道得失

紀綱興廢

制度因革

國本虚實

天命人心之離合

君子小人之進退

刑賞之當濫

國用之奢儉

税斂之輕重

兵力之强弱

外戚宦官之崇抑

民生休戚

風俗厚薄

外夷叛服

以項目貼寫眼前，逐項思玩，如我親立其朝，身任其事。

二月　每日念《史記》二十頁，二十日《史記》畢，餘十日考其義例。

點《通鑑》一卷。

三月　每日念《漢書》二十三頁，月得六百九十頁。《漢書》除表、律曆志下、地理志、郡縣志、藝文志、目録，藝文志、叙録仍念十一頁，一千三百六十頁。有關考訂評點諸書，聚而講肄之。

四月　每日念《漢書》二十三頁，月得六百九十頁。《漢書》畢。

點《通鑑》一卷。

五月　每日念《後漢書》二十一頁，月得六百三十頁，除補志一千二百四十三頁。

點《通鑑》一卷。

六月　每日念《後漢書》二十一頁，月得六百三十頁。

點《通鑑》一卷。

七月　每日念《三國志》二十頁，月得六百頁，共八百四十五頁。

點《通鑑》一卷。

八月　每日念《三國志》，同上，十二日念畢，餘十八日，合四史，尋其體要。

點《通鑑》一卷。

九月　每日點《通鑑》一卷，温經史。

十月　同上，《通鑑》畢。

十一月　温《通鑑》，尋其體要。温經史。

十二月　同上。

十二歲　是歲專治子書，以理學爲正，所以正其本。以九流爲輔，所以清其源。不能按月分目，列書於後，定其課程在夫教者。

點《續通鑑》一日一卷，三百二十卷。

理學正

《周子通書》一卷　李光地注。《榕村全集》本。

《二程全書》　同治十年，求我齋江寧刻本、寶詒堂吕氏刻本。

《張子全書》　高安朱氏藏書本，十五卷。

《朱子語類》一百四十卷　宋黎靖德編。明刻本、日本刻本。

《朱子全書》六十六卷　敕編。殿本、古香齋本、貴陽官本。

以上專書

《性理精義》十二卷　敕編本。

《近思録集注》十四卷　宋朱子、吕祖謙同撰，江永注。原刻本、武昌局本、吴氏望三益齋本。

《重修宋儒學集》 黄宗羲原本，全祖望修，慈溪馮氏刻本。

《增補宋元學集》一百卷 全祖望修，伍刻本、道州何氏重刻馮本。

《正誼堂全書》四百七十八卷 張伯行編，福州本，六十三種。

《五種遺規》 陳宏謀編，不盡精純。

以上彙集書非程朱不録。

九流輔 異乎孔孟者，必不可入於心，此淳駁所關，學術人心之大防也。

儒

《荀子楊倞注》二十卷補注一卷 郝懿行補，郝氏遺書本、《十子全書》謝校本。

《孔叢子》七卷 浙江影宋本、巾箱本、漢魏叢書本。

《法言》十三卷 漢揚雄，秦恩復仿宋大字本、徐養原校李賡芸本。

《法言五臣注》十卷 世德堂本、十字本。李軌等注。

《新語》 漢陸賈，漢魏叢書本。

《新書》 漢賈誼，抱經堂本。

《鹽鐵論》十卷《考謬》三卷 漢桓寬、張敦考謬，岱南閣本。

《論衡》三十卷 漢王充，明單行本、漢魏叢書本。

《潛夫論箋》十卷 漢王符、江繼培箋，湖海樓本。

《新論》一卷 漢桓譚，問經堂輯本。

《申鑒》五卷 漢荀悦，漢魏叢書本。

《典論》一卷　魏文帝，問經堂輯本。

《中論》二卷　魏徐幹，漢魏叢書本。

《人物志》三卷　魏劉邵，守山閣本、金壺本。

《傅子》一卷　晉傅元，聚珍本、杭本、福本。

《物理論》一卷　晉楊泉，平津館輯本。

《中說》十卷　舊題隋王通、宋阮逸注，即《文中子》，世德堂本。

道

《老子王弼注》二卷　聚珍本、杭本、福本。

《老子考異》上下卷　畢沅本、經訓堂本。

《關尹子》一卷　明吴勉學二十子刻本、珠叢别録本。

《列子張湛注》八卷　汪繼培本、湖海樓本、任大椿燕禧堂本、杭本。

《列子盧重元注》八卷　秦恩復本。

《莊子郭象注》十卷　明鄒之嶧刻本、明胡氏世德堂本，十子本即胡本。

兵

《孫子魏武帝注》三卷　平津館本。

《孫子十家注》十三卷　岱南閣本。

《吴子》一卷　平津館本。

《司馬法》三卷附逸文　指海本、邢澍輯注浙江刻本、平津館本。

《六韜》六卷　平津館本。

法

《管子尹知章注》二十四卷　舊題唐房玄齡注，趙用賢校本即管韓合本，附劉績補注，十子本同，評不善。

《管子義謬》八卷　洪頤煊，傳經堂本。

《慎子》一卷附逸文　嚴可均輯，守山閣本、金壺本。

《商子》五卷　嚴可均輯，平津館本、指海本、明吴勉學刻二十子本。

《鄧析子》一卷　指海本。

《韓非子》二十卷附《識誤》三卷　吴鼒校刻本、明趙用賢校管韓合刻本、明周孔教刻大字本。

名

《尹文子》一卷附校勘記遺文　守山閣本、湖海樓本、金壺本。

《公孫子》三卷　守山閣本、金壺本、明梁杰訂本。

墨

《墨子》十五卷目録　畢沅校，經訓堂本。

縱横

《鬼谷子》陶弘景注一卷　秦恩復本。

雜

《尸子》二卷　章宗源輯，湖海樓注本、問經堂本、平津館本。

《尸子》三卷附録一卷　任兆麟輯，心齋十種本。

《鶡冠子陸佃注》三卷　聚珍本、學津本。

《燕丹子》三卷　章宗源輯，岱南閣本、平津館本、問經堂本一卷。

《吕氏春秋高誘注》二十六卷　經訓堂本。

《淮南子高誘注》二十一卷　莊逵吉校本、十子本。

《淮南子許注》一卷　孫馮翼輯，問經堂本。

《淮南子萬畢術》一卷　孫馮翼輯，問經堂本。

《淮南子天文訓補》二卷　錢塘，指海本。

《抱朴子内外篇》八卷　晉葛洪，平津館本。

以上子書凡四十九種。

十三歲

是歲，涉獵内外政要諸書，識其門徑，知其體要，非謂能精也。

此類書，精者無多，據現有書目開列，風會大開，再爲删定。

西學書，善者或未譯出，又少專門文詞，冗複彼此相同。

泰西由工匠、水手出身者衆。中國士大夫不能操其業，又難專家，宜分西政西藝學。人但當明其政要，以外專門略知大旨。十五以後，游歷縱觀，再論所造之深淺。

此與奉立學堂之旨稍異，學堂貴專業，此尚博通。

西政

以輿地、戰争、言語、文字爲要。輿地以水道、物産、都會、口岸、道路、險要、海陸、邊防爲要。

謂中國失學則可，謂中國不知學必從西學則不可。中國所學除應科舉外，直無一字如此。而云中不如西，耻莫大焉。上無教，下無學，此大弊也。今日所急在興教，教則有學。視兵輪鐵路尤急，不教則無人才，無人才則雖兵輪千艘，鐵路萬里，何益哉！然教非學政、儒學所能振者。明列科條，嚴定程限，分別差等，開其利途，然後可期也。

《勸學篇》南皮張孝達。

《泰西十九國大事記》李提摩太譯。

《三十一國志要》同上。

《采風記》富順宋育仁。

《富國策》丁韙良。

此類書尚夥，多蕪雜當，再求之。其目列下：

國制　掌故　官爵　語言　文字　教門　學校　議院　律例　公法　條約　書籍　廉俸　輿地

日報　度支　賦稅　游歷　郵政　旱潦　通使　交涉　獄訟　女教　風俗

西藝

兵

《水師操練》

《克虜伯炮説》

《炮法炮表》

《行軍測繪》

《防風新論》

《禦風要術》

上海製造局新譯本

《火器真訣》 李善蘭《算學》四。

《師船表》 今人。

《普法戰記》 今人。

農

種植　墾荒

工

輪船　鐵路　紡織　圖繪　製造

商

錢法　銀行　國債　鹽　茶　礦　稅　關

算

中法

《算學啓蒙》

《四元玉鑑》 元朱世傑。

《九章算術細草圖說》 李潢。

《少廣正負術内外篇》 孔廣森。

《勾股六術》 項名達。

《筆算便覽》 紀大奎。

《增定算學統宗》 梅谷成

《九數通考》 屈曾發。

西法

《測量異同》 明徐光啓。

《比例會通》 羅士林。

《幾何原本》 李善蘭譯。

《曲綫説》 同上。

《代數術》 今人譯。

《中星表》 明徐明俊。

兼中西

《梅氏叢書》 梅谷成重編。

《則古昔齋算學十三種》 李善蘭。

《白芙堂算書二十一種》 吴嘉善。

《翼梅九種》 江永。

《六九軒算六種》 劉衡。

醫

形體　解剖

格物

《增定格物入門》　丁韙良。

《格物須知》初二三集　傅蘭雅。

《化學須知》

《電學須知》

《氣學須知》

《礦學須知》

《格物探原》　韋廉臣

光學

聲學

十四歲　合經史子集西法排理之。

十五歲

教者擇其性之所近專治一二門，以停蓄之。自此以後，縱其所好，非教者所能約束矣。

是篇雖云粗獷，然大要略具於此。弟子固難，安得有如此人爲之師哉！

古者十五入大學，今則將入何所？然近來大學堂、中學堂規模雖隘，究勝於無，宜從學堂專一二藝。

十五前所學者，益進精之。二十後必須游歷，庶能充博。能如此，三十未有不立者。

至簡書目

今再爲鄉僻不得已之計，貧士求速化之方，開列至簡書目。所費約而成功博，庶乎其肯向學乎？

《小學》《近思録》　二書爲四書之階梯，作人之樣子。先治身心，不憂器識不宏，文藝不博。以此爲根基，則周秦荒怪，刻覈功利之見不入乎其中。先明君臣大義，聖賢正學，夫然人心正、風俗厚矣。朱子云：『《小學》教之以事，便自養得他心，不知不覺自好了。到得漸長，更通達事物，將無所不能。』今人既無本領，只去理會許多閑骨董，百方措置思索，反以害心。又曰：『修身大法，《小學》書備矣。義理精微，《近思録》詳之。』陳淳曰：『《小學》書，綱領甚好，最切於日用。雖至大學之成，亦不外是。』許衡曰：『《小學》《四書》，吾敬信如神明。於此有得，他書雖不治無憾也，我平生長處在信此數書。』胡居人曰：『入頭處最怕差，將來無究處。亦怕偏，將來偏到底。要從《小學》《近思録》《大學》《論語》入，則路頭正矣。』又曰：『今日異端，病在不於《小學》《四書》《近思録》上用功。』有進士謁，楓山曰：『得毋讀《小學》來耶。』曰：『何以知之？』楓山曰：『看汝一動一静一語一默，與前迴別。』張履祥曰：『《小學》是讀書做人根本，《近思録》治經之階梯。學者不從二書，爲門庭户牖，積漸以進學術，終是偏枯，立身必無矩法。』施璜曰：『讀《四書》無入處，不可言《五經》。讀《近思録》無入處，不可言《四書》。讀《小學》無入處，不可言《近思録》。《小學》一書所以爲萬世養正之全書，培大學之基本者也。學聖人之學而不務此，如築室無基，堂構安施乎？如種樹無根，灌溉安施乎？』以上諸賢論最明確。嗟夫！吾見當世名臣碩儒，其事業著作俱足千古，其終不能登峰造極者，蓋卑視二書也。又嘗語學者，勸習此書，有服膺者，有僞喜者，有淡漠置之者，有怡然冰釋者。吾喻之曰：『其解者，非書之善，乃子之善也；不解者，非書不善，乃子之不善也。』形體天生之性命，聖授之可不勉哉！

《四書》　須擇足本、佳本，字字句句，浸淫以心。伊川言：『初學入德之門，無如《大學》，其他莫如《語》《孟》。』又曰：『學者先讀《語》《孟》，自有要約處，以此觀他經甚省力。《語》《孟》如丈尺，權衡相似，以此量度事物，便見得長短輕重。』又云：『讀《論語》者，但將諸弟子問處便作己問，將聖人答處便作今日耳聞，自然有得。若能於《論》《孟》中深求玩味，將來涵養成，甚生氣質。』又云：『凡看《語》《孟》，且須熟玩味，將聖人之言語切己，不可只作一場話語。人只看得此二書，切己終身儘多也。』又云：『《論語》有讀了後全無事者，讀了後其中得兩句喜者，有讀了後知好之者，有讀了後不知手之舞之足之蹈之者。』又云：『《論》

《孟》既治，六經可不治而明矣。』又云：『讀《論》《孟》而不知道，所謂雖多亦奚以爲。』以上八條，先生教人至爲親切。祥齡少年耆奇好博，其爲人也誤於游俠，誤於名士，誤於科第，誤於仕宦；其爲學也誤於考據，誤於詞章，誤於釋老，誤於洋學。今則年已四十矣，己亥秋夜，坐瓜架下，念生平所學皆爲人耳。古人爲己，必不如是。乃念《論語》所言，句句皆療吾病，他書皆增吾病者。孟子英氣凜凜，孔、顔以聖人而成聖人，孟子以英傑而成聖人，尤與興情爽塏者相近。乃發《論》《孟》讀之，字字皆寶玉。每合《四書》，置案頭，黑夜觀之，霞光萬道，不似前日之視爲黑漆屋子矣。方知馳騖無成，自害之耳。

五經　專一經即可。

漢人三年治一經，三十而五經立，其法最善。訓詁文字，取足解説，勿終身治。《爾雅》《説文》謂是漢學，當取宏綱大義，治己治世兩端，方爲經義，方是聖道。

《通鑑輯覽》　平正宏深，非通達今古撫馭四海者，不能言也。

《古文辭類纂》　姚本。

《續古文辭類纂》　黎本。

《勸學篇》　是書通古今，明治亂，辨邪正，宏博淵深，切中時弊。當世之急，莫急於此，所守之正亦莫正於此。讀書何爲正，爲此也。生人何爲？亦爲此也。否則空談性命，不知君父，滿口道德，罔識事機。使人輕書生，詈腐儒者，豈學《小學》《近思録》之咎乎？程朱生今之世亦必爲今之學。今世之變爲千古所無，然變仍不失於正者，程朱之功也。舍此而曰富國强兵，是羸弱之病而投以攻下之劑，鮮不殆矣。

以上所列至精至約，費不過十金，於此猶曰吾不學，是自棄也；又曰不足學，是自毁也。祥齡悔前之讀書太多，乃爲守約如此。然語學者如扶醉人，扶左而偏右。自治亦如之，過猶不及，非言一人也，一生也，事事皆有中。每夜静思，日爲百事，非過則不及。甚矣，中之難也，宜夫子之賛中庸爲至矣。夫二字尚難，何况聖人口中千萬字哉！

集外詩文

壬寅科提簾，冒雨之長安。五鼓動身，時偶題二律代柬，以呈伯琦先生〔一〕

軒冕泥塗俗吏忙，尤雲殢雨濕衣裳。何時得結山中伴，我亦田間識字氓。每憶城南處士家，短牆隔斷俗人車。知君不飲且沽酒，時先生病，戒酒。待我回來醉菊花。

題林屋山民送米圖　方子先生屬題

本當避繳雲中去，何事驚聞箭上弦。不是長官憐下吏，荒山無酒送殘年。
暴君官貧罷官富，美酒千鐘米百斗。猶嫌饋粟有人知，更欲種雲向黄茆。
羊酒仍分里舍居，甑中塵滿釜生魚。歸裝轉羨先生富，除却斯圖有箸書。
象齒竟將奇賈禍，蚪胎還嘆病爲災。叩門爲報新詩到，抵得山民送米來。

〔一〕　原載陳少巖修、張樹櫺纂《續修大荔縣舊志存稿・足徵録》卷三，民國二十五年鉛印本。

擬杜子美詠物詩〔一〕

孺人擬少陵諸作，數擬此題未成，屬予代作，因循未果。今忽奄逝，乃以集中此詩補之。祥齡注。

病馬

誰識真龍種，哀鳴不自藏。雄姿驚鼓角，駿尾没風霜。戰罷身先老，功成心已傷。願君終惠養，留骨報疆場。

蕃劍

明月縷金環，光通碧漢間。時清埋古獄，世亂出重關。蛇影青霜色，鬼鱗赤血斑。哀吟度邊塞，何日大刀環。

銅瓶

瑶殿已非昔，孤桐落葉深。美人徒感念，素綆共浮沉。久識寒泉意，寧傷金石心。不堪重引汲，側聽友哀音。

〔一〕原載曾彦《虔共室遺集》，光緒十七年受經堂刻本。

喜遷鶯[一] 壬辰正月二十日，子芾、小坡柳宜橋酒樓聯句和夢窗韻

亭皋愁暮。市橋畔倦客，怕聽吴艫。（芾）烏帽攲風，青簾颺雪，江燕似人棲旅。（坡）篋裏去年花月，燈影誰家簾户。（夔）更携酒，問隔鄰鶯燕，歌雲閑否。（芾） 高處，慵獨倚、花影晝闌，夜夜虚晴午。（坡）錦瑟華年，多情應悔，輕付尋常宫羽。（夔）未忍杜郎别泪，休夢謝池佳句。（芾）倦吟望，又春衫瘦盡，飄零金縷。（坡）

臺城路[二]

前在蜀，從實甫知次香名。今至蘇州，次香從蜀來。五郎推次香詞類玉田，其和函樓《鳳凰臺上憶吹簫》，以爲無一字不是山中白雲語。祥齡於它學稍知涉獵，惟詞以南皮薄之，湘潭小之，遂决意不爲。丁亥，與次香、實甫、由甫唱酬無虚日。予最駑下，讀詞亦不能句讀，乃試取宋人觀之，辭意皆非平生所有。虚實淺深之難，曾爲叔海論之，非苦功不能深入。予初不識堯章，安知叔夏，良可哂也。録《水漢國櫂語》三篇，又摘警句數十，題此詞於後，仍從香草改録。蜀中無詞人，聞胡硯生論，其言甚爲河漢，百倍於《詞源》之説。蓋胡以予粗牁，故作高遠之言以絶予之從學。與湘潭嘗以題目典故不能用於詩者，皆於詞中詠運之，祥齡亦多所惑矣。今又肆力及此，歧途之中，又有歧焉，可傷也已。五

[一] 原載况周頤《玉梅詞》，秦瑋鴻校注《况周頤詞集校注》，上海古籍出版社，二〇一三年。

[二] 原載易順鼎《慕皋盧雜刻》，清光緒十九年刻本。

月，次香將返金陵，謹記卷之後。

相如老去梁園客，重逢更如秋雨。笛裏光陰，尊邊豔冶，銷却少年詞賦。相看倦旅，又遠水流紅，莫尋春處。謾比楊花，便飄零也化萍絮。　詞箋休吟苦語，和天都老矣，還説愁侶。病懶何郎謂五郎，中仙又逝謂紫帆。空向東風誰訴。不如歸去。且伴我寒塘，舊時鷗鷺。久客江南，勸歸無杜宇。

八聲甘州 題曾彦《瀛洲圖》〔一〕

看從龍俊彦鬱雲興，天策帝門開。嘆山川衮衮，諸公灑落，都是仙才。老子婆娑風月，俯仰亦雄哉。却笑高陽傢，負却清懷。　記得柳邊旌旆，正雨清四野，日落高臺。喜淵雲伴侣，携手住蓬萊。捲長江、雪濤千嶺，向横空萬里洗塵。今回看，海鷗波潤，月朗三台。

附易順鼎《八聲甘州·序》：張子苐出觀其室曾季碩畫《瀛洲圖》，圖長徑丈，奇筆也。子苐自題詞，言某歲與同舍生十八人送蜀學使南皮公於新都桂湖，公曰『此瀛洲也』。今十餘年矣，公久督兩粵，子苐猶淹留吴下，屬余題和，因出己意以廣之。

壽樓春 和易順鼎

聽泠絃清蕭。動冰環玉指，松咽哀濤。悽絶紅樓影渺，月華孤高。司馬夢，簾閑挑。料瘦姿幽魂香

〔一〕《題曾彦〈瀛洲圖〉》《壽樓春》《用玉田韻贈别易順鼎》《霜花腴》四首原載易順鼎《琴臺夢語》，見《清代詩文集彙編》七八五册。

桃。歷才女雙尊，枯僧獨榻，不語也牢騷。　　　妝奩物，人間飄。感零縑墜粉，世事遷潮。望斷龍沙漢曲，鳳臺秦簫。黄竹恨、揚塵銷。怕海波、冤禽填橋。似壯士雄心，狂徒闐寥襄寶刀。

用玉田韻贈别易順鼎

向蕢花白處，挽吟橈，凉雪滿汀洲。（二窗）正霜颶送，遠寒催雁羽，江水悠悠。（子苪）一笛吹腸欲斷，和夢遶南樓。（叔由）明日孤帆，迴雲外輕舟。（笠塘）　　同是飄飄天地，又蒼然獨去，海上看鷗。（二窗）最無情、是艫分水不愁。（子苪）且休賦，銷魂恨句，怕江郎因恨減風流。（叔由）他鄉慣送人爲客，更送殘秋。（笠塘）

霜花腴

短亭唤酒，稱遠游，西風楚客危冠。（文焯叔問）衰草荒烟，冷楓殘照，離魂欲畫應難。（張祥齡子苪）帶圍易寬。又者番、秋老尊前。（易順豫叔由）甚吴帆、不怕天涯，過江人與雁俱寒。（蔣文鴻二窗）　　京國裹塵霜漬，伴孤吟已是，斷柳無蟬。（陳昌曇笠塘）哀築歌沉，名臺金冷，無多舊恨能箋。（叔問）夢雲繞船。悵美人、秋水娟娟。（子苪）待明宵、笛倚西樓，月圓誰共看。（叔由）

浪淘沙慢[一]

勝游續，秋凉積水，望轉晴堞。（壬秋）單舸衝風未發。繁絃帶雨已闋。（叔問）正漠漠，歌塵愁暗結。過重九、菊瘦誰折。（子馥）念去後湘波蕩，飃影銜杯鎮凄絶。（道羲）　望切。碧雲漸滿空闊。暫載酒囊琴，緣溪去、細語蟬共咽。（壬秋）嗟吴霜鬢縷，能幾銷别。（叔問）壯情漫竭。携夜珠簾底，窺人如月。（子馥）嵐翠侵衣愁紋疊。幽花謝，舊芳未歇。（道羲）待重認、沙痕蓮瓣缺。（壬秋）怕江上、亂落芙蓉，滄暮色誰家，笛裏飄紅雪。（叔問）

附鄭文焯《浪淘沙慢·序》：江南早春，鄧尉山梅垂垂欲發。因憶己丑秋，方舟載酒，與湘潭王壬秋二三同志，山澤行吟，連句和清真此曲，極歲晚清逸之娱。匆匆舊游，奄踰一紀，年荒時難，俊侣漂零。今見園中南枝初葩，斜月在水，將治舟討春西磧間。凄獨之感，哀斷成歌，再和清真，次解繞枝三匝，興言昔懷，益以重予離憂也。……附連句舊作，時同社道羲有《浮湘之賦》，歌以餞之。

鶯啼序[二]　甲午仲秋薄游江淮，瓜步晚渡，與子苾舟中連句和夢窗此曲

西闌乍過桂影，倦秋醒閉户。酒邊泪、分付黄花，客燕何意來暮。櫂歌遠、吴山自碧，晴雲望轉淮南樹。悵荒灣。殘柳，春前枉作風絮。（叔問）　寶扇才疏，畫簾十二，换紗烟縠霧。鏡波曉、還照離妝，玉

[一] 原載鄭文焯《大鶴山房全書》本《比竹餘音》，民國九年蘇州交通圖書館彙印本。

[二] 《鶯啼序》兩首和《永遇樂》原載鄭文焯《大鶴山房全書》本《冷紅詞》，民國九年蘇州交通圖書館彙印本。

容空在紈素。繡幃寒、愁鬆雪腕，暗銷盡、深盟紅縷。理芳情，搓做柔絲，綰他閑鷺。(子苾)　桃根舊曲，醉耳重聽，過江尚倦旅。嘆十載杜郎吟賞，又斷魂處，翠暗紅淒，矮篷眠雨。二分月色，璚簫吹破，多情贏得天涯老，更漁燈、趁喚瓜州渡。登臨恨晚，荒螢亂點迷樓，照地一片焦土(叔問)。　春風粉黛，曉日綾紈，剩寸蘿片苧。笑拾得、才人餘唾。幾樹官梅，客裏狂吟，雪中低舞。扁舟此去，無情烟水，清歌何處催夢覺，感華年、分算成絃柱。隋堤鴉散斜陽，故國庭花，有人唱否？(子苾)

鶯啼序　登北固樓感事再和文英

西風又聞鶴唳，動秋聲在水。海東日照滿津亭，浪花飛作雲蕊。戍笳引樓船暝合，荒譙夜火城烏墜。嘆南游孤旅，滄波久斷歸思。(叔問)　關塞音書，數馳急羽，感新愁帝子。笑仙術、空説乘槎，采芝人久未至。莽中原、貔貅萬帳，問何日龍旗東指。且銜杯，狂嗅茱萸，醉來何意。(子苾)　登臨罷酒，北顧倉皇，念枕戈不寐。霜月悄，幾回起舞，到此驚見，第一江山，費人清淚。神京杳杳，非烟非霧，雞聲殘夢催哀角，攪回腸，一夜成憔悴。冥鴻自遠，重携倦客扁舟，泛愁鏡波天裏。(叔問)　燐燐野燒，逼射甘泉，照萬松失翠。暫小覓林亭同憩。側帽行吟，老柳祠荒，亂鴉風起。金焦兩點，簷牙浮碧，空梁歸盡遼海燕，繞危闌、休向嚦黃倚。傷心大樹飄零，更戀遺弓，恨題滿紙。(子苾)

永遇樂　和稼軒北固亭懷古，兼憶星海焦山

江北江南，青山占盡，臺觀高處。擊楫狂吟，憑闌危眺，潮打孤城去。吴頭楚尾，此間天限，空有射鷗人住。看殘陽，蝸蠻一角，中興氣競龍虎。(叔問)　金焦入眼，樓船東下，銷得英雄一顧。白帝城邊，有

情鄉水，應過夔門路。昔年沉陸，戰場荒草，换了酒旗戲皷。重陽近，茱萸舊會，故人健否。（子苾）

齊天樂〔一〕 乙未九月二十日集四印齋，用張叔夏過鑒曲漁舍會飲韻聯句

青鞋踏遍蒼松路，長安故人稀少。（道希）萬里風沙，千條柳色，秋入塞垣幽窈。（子苾）離心似草。問誰共餐英，小園霜曉。（半塘）且訪東皋，此生宜向醉鄉老。（子蕃）　誰家今夕夢好。敞紗窗銀燭，光被遮了。（夢湘）易水東流，醫巫北峙，齊入亂雲孤抱。（道希）新愁舊惱。盡付與江頭，去帆烟鳥。（子苾）後夜懷君，屐塵休更掃。（半塘）

沁園春 用稼軒韻，集四印齋，餞張子苾聯句

横覽九州，地棘天荆，君去何之。（道希）嘆終南山色，誰吟秀句，灞橋流水，我起悲思。（子苾）狂撥秦箏，輕挑趙瑟，回首京華雲共飛。（子蕃）平生泪，拼仰天灑盡，化作長霓。（夢湘）　榆關西去崔嵬。且漫著，心情戀故溪。（半塘）看儒冠雖誤，一囊書劍，窮邊好樹，十丈旌旗。（道希）縛取降王，功成上相，留得青山頭白歸。（子苾）書生志，願憑闌釃酒，橋柱同題。（夢湘）

前調

滿眼關河，一醉依然，天涯故人。（夢湘）盡長歌擊筑，聲皆變徵，對花命酒，筆尚如神。（半塘）人海藏

〔一〕《齊天樂》《沁園春》兩首原載《粤西詞載》。

身，全門習隱，憑杖騷壇一軍。（道希）投鞭去，問漢關何在，秦月應存。（子苾） 今宵細數悲欣，莫辜負，尊前別酒温。（子蕃）嘆銅仙已老，蒼鵝出後，夷歌又起，白雁來辰。（夢湘）五岳填胸，百年彈指，老子婆娑且弄孫。（半塘）歸休好，待蓬萊清淺，重問莊椿。（道希）

大荔縣觀風告示〔一〕

照得四科教備，學術與道德並隆； 三載賓興，氣運與文風相系。欲諗民情，先覘士習； 爲儲楨榦，宜育菁莪。况國家書院之設，培植群英，亦云至矣。挺生名臣，其在斯乎？ 惟兹荔邑，近附郡城，馮翊舊區，秦川勝地。南瞻華嶽，平挹蒸雲，北控長城，遥鐘秀氣。洛河瀚波光，倒映樓臺，沙苑清和，烟樹盡歸。圖畫碑傳，唐代褚遂良之大筆如椽； 賦記白樓，令狐楚之文心似錦。李端甫乃進士及第，早擅詩才； 游子遠爲光禄大夫，獨稱忠諫。心潛康節之學，王湜不愧真儒； 才齊叔業之名，文通儼然雅士。要皆輝煌乎史册，豈特焜耀乎鄉邦。溯彼先型，每深翹企。念兹繼起，恒籍引伸，積厚者流，必光行見。天開文運，地靈者人自傑，應將輩出英才。本縣叨宴杏林，忝膺花縣，非敢誇芝蘭世第，詎妄希桃李公門。獨念政教開先，必資取士，文章好尚，猶在觀風，爲此示諭。闔邑貢監生童知悉，定於某月日在考院扃試。爾多士届期齊集，聽候點名。廉俸自捐，別示優獎。想學既裕於三年，長可盡於一日。或溯本窮源，如韓潮蘇海； 或含華佩實，如松幹柏柯。文藝原根乎器識，宜自抒珠玉之詞； 立名必本於砥行，庶可備輶軒之采。賞心不遠，拭目以觀； 勵爾前修，副予厚望。特示。

〔一〕 原載陳少巖修、張樹檽纂《續修大荔縣舊志存稿・足徵録》卷二，民國二十五年鉛印本。

美惡同辭條説[一]

隱七年《傳》：美惡不嫌同辭。同辭者，文無異而義異。若注所云：『繼體君稱即位，繼弒君亦稱即位，皆有起文。』此其一端也。《春秋》之義，比事爲切，美與美同辭，惡與惡同辭。而美、惡同辭者，其前後必有起文以見其義，故曰不嫌也。惟其例不一，不僅如注所舉，况君子善善從長，惡惡從短，舉綱目張，難得要領。今專以《傳》中所有辭字，推而致之。

祭伯來。王者無外，言奔，則有外之辭。

桓八年『祭公來』，不稱使，並非出奔。而與此同辭者，下有遂事，成使乎我，故不嫌也。若然，王者無外，不言奔，何成十二年書『周公出奔晉』？《傳》：『自其私土而出。』然則襄三十年，王子瑕奔晉，又將何辭？蓋『周公出奔』無起文，王子瑕上書『天子殺其弟年夫』，下稱王子出奔。自當惡天子重失親親，於王子無惡，不嫌與周公同辭也。

衛人殺州吁于濮，稱人，討賊之辭。

此與齊人殺無知同辭。齊人殺無知，與晉人殺欒盈，鄭人殺良霄，蔡人殺陳佗同辭。欒盈、良霄、陳佗非如州吁無知弒君可比。而從『討賊』辭者，大其除亂，故不嫌也。若然，楚人殺陳夏、徵舒，《傳》楚子稱人，貶，不從討賊辭者。不與諸侯專討，實與而文不與。然不言執，與討賊同文。故雖貶，仍不嫌同討賊辭也。

[一] 以下據光緒十年（一八八四）尊經書院刻本《尊經書院初集》。

衛人立晉，稱人，衆立之之辭。

《春秋》稱『人』皆貶辭，『立納入』皆篡辭。此與尹氏立王子朝可見，俱稱『立』，不嫌同辭者。彼不稱『人』，又稱『王子』，其義自與此不同。

祭公來，遂逆王后于紀。女在其國，稱女、稱王后何？王者無外，其辭成矣。

此與『劉夏逆王后于齊』同辭。按外逆女不書。書者，一爲成使乎我，一爲過我。禮，逆王后當使三公。劉夏非公，故貶去大夫。與祭公天子之三公不同，而王者無外當稱王后，辭成矣。故不嫌同辭。

公會衛侯于桃丘，弗遇。會者何？期辭也。

《春秋》會雖多，此獨與公會晉侯以下于沙隨同辭。此書『不遇』，彼書『不見』。一不恥，一深諱，不嫌也。

鄭忽出奔衛，《春秋》伯、子、男一也，辭無所貶。

此與『突出奔蔡』同辭。忽以君薨，突以奪正，其事箸明，不嫌也。

葬我君桓公。賊未討，書『葬君』之辭也。

桓公爲齊誘殺，當同隱公、閔公例，不書『葬』。而與衆君書『葬』同辭者，正以上書『公薨於齊』，起桓公爲齊所殺。魯君薨，書『路寢』『小寢』『臺下』『楚宮』『高寢』不一，皆國内辭。惟昭公薨於乾侯爲異。乾侯，齊地，不書『薨於齊』者，非齊所殺，正以見桓公薨於齊之爲殺。於其薨也，有異辭，故於其葬也，不嫌同辭。

衛侯朔入于齊，言『入』篡辭。

齊小白入于齊，言『入』篡辭。

劉子、單子以王猛入于王城，言『入』篡辭。

此與『衛侯入于夷儀』『許叔入于齊』『莒去疾自齊入于莒』同辭。『莒去疾自齊入于莒』與『紀季以酅入于齊』同辭。衛侯以下之人皆篡辭，而紀季且以賢不名，何也？辭固不嫌同也。

案：小白之入雖爲篡辭，而桓公之美，見乎天下，不爲之諱本惡，故不嫌與衛侯朔同辭也。

師還。還者何？善辭也。

公及晉侯盟，還自晉。鄭伯會公于斐。還者何？善辭也。晉士匄帥師侵齊，至穀，聞齊侯卒，乃還。還者何？善辭也。

案：士匄不伐喪，公爲諸侯所榮，師滅同姓，美惡懸殊而俱爲善辭者。成書降於齊師，已成滅同姓，深諱文，故下不嫌。書還與晉師還同辭也。

公伐齊納糾。納者何？入辭也。

晉人納接菑于邾婁，弗克納。納者何？入辭也。

晉大其弗克納，魯刺其不能納而同辭。稱納者，魯之納與伐並書，其義自見，故不嫌同辭。

齊侯侵我西鄙，遂伐曹，入其郛。入郛，書內辭也。

公伐邾婁，八月己酉入邾婁。言伐，內辭。若使他入，然伐不言入。二者皆內辭。晉郤缺帥師伐蔡，戊申入蔡。辭與此同，非內辭，不嫌同。

杞伯姬來朝其子。其言來朝何？內辭也。

季姬及鄫子遇于防，使鄫子來朝。鄫子曷爲使乎季姬來朝？內辭也。

季姬使鄫，與邾婁數世之禍，其惡大矣，俱不嫌同爲內辭。

晉人執虞公。『滅』言『執』，不與滅。滅者，亡國之善辭。

此與晉人執鄭伯、晉人執邾婁子、楚人執徐子、宋人執小邾婁子同辭。四者皆無傳注，然不皆滅，而與之同辭者，正以上虞師晉師滅夏陽，虞爲首惡，其惡已見，不嫌也。

鄭殺其大夫申侯。稱國以殺，君殺大夫之辭。

《春秋》稱國殺大夫者，凡二十九條。殺大夫稱人，殺大夫不名，殺大夫，及不在其例。有罪無罪，皆不日。有罪無罪，皆日。美惡不嫌同辭也。

郜子來朝。不名，兄弟辭也。

盛伯來奔。不名，兄弟辭也。

宋蕩伯姬來逆婦。言來逆婦，兄弟辭也。稱婦，有姑之辭。

杞伯姬來求婦。言來求婦，兄弟辭也。稱婦，有姑之辭。

二爲同姓辭，二爲名結婚姻辭，俱爲兄弟辭。而不嫌者，一有『穀伯綏』『鄧侯吾離』以起之，一有『紀履緰』以起之也。

公子遂如楚乞師。乞師，卑辭。外內同若辭，重師也。

內同外辭者，若晉侯使郤錡來乞師、欒黶來乞師、荀罃來乞師、士魴來乞師，內書『乞師』，一而已。《春秋》內大惡諱，小惡書；外大惡書，小惡不書。以魯當新王，內其國而外諸夏。兵者，凶器，乃以假人，不暇分別，故同辭也。

莒弒其君庶其。稱國以弒，衆弒君之辭。

注舉『國』以明失衆，當坐絶。然吴弒其君僚，彼非失衆，亦舉『國』爲文者。彼書月，此不書月，不嫌同辭。

莒人伐我東鄙圍台。伐而言圍者，取邑之辭；伐而不言圍者，非取邑之辭。宋人伐鄭圍長葛，彊也。齊侯伐宋圍緡，非彊也。凡取邑，有所嘉，有所惡。取運善其憂内，嘉而書也。取濟西田爲其賂齊，惡而書也。不嫌同取辭者，其義自見也。

葬蔡景公。賊未討，書葬，書君之辭也。

義見上『葬我君桓公』。

鄭世子忽、衛世子蒯聵同詞辨

《春秋》書世子者以十數，皆真世子也。獨桓十有五年書鄭世子忽復歸於鄭，與哀二年晉趙鞅帥師納衛世子于戚。一已爲君，歸爲復正，喜有正也。一早出奔，入爲篡詞，惡不正也。二文相起，曷以見之。《春秋》立爲君，出奔皆書爵。原注：鄭伯突、衛侯朔、衛侯衎、北燕伯欵、蔡侯朱。宋人執祭仲，曰：爲我出忽。是忽已立也。已立而出奔，當云『鄭子』。有惡，當云『鄭子忽』，而『忽』稱『鄭忽』，順祭仲也。於其歸而稱世子，然後正名，忽之當立，與諸世子爲異。獨蒯聵稱世子，與之同耳，同文則相起。蒯聵去父，出奔當絶。而其入書『世子』者。蒯聵，以趙鞅之師下臨其子，不書『世子』，嫌成父詞而輒拒之。是以子拒父，故《春秋》奪其父詞，仍書曰『衛世子』。明輒非拒父，以王父命拒子也，輒君也。蒯聵，世子也，以王父命拒王父之子，以君拒世子，故《傳》曰『可』。忽書復歸，復歸者，歸無惡。歸既無惡，當有其國，故書復歸鄭。納者與立、入皆爲篡詞，無弗克納，文是入于衛，然既爲篡詞，自不當有其國。他處篡詞不奪其國者，非父篡子也。故不書『納于衛』而書『納于戚』。鄭伯突入于鄭，書『入于櫟』，亦是貶不有其國。與『納于戚』同例。《春秋》别嫌明微，突則伯也，忽則世子也。世子當立，故以『鄭』繫之。雖終爲伯，不當立，仍不以『鄭』繫之，輒則侯也。蒯聵，世子也，然爲不當立之世子，故亦不以國繫之也。衛石曼姑輒所命，仍以國繫之，不挈於晉，如伐齊納糾者，糾當立，爲内諱不克納。衛世子不當立，惡晉納也。衛侯入于陳儀，書『衛侯』而不書名，不書入于衛，又不稱他者，出入書名已示貶。彼以君臨臣，非同蒯聵。入于陳儀，與入于櫟、入于戚，俱未得國，而陳儀後別書『入衛』，櫟後不更書『入鄭』，入戚後書『齊國』。夏，衛石曼姑帥師圍戚，使戚與彭城同純，奪其君，世子之詞也。世子忽、世子蒯聵同詞者，美惡不嫌也。〔一〕

皋陶執瞽瞍論

瞽瞍，平民也；皋陶，士師也。以士師執一犯法之平民，不得以天子父驚之也。舜不令皋陶執，皋陶直可執舜，舜亦犯法人也。舜自爲天子，瞽瞍不得有舜爲子。子私也，天子公也。於瞽瞍殺人而必執，知得罪無赦條，即知尊崇無道禮。宋之議濮王，明之議大禮，可以孟子執瞽瞍例推之，當得經義。昔項籍將誅太公，項伯曰：『爲天下者，不顧家。』以項伯尚知此義，何況皋陶。夫天下非家比。今人無子，必撫人之子以爲己嗣，或兄死而無子，則以其子繼嗣，此施之家則可。至天下公物也，父死子嗣，兄終弟及，不嫌也。若以家法論之，則瞽瞍爲父，舜爲子，皋陶執其父，是皋陶與舜不共戴天之讎，而皋陶殆矣。以天下論之，不特皋陶可執瞽瞍，舜亦可爲天下執瞽瞍。此《春秋》法也。《公羊傳》曰：『不以家事辭王事，以王事辭家事。』二語足以斷皋陶執瞽瞍一獄。

〔一〕　此文後刻有評語：『叙論尚爲朗暢，中段推闡精嚴。』

卝議

粤自占形授圖，載在周典； 象氣知鉒，術備齊相。是故天生五財，地不愛寶。未聞以闢土爲喜功，墾疆爲近利。竊考《漢志》有黄金之采，《魏書》有鸞帳之鑄。而梁州銀鏤，先登夏帝之廷； 榮疋銅山，復蓄漢臣之富。近代以還，銀官失職，礦人無司，百物用昂，而丹穴虚封，朱巖乏采，是猶閉囷廩而怨飢，蓋池井而嗟渴也，國奚繇富。或謂邊境晏晏，夷狄乂安，伐山興戎，采珠召釁。況復茂箐深窈，怪獸突駭，木魅噴其妖霧，風伯作其厲雹。與夫篝火之姦、束薪之吏，復慮煎難鑿苦，運險糧隔。故謂禁無棄利，而開有遺害，遂使砂鉛歇美，泉壑錮華。夫匈奴擾邊，發難於天馬； 漢室弊政，肇衰於鹽鐵。故夫道遜旦、望，才謙桑、孔，誠未可輕牟利也。然當聖明之世，韋毳之侶亦且大啓土宇，粤修封疆，而華夏有不毛之地，阿穴含抱璞之耻，非所以恢宏大業也。惟采卝之術，所繇者三： 一曰務除近習，一曰寡設公使，一曰不收淺功。商君變政，商賈息聲。庭堅定律，瞍象側目。欲展遠模，必捐近略。以故諸葛樂觀火井，文園檄通西夷。若憚采苗探窟，謗苡讒金，終致黄礁隱秘，光牙沉没。虞代墾田，后稷專命，周官掌地，卝人獨司，萬臣頌商，一夔典樂。議者必衆帥帥旅，式遏寇虐。冠蓋則霧集，而國家則費財。至於分鑪設冶，别鋌化砂。募民則緩其征輸，入官則詳其部署。倘奏功旦夕，則猾吏多舞文，而細民易激變。今誠能選賢以廓土，時取以明令，則川澤耀其光華，水壤輸其朗采。昔卓氏鑄山於漢代，崔亮計礦於魏朝，前典所遺，後先增美。如得發幽岷嶓，啓秘邛僰，耀藻魚鹽，垂光貨殖，足以發金穴之輝光，增王制之食貨，使沙礫化爲南金，瓦石變爲和璧。

擬養生論

夫神仙、長年、金銀、宮闕，貪者所樂得； 勢位、富厚、妻妾、宮室，戀者所畏失。二者相成，養生服食之説起。請申庸辭，用闢大妄。夫嗜欲之重，莫大於貪生； 恐懼之深，莫大於畏死。故夫采靈藥，餌黄芝，希白日，慕風雲，皆貪者、畏者之所業，君子耻言之也。天下所共失，而已獨欲得之。君臣父母，神聖大業，逃匿無術，展轉就冥，而已獨欲越之。崇高之位，侈大之美，高尚所遜謝，而已獨欲永據而久安。刲心剖肝，冒矢蹈刃，壯士所弗辭，而已獨欲全軀而遠害。貪竊之念，甚於大盜； 私穢之心，過於臧獲。而以明高節，寄曠達，未見其然也。且壽之修短者，命也； 理所必然者，死也。養生以期壽，猶逆時而植物，何以言之？ 夫露華潤物，百卉競妍，而冬萼榮霜，逢春反瘁。海畔之夫，榮於逐臭，登之椒蘭，噭然而啼。鵜志在木，鴛志在水，鱣鮪不可居林，蝯猱不可入淵，常人共知也。火烈生鼠，蚌枯育珠。風日無損於河，嬰鑪無助於風日。金可柔而不可奪重，石可破而不可奪堅。亦當瘁習榮，是灌冬畝而樹禾。故春角可卷，夏則結，秋則肥，冬則折。雖有場師之勤，疏溉之力，不能救其肥且折也。夫治水於禹之世而謂有一鋤之功，未之聞也。爲惰農於穫歲，猶愈爲勤農於湯世，得天者人莫易也。百門而閉一門，則盗何遽無從入，而必謂盗雖入，必閉一門後啓，是掩目捕雀之説也。精神之有優劣，猶人之有貧富。貧欲嗇用以求富，即撙節計謀，寢食俱疲。而終身雖望中人之産，富者目爲困窮，貧者猶議爲侈靡。抱回憲之寠，而僞學金張之盛； 生部婁之上，而貌崇泰岱之峻； 稟血肉之質，而妄擬虚冲之體，亦何愚哉。況百年猶旦暮也，壽莫壽於殤子，而彭聃猶爲夭。浮游一物也，靈龜一物也。靈龜千載，浮游朝夕。朝菌一物也，大椿一物也。朝菌不知晦朔，大椿不知春秋。然不得是靈龜、大椿而非浮游、朝菌者。嗜甘則非鹹，好紫而惡朱，同一味也，同一色也。於浮游，朝菌不加辱，靈龜、大椿不加榮。且死也者，小人畏焉，君子息焉。人之貪生而畏死者，姝麗環於前，鐘鼓陳於後，珪璽列於左，肴珍筵於右，亟亟焉惟恐失之，霍霍焉惟恐人有之。乃登山以望海，筑臺以俟靈，故齊景有牛山之泣，漢文有邯鄲之欲。如謂清虚自守，泊乎無爲，置身大虚之域，棲神冥漠之君。此養生者所託辨，非有戀於華貫。則所謂曠然無憂患者，孰若幽宫；寂然無思慮者，孰若閟壙。舍静而就囂，逃素而趨繪，莫養生者之甚也。且水不以增冰而寒，火不以助膏而熱。鷴不以修羽而厲，馬不以刷毛而良。有其性者，無容飾也。一條之枯，無損繁林；蒿麥冬生，無解肅殺。捧土附泰山，掬墣塞孟津。日昃而求中，月虧而求盈。縱或稍假，亦樹上懸瓠，非木之實；背上被裘，非脊之毛。由此而言，鳥飛成行，獸處成群，有誰使之；扶老强力，鶺鴒友悌，有誰教之？魚無耳而聽，蟬無口而鳴，有然之者也；鸞入夜而歌，鳳入朝而舞，有勝之者也，豈力能强致哉？世人不察，服食以期不朽，草木以冀延固。金石發其毒，吐納雍其氣，轉運祕其精，按導瘘其節。夫八音以蹈和，五味以適胃，采色以悦目，闔闢以節情，概謂爲伐性腐腸，災身殃性。則墨翟非樂，夷不火食，盲瞽不惑，閹寺不御，幾何而不長生哉？夫山林之彦，憚其爲犧；隱鱗辟穀，戢翼采芝，猶可説也。其次文學從容，談笑晏晏，揮玉麈，坐胡床，展謔傳記，博稽雅辭，寄情玄理，棲志雲壑，亦其志也。若夫侈大之主，華貴之族，患腹溢而不能飲，力疲而不能肆於欲。於是方術之士，進以甘露，餌以玉屑，非服食以適性，乃餅餌以徇欲。至若妄言玄妙，非聖無法，然爐鍊鉛，此直左道亂政者也。夫稀膏棘軸，所以爲滑，而不能運方穿者，勢也。如藥果可養命，試投合歡於靈均，進萱草於鮑焦，豈能解其憂哉？至若澹榮利，禁嗜欲，薄滋味，達性情，此君子進修之宏業，豈爲養生而後出。嘗聞至人之訓矣，大道爲公，天地合德，外身而身存，不争而莫争。利害不至其前，生死不撓其心。齊光日月，侔志嵩華。視松喬爲嬰兒，睥萬世猶一瞬。升降乎幽顯，馳騁乎運命。苟放懷於宇宙，安知來去之所如。

擬陸機《演連珠》 録十首

臣聞千兔奮蹶，蒼鷹爲之拳距； 萬麋倚角，鷙獸爲之罷噬。 是以貞臣掩迹於群小，嘉女畏詠於衆媚。

臣聞身修者不必釋謗，德光者無事華軀。 是以楩枬鬱蹙，以成縟錦之瘤； 螺蜯結疴，以銜明月之珠。

臣聞蘭膏吐輝，競明乃滅； 芳葩媚采，争鮮斯折。 是以供醜無憾於南威，鯨眸不羞於明月。

臣聞流丸四轉而蓄於甌臾，流湍百折而停於淵回。 是以動者定於止境，喧者困於息機。

臣聞蠹食成字而無解字之智，鳥囀若歌而無歌能之實。 是以擬迹易肖，案形則渝，附聲每和，求理則越。

臣聞霤水雖微，足溢湖澗； 江波雖闊，不實漏巵。 是以害滋於滿假，道慎於涓微。

臣聞形動不生形而生影，聲動不生聲而生響。 是以尋響於聲，宫徵一音； 察形於影，妍媸同象。

臣聞盗跖見飴，用以糊牡； 楚人顧鴻，指以爲乙。 是以目非改眠而仁智異等，睹非兩形而鼪赤殊實。

臣聞審勢者其功易，善用者其事佚。 是以立阪走丸，六駮輸其捷； 驅象搏鼠，尺狸等其力。

臣聞玄雲觸石，足動流泉之奏； 繁霜應管，能響豐山之鐘。 是以風而識虎，雲而知龍，桂實生桂，桐實生桐。

巫山神女祠碑銘

懿鑠帝女，瑶光是降。 允文允武，靈集厥躬。 穹蒼神接，華嶽氣通。 油油楚雲，莽莽蜀江。 龍雹光頹，姬嬴運抗。帝道以漸，王風以蕩。巫覡嫚黷，祝嘏頗放。陽愆陰伏，神失祇喪。在昔神聖，皇赫眷顧。惟帝尊天，訪道如慕。禮崇殷祀，忠託周賦。樂舞皇皇，降之百祚。龍駕先雨，靈之弔矣。修爾柤桓，物其絜矣。蘋蘩既戒，椒糈既舉。惢惢皇靈，穆穆帝女。世婦御妻，師氏事之。王后夫人，内儀式之。宫庭禱祠，女史制之。巫蠱醮辭，媵嬪棄之。迺啓靈區，在江之涘。十二高岡，雲造虹擬。是禱是望，侯國載祀。冥窈幽深，景行仰止。於皇受籙，名山有告。匹五揖三，歲偏功報。墜儀畢甄，惟德是效。徽音可作，揆應修效。俗昧姬覡，世惑越巫。暇垢日月，誣罔典謨。雲旗颯爽，瑶宇蕭疏。庭翔怪鳥，梁落占鼯。烈烈黄君，虔共令典。竟内修禋，潛靈遂闡。刻獸表道，華龜伏棧。膚寸合霖，爰蘇暵旱。粢盛是豐，玉帛是加。慄慄其敬，雍雍其和。艾耆歡卬，婦子驩歌。三正賴祉，靈亨孔嘉。

曈靈皇皇以□格德，洋溢以宣滂。興雲雨而降澍，播稼穡而蕃昌。蝆賊伏而不作，蘖狩潛而不行。覽羽足之碩茂，發莖幹之休祥。既遏禳乎凶札〔一〕，復揫斂乎嘉慶。樂皤皤之牟壽，帥子弟而修明。符瑞集而穆清，厲疾免而艾康。禮儀備而莘莘，鐘鼓和而蹡蹡。皇極正而降休，潛德輝而彌章。邁宓妃之清塵，挹女樞之後芳。于胥樂以壙永，歷萬億而無疆。

〔一〕『札』當是『禮』之誤。